미국 문화
교양 공부

미국 문화 교양 공부
American Culture Stories

지은이 유원호
펴낸이 임상진
펴낸곳 (주)넥서스

초판 1쇄 발행 2023년 3월 6일
초판 2쇄 발행 2023년 3월 10일

출판신고 1992년 4월 3일 제311-2002-2호
주소 10880 경기도 파주시 지목로 5
전화 (02)330-5500 팩스 (02)330-5555

ISBN 979-11-6683-466-0 03740

www.nexusbook.com

그리스 철학과
기독교,
셰익스피어와
슈퍼히어로,
영어의 역사와
공부법까지

영문과 교수가
들려 주는
미국 문화의
과거·현재·
미래

미국 문화

교양 공부

유원호 지음

넥서스

───────

들어가며

　4차 산업혁명 시대에서 단순 지식의 축적은 의미가 없습니다. 논리적인 사고력을 바탕으로 창의적인 질문을 하고 자신의 의견을 개진할 수 있는 능력이 필요하죠. 지식이 곧 힘이 되는 세상은 이제 지났습니다. 호기심만 있으면 필요한 정보를 휴대전화로 바로 찾아볼 수 있는 시대가 왔기 때문입니다.

If you're not confused, you're not thinking.
혼란스럽지 않으면, 생각하지 않는 것이다.

　제가 미국에서 대학원을 다닐 때 어느 학생의 티셔츠에서 본 문구입니다. 어떤 명언보다도 현시대에 가장 적절한 문장이라고 생각합니다. 이 책은 많은 사람이 당연하다고 생각하는 것에 "왜?"라는 질문을 던집니다. 인터넷 발달 전에는 질문 없이 지식을 수동적으로 받아들이는 능력이 오히려 지식 축적에 도움이 되었습니다. 의문점이 해소되지 않고 쌓이게 되면 포기하게 마련이니까요. 하지만 지금은 인터넷을 통해 의

문점을 곧바로 해소할 수 있습니다. 지속적인 질문을 통해 지식 축적뿐만 아니라 논리적 사고력과 창의력을 함양할 수 있는 시대가 온 것이죠.

이 책은 세 개의 파트로 나뉘어 있습니다. 'Part 1. 미국 문화의 초석'은 '왜 미국에는 유독 슈퍼히어로가 많은가?'라는 질문에서 출발하여, 미국 슈퍼히어로 영화의 뿌리를 미국 문화의 바탕이 되는 그리스 철학과 기독교 사상에서 찾아갑니다. 'Part 2. 미국의 과거·현재·미래'에서는 영어의 역사에서 미국의 과거를 찾아보고, 신대륙에서 시작한 미국의 역사에서 미국의 현주소를 파악하며, 4차 산업혁명 시대의 관점에서 미국의 미래를 고찰해 봅니다. 마지막으로 'Part 3. 언어와 문화'에서는 4차 산업혁명 시대의 일원으로서 꼭 갖춰야 할 창의력과 언어의 관계를 논의하고 다양한 문화적 요소를 언어학적 관점에서 분석하였습니다.

이 책은 전반적으로 미국 문화에 초점이 맞춰져 있지만, 미국 문화와 우리나라 문화를 비교하는 내용도 포함되어 있습니다. 제가 16년간 미국에서 생활하며 체득한 복합적인 문화 요소, 미국 대학에서 수학하고 강의하며 습득한 미국 문화, 그리고 지난 16년간 서강대에서 영어교육과 응용언어학을 가르치며 깨달은 미국과 한국의 언어·문화 차이를 이 작은 책에 담았습니다. 미국 문화를 이해하지 못하고 미국 영어를 잘할 수는 없습니다. 언어와 문화는 상호 불가결의 관계이기 때문입니다.

저자 유원호

Chapter 3. 기독교

Chapter 4. 논리와 믿음

Part 2   미국의 과거·현재·미래

The Past, Present & Future of America

Chapter 5. 영어의 역사

Part 3

언어와 문화

Language & Culture

Chapter 8. 창의력과 언어학

Chapter 9. 발음

Chapter 10. 어휘

Chapter 11. 문법

Part 1

미국 문화의 초석

The Cornerstones of American Culture

Chapter 1 :

미국 문화와
슈퍼히어로

왜 미국에는
슈퍼히어로가 많을까?

2008년 10월 해운대에서 열렸던 제13회 부산국제영화제에는 '아시아의 슈퍼히어로(Superheroes in Asia)'라는 특별전이 있었습니다. 이 특별전에 소개된 각 나라의 슈퍼히어로는 다음과 같습니다.

한국	홍길동
인도	끄리쉬(Krrish)
말레이시아	치착맨(Cicak Man)
인도네시아	다르나(Darna Ajaib)
태국	머큐리맨(Mercury Man)
홍콩	슈퍼 인프라맨(Super Inframan)
일본	월광가면(Gekko Man), 가면라이더(Masked Rider)
필리핀	다르나(Darna), 캡틴 바벨(Captain Barbell), 라스틱맨(Lastickman)

학회 참석차 가족과 함께 부산에 갔다가 우연히 특별전을 발견하고 슈퍼히어로 의상을 입고 사진을 찍게 되었습니다. 그러면 KTX 할인권과 파스타 무료이용권을 준다고 해서요. 그런데 태국의 머큐리맨과 말레이시아의 치착맨 의상을 입은 제 모습을 본 딸아이가 그만 울음을 터뜨리고 말았습니다. 사실 제가 봐도 머큐리맨과 치착맨은 무서운 슈퍼악당같이 보이더군요. 우는 가은이를 달래며 이런 생각이 들었습니다. '왜 유독 미국에만 슈퍼히어로가 많을까?'

아시아에서는 정말 내세울 만한 슈퍼히어로가 없는 것 같습니다. 물론 특별전에 소개되지 않은 슈퍼히어로가 더 있겠지만, 우리나라만 봐도 홍길동과 전우치 외에는 생각나는 슈퍼히어로가 없습니다. 유럽에도 별로 없습니다. 대표적인 유럽 슈퍼히어로에는 토르(Thor)가 있는데, 토르는 사실 고대 스칸디나비아 신화에 나오는 신입니다. 전형적인 미국 슈퍼히어로인 슈퍼맨(Superman), 배트맨(Batman), 스파이더맨(Spider-Man), 아이언맨(Iron Man)은 모두 신이 아니죠.

왜 미국에만 유독 슈퍼히어로가 많은지를 이해하려면 미국 문화의 바탕이 되는 그리스 철학과 기독교 사상을 이해해야 합니다. 소크라테스로 대표되는 그리스 철학은 논리를 중요시합니다. 하지만 구약성경은 정반대입니다. 100세에 외동아들 이삭을 얻게 된 아브라함에게 하나님은 이삭을 제물로 바치라고 명령합니다. 논리적으로는 이해할 수 없는 상황이죠. 그리스 철학의 논리와 아브라함의 믿음. 이 상충하는 두 사상의 해결점은 아래의 신약성경 구절에서 찾을 수 있습니다.

> **In the beginning was the Word, and the Word was with God, and the Word was God. (John 1:1)**
> 태초에 말씀이 계시니라 이 말씀이 하나님과 함께 계셨으니 이 말씀은 곧 하나님이시니라. (요한복음 1장 1절)

위 성경 구절에서 '말씀'은 예수를 가리킵니다. 그런데 왜 예수를 '말씀'이라고 표현했을까요? 신약성경은 그리스어로 쓰였습니다. 요한복음 1장 1절에 사용된 그리스 단어는 λόγος(logos, 로고스)입니다. 로고스는 '말하기', '말'이라는 뜻인데, 철학에서는 '이성(理性)'을 뜻합니다. 철학에서 이성을 뜻하는 단어인 '말씀(logos)'으로 예수 그리스도를 표현함으로써 신약성경은 그리스 철학의 논리와 아브라함의 믿음을 접목하려 한 것입니다.[1]

인간으로 태어난 하나님의 독생자인 예수를 'God-Man(신-인간)'으로 이해한다면 왜 아시아에는 없는 슈퍼맨, 배트맨, 스파이더맨, 아이언맨과 같은 슈퍼히어로가 미국에 유독 많은지를 추론할 수 있습니다. 개신교 박해를 피해 영국에서 신대륙으로 이주한 종교 개혁자들의 정신을 슈퍼히어로를 통해 대중문화로 구현한 것이죠.

슈퍼맨과 기독교의
상관관계

다음은 어떤 나라를 설명하는 글일까요? 국민 대다수가 기독교를 믿는 나라, 하지만 기독교를 국교로 정할 수 없는 나라. 이 나라의 문화를 대표하는 슈퍼히어로의 본명은 '신'. 바로 '미국'입니다.

미국 문화를 가장 잘 대변하는 슈퍼히어로는 슈퍼맨입니다. 옷의 색깔도 미국 성조기의 색깔과 같습니다. 미국이 이민자의 나라인 것처럼 슈퍼맨도 지구가 아닌 다른 행성에서 온 이민자입니다. 슈퍼맨은 크립톤(Krypton)이라는 행성에서 태어났는데, 이 행성이 파괴되기 직전에 홀로 지구로 오게 됩니다. 아기를 살리기 위해 슈퍼맨의 부모가 작은 우주선에 태워 보낸 것이죠. 지구에서 클라크 켄트라는 이름으로 자라는 슈퍼맨의 본명은 칼-엘(Kal-El)입니다. El은 히브리어로 '신(God)'이라는 뜻입니다. 히브리어로 쓰인 구약성경에는 Daniel(다니엘), Samuel(사무

미국 문화의 초석

엘), Ezekiel(에스겔), Ishmael(이스마엘)처럼 -el로 끝나는 이름이 많습니다. 이 모든 이름에서 -el이 '신'을 뜻하고 있죠.[2]

기독교를 이해하지 못하고 미국 문화를 이해하는 것은 불가능합니다. 기독교와 미국 문화의 불가분 관계는 다음 두 문장에 잘 설명되어 있습니다.[3]

> American culture remains predominantly Christian-oriented in many respects, at least superficially. We may well suspect, therefore, that a higher percentage of those who identify themselves as Christian . . . do so simply because it is culturally normative to do so.
>
> 미국 문화는 적어도 표면적으로는 많은 면에서 기독교 중심으로 남아 있습니다. 그러므로 우리는 자신을 기독교인이라고 밝히는 많은 사람이 단지 그렇게 하는 것이 문화적으로 규범적이기 때문에 그렇게 한다고 의심할 수 있습니다.

미국인의 80% 이상은 종교를 가지고 있고, 그들의 95% 이상은 기독교를 믿는다고 합니다. 그럼 그 많은 사람이 모두 일요일에는 교회에 갈까요? 그렇지 않습니다. 교회에 가지 않더라도 문화적으로 기독교를 믿는다고 생각한다는 것이죠.

미국의 공식 표어(motto)는 'In God We Trust(우리는 하나님을 믿는다)'입니다. 현재 미국에서 사용되는 모든 동전과 지폐에 그렇게 적혀 있습니다. 미국 남북전쟁이 북부 연방의 승리로 기울어진 1864년, 지금은 볼 수 없는 2센트 동전(a two-cent piece)에 처음 찍히기 시작했습니다. 그리고 소련과의 냉전이 한창이던 1956년에 'In God We Trust'가 국가 표어로 제정된 후 모든 돈에 새겨지게 되었죠. 신을 믿지 않는 공산 국가 소련과 신을 믿는 미국의 차별성을 강조하기 위해서였습니다.[4]

미국인 대부분이 개신교를 믿고 미국 문화의 중심에는 기독교가 자리 잡고 있지만, 국가가 종교의 자유를 막는 것은 헌법으로 엄격히 금지하고 있습니다. 미국 헌법 수정 제1조에 다음과 같이 서술되어 있죠. '정교분리(政敎分離, separation of church and state)'로 알려진 조항입니다.

Congress shall not make no law respecting an establishment of religion.
연방 의회는 국교를 정하는 법률을 제정할 수 없다.

흰머리 독수리가 그려져 있는 미국의 국장(the Great Seal of the United States)에는 'E Pluribus Unum(다수로부터 하나)'라는 라틴어가 새겨져 있습니다. 모든 동전과 1불짜리 지폐에서도 찾아볼 수 있죠. 신대륙에 세워진 13개의 영국 식민지들이 합쳐져 미국이 되었다는 뜻에서 미국의 국장에 새겨지게 되었습니다. '다수'가 처음에는 13개의 식민지를 뜻하였지만, 지금은 다른 뜻으로 해석될 수도 있습니다. 미국에 이민 온 다수의 민족, 그리고 그들과 함께 미국으로 들어 온 다수의 종교를 뜻할 수도 있죠.

미국 문화의 초석

미국의 국장

　국민 대다수가 문화적으로 기독교인 나라, 하지만 기독교를 국교로 정할 수 없는 나라. 이런 나라의 문화를 대표하는 슈퍼히어로는 외계에서 온 이민자이며, 그의 본명은 '신(Kal-El)'입니다. 종교의 자유를 인정해야 하는 미국에서 기독교의 신이 슈퍼맨으로 재탄생했다는 주장. 어떻게 생각하시나요?

DC 코믹스와
마블 코믹스

슈퍼히어로의 원조는 1938년 만화 잡지 〈액션 코믹스(Action Comics)〉 1호에서 탄생한 슈퍼맨입니다. 10센트였던 이 만화책이 2022년 1월에는 3백만 불이 넘는 경매가에 팔렸다고 합니다.[5] 두 번째로 탄생한 슈퍼히어로는 배트맨입니다. 슈퍼맨이 나온 다음 해에 〈디텍티브 코믹스(Detective Comics)〉 27호에 처음 등장합니다. 슈퍼맨과 배트맨이 속해 있는 회사는 DC 코믹스(DC Comics)인데, DC는 이 'Detective Comics'의 약자입니다. 'DC 코믹스'라는 이름에는 사실 '코믹스'가 두 번 들어가 있는 셈이죠. comic은 형용사로는 '웃기는'이라는 뜻이지만 명사로는 '만화책(comic book)'을 뜻합니다.

미국의 대표적인 슈퍼히어로들을 탄생시킨 또 하나의 회사는 마블 코믹스(Marvel Comics)입니다. 마블의 대표적인 슈퍼히어로인 캡틴 아메리카는 1941년에 등장하고, 헐크, 스파이더맨, 토르, 아이언맨은 모두 60년대에 등장합니다. 모든 슈퍼히어로가 DC 또는 마블 소속인 것은 아닙니다. 세 편의 영화로도 만들어진 헬보이는 다크 호스 코믹스(Dark Horse Comics) 소속이죠.

DC 코믹스보다 늦게 슈퍼히어로를 등장시켰지만, 요즘은 마블 코믹스가 대세입니다. 세계적으로 인기몰이를 하는 마블 코믹스 원작의 슈퍼히어로 영화들 때문입니다. 2008년, 영화 〈아이언맨(Iron Man)〉을 시작으로 2022년 12월 기준 30여 편의 영화를 개봉했고, 공존하는 세계관을 지칭하는 단어도 생겼습니다. '마블 시네마틱 유니버스(Marvel Cinematic Universe)' 또는 줄여서 MCU라고 하죠. cinematic이 '영화의' 라는 뜻이므로 MCU는 '마블 영화의 우주·세계'라는 뜻입니다.

마블 소속의 슈퍼히어로가 총출동한 2019년 영화 〈어벤져스: 엔드게임(Avengers: End Game)〉은 국내에서도 1천4백만 명 가까이 관객을 동원하며 2022년 4월 기준 대한민국 영화 흥행 기록 역대 5위에 자리 잡고 있습니다.[6] 반면에 DC 코믹스의 슈퍼히어로가 총출동하는 2017년 영화 〈저스티스 리그(Justice League)〉는 세계적으로 흥행에 참패하고 말았죠.

미국 할리우드 영화에 등장하는 슈퍼히어로가 모두 만화책 캐릭터

로도 인기가 많았던 것은 아닙니다. 2008년 영화가 나오기 전, 아이언맨은 슈퍼맨, 배트맨, 스파이더맨처럼 미국인들에게 사랑받는 슈퍼히어로가 아니었습니다. 하지만 지금은 미국을 넘어 세계적으로도 가장 인기 많은 슈퍼히어로가 되었죠. 영화 〈어벤져스〉 시리즈에 나오는 거의 모든 슈퍼히어로를 탄생시킨 작가 스탠 리(Stan Lee)에 의하면 스파이더맨은 마블 코믹스 사장의 반대에 부딪혀 아예 탄생도 못 할 뻔했다고 합니다. 수줍음 많은 고등학생이 슈퍼히어로가 된다는 설정이 말도 안 된다고 말이죠. 스탠 리는 할 수 없이, 폐간되는 잡지 시리즈의 마지막 호에 버려지는 캐릭터라 생각하고 스파이더맨을 넣었다고 합니다. 어차피 폐간되는 시리즈라 아무도 신경 쓰지 않았다는군요. 그런데 사장의 예상과 달리 스파이더맨이 선풍적인 인기를 끌었고, 이후 계속해서 시리즈로 계속 나오게 되었다고 합니다.

미국 문화의 초석

목요일이
'토르의 날'이라고?

DC의 〈저스티스 리그〉에서 가장 강한 슈퍼히어로는 슈퍼맨입니다. 마블의 〈어벤져스〉에서 가장 강한 슈퍼히어로는 토르죠. 둘 다 지구인이 아니라는 공통점이 있습니다. 슈퍼맨은 사실 평범한 외계인이 지구에 와서 신과 같은 힘을 가지게 되는 것인데, 토르는 정말 신입니다. 고대 스칸디나비아 신화에 나오는 강력한 힘을 가진 신이죠. 그런데 왜 잘 알려진 그리스·로마 신화에 나오는 신이 아니고, 익숙하지 않은 고대 스칸디나비아 신화에 나오는 신을 굳이 미국에서 슈퍼히어로로 만들었을까요? 그 이유는 영국이 고대 스칸디나비아 신화와 관계가 있기 때문입니다. 영어에는 '토르의 날'이라는 요일도 있습니다. Thursday(목요일)가 바로 'Thor's day'가 변형된 것이죠.

스칸디나비아(Scandinavia)는 북유럽에 있는 노르웨이, 스웨덴, 덴

마크를 총칭합니다. 1066년에 영국을 정복한 프랑스의 노르만족 (Normans)도 원래는 이쪽 사람들이었습니다. '고대 스칸디나비아 신화' 를 영어로는 'Norse mythology'라고 하는데, Norse와 Norman 모두 north(북쪽)를 뜻하는 단어에서 유래하였습니다. 'Norse mythology' 를 우리말로는 '북유럽 신화'라고도 하죠. 북유럽 신화는 대부분 영국에서 유래했다고 합니다.[8]

요일의 이름은 모두 고대 행성(classical planets)의 이름으로 지었습니다. 고대 그리스 시대에는 천동설을 믿었고, 맨눈으로 볼 수 있는 일곱 개의 움직이는 천체(celestial bodies)를 행성이라고 하였습니다. 고대 행성을 지구에서부터 가장 멀리 떨어져 있는 순서대로 나열하면 다음과 같습니다.

토성	목성	화성	태양	금성	수성	달
Saturn	Jupiter	Mars	Sun	Venus	Mercury	Moon

그런데 요일의 순서가 이 일곱 개 고대 행성의 순서와 똑같지는 않습니다. 왜 다를까요? '토요일-일요일-월요일'의 순서를 잘 생각해 보면 공통점을 찾을 수 있습니다. 토성(토요일)에서부터 세 번째가 태양(일요일)이고 태양에서부터 세 번째가 달(월요일)이죠. 달에서부터 세 번째는 화성(화요일)이고, 화성에서부터 세 번째는 수성(수요일), 수성에서부터

세 번째는 목성(목요일), 목성에서부터 세 번째는 금성(금요일)입니다.

요일의 순서가 이렇게 정해진 이유는 하루의 24시간이 일곱 개의 고대 행성에 의해 지배된다고 믿었기 때문입니다. 새벽 1시는 토성이 지배하고, 2시는 목성, 3시는 화성, 4시는 태양, 5시는 금성, 6시는 수성, 7시는 달, 그리고 8시는 다시 토성의 순서로 가다 보면 다음 날이 되는 25번째 시간은 토성에서부터 세 번째가 되는 태양이 지배하게 됩니다. 그래서 토요일의 다음 날이 일요일이 되는 것이죠.

Saturday, Sunday, Monday는 각각 Saturn, Sun, Moon의 day라는 뜻입니다. 반면에, Tuesday부터 Friday까지는 아래 표에 나타난 것처럼 북유럽 신화에 나오는 신의 이름으로 지은 명칭입니다.

고대 행성	요일	뜻
Saturn	Saturday(토)	Saturn's day(토성의 날)
Sun	Sunday(일)	Sun's day(해의 날)
Moon	Monday(월)	Moon's day(달의 날)
Mars	Tuesday(화)	Tiu's day(티우의 날)
Mercury	Wednesday(수)	Woden's day(오딘의 날)
Jupiter	Thursday(목)	Thor's day(토르의 날)
Venus	Friday(금)	Frigg's day(프리그의 날)

Sun과 Moon을 제외한 고대 행성의 이름은 모두 로마 신화에 나오는 신의 이름입니다. Tiu(Tyr), Woden(Odin), Thor, Frigg는 북유럽 신화에서 각각 Mars, Mercury, Jupiter, Venus와 비슷한 능력을 지닌 신들이죠. 그래서 결국은 일요일과 월요일을 제외한 모든 요일의 이름은 신의 이름으로 지은 것이라고 할 수 있습니다. 그럼, 왜 Saturday만 로마 신의 이름으로 지었는지 궁금하지 않나요?

토요일이 Freyday였다면
어땠을까?

영어에서 일요일과 월요일을 제외한 나머지 요일은 대부분 북유럽 신들의 이름으로 지어졌는데, 이상하게 Saturday(토요일)만 로마의 신 Saturn의 이름을 따르고 있습니다. 왜 그럴까요? 북유럽에는 Saturn 과 같은 신이 없어서일까요? Saturn은 농업(agriculture)의 신입니다. 농업처럼 인간의 생존에 중요한 것을 주관하는 신이 북유럽(고대 스칸디나비아) 신화에 없을 리 만무합니다. 그런데 왜 북유럽 신의 이름을 사용하지 않았을까요?

로마의 신화는 대부분 그리스의 신화를 받아들인 것입니다. 그래서 그냥 합쳐서 '그리스·로마 신화'라고 하는 것이죠. 그리스·로마 신화 책에서는 보통 그리스 신들의 이름을 사용합니다. 예를 들어 그리스 신 제우스를 로마 신화에서는 주피터(Jupiter)라고 하는데, 주피터가 나오는 그리스·로마 신화 책은 본 적이 없습니다. 물론 모든 로마의 신이 그리스에서 온 것은 아닙니다. 머리 앞뒤로 얼굴이 있는 야누스(Janus)는 로마 신화에만 나옵니다. 야누스는 출입구 또는 문의 수호신입니다. 로마 사람들은 문이 앞뒤가 없어서 두 개의 얼굴을 가지고 있다고 생각했다고 합니다. 야누스는 모든 것의 처음과 끝을 주관하는 신이기도 합니다. 그래서 일 년을 시작하는 달을 Janus의 이름을 빌려 January(1월)이라고 한 것이죠.

고대 행성의 이름에 사용된 로마 신의 이름과 대응되는 그리스 신의 이름, 그리고 북유럽 신의 이름을 정리하면 다음과 같습니다.

	그리스	로마	북유럽
농업의 신	Cronus (크로노스)	Saturn (새턴)	Frey (프레이)
전쟁의 신	Ares (아레스)	Mars (마르스)	Tyr (티르)
학술·웅변의 신	Hermes (헤르메스)	Mercury (머큐리)	Odin (오딘)
천둥의 신	Zeus (제우스)	Jupiter (주피터)	Thor (토르)
사랑과 미의 여신	Aphrodite (아프로디테)	Venus (비너스)	Frigga(=Frigg) (프리가)

Saturn과 동일한 북유럽 농업의 신은 Frey(프레이)입니다. 만약 Saturday를 Freyday라고 했다면 어땠을까요? 엄청난 혼란이 있었

을 것입니다. "I'll see you on Freyday!"라고 했을 때 금요일(Friday)에 보자는 건지 토요일에 보자는 건지 헷갈렸겠죠. 문헌에서 확인된 사실은 아니지만, 영어에서 토요일만 로마 신의 이름을 사용한 이유는 Freyday와 Friday가 발음이 비슷하기 때문이었을 것 같습니다. 그럼 왜 Frey를 제외했을까요?

프레이는 티르, 오딘, 토르, 프리가와 다른 점이 하나 있습니다. 프레이를 제외한 다른 네 명은 한 가족이라는 것이죠. 티르와 토르는 오딘의 아들이고 프리가는 오딘의 부인입니다. 프리가는 사랑과 미의 여신이며, 번식력(fertility)의 신이기도 하기 합니다. 그래서 결혼식은 토요일이 아닌 금요일(프리가의 날)에 하는 것이 좋다고 합니다. 특히 큰 가족을 이루려는 계획이 있다면 말이죠.

그런데 단출해 보이는 이 4인 가족의 관계가 복잡합니다. 티르와 토르는 배다른 형제이고, 프리가는 이들 형제의 친모가 아닙니다.[9] 마블 영화에서는 프리가가 토르의 친모로 나오지만 북유럽 신화에서는 토르의 친모가 따로 있습니다. 그리고 더 충격적인 것은 마블 영화에서는 로키(Loki)가 토르의 형제로 나오는데, 북유럽 신화에서 로키는 오딘의 의형제라는 사실입니다.[10]

또 하나 재밌는 사실은, 북유럽 신화에서는 오딘이 토르의 아버지인데, 그리스·로마 신화에서는 헤르메스와 머큐리(Mercury)가 각각 제우스와 주피터의 아들이라는 것입니다. 능력이 비슷한 신의 이름을 사용했다지만, 부자 관계가 반대인 신들을 서로 대응되는 신이라고 생각한 것은 좀 의외인 것 같습니다.

2022년 개봉한 영화 〈토르: 러브 앤 썬더(Thor: Love and Thunder)〉에서는 토르와 제우스가 서로 싸우는 장면이 나오는데, 저는 좀 이상하다고 생각했습니다. 제우스는 주피터(Jupiter=목성)와 같은 신이고, 목요일이 '토르의 날'이면 결국은 제우스와 토르는 같은 신 아닌가요? 다른 신들끼리 싸우는 것으로 묘사되었지만, 저는 이 영화를 보면서 같은 해에 개봉한 〈닥터 스트레인지: 대혼돈의 멀티버스(Doctor Strange in the Multiverse of Madness)〉에서 두 명의 닥터 스트레인지가 멀티버스에서 만나 서로 싸우는 것과 다르지 않다고 느껴지더군요.

미국 문화의 초석

태양계에는
몇 개의 행성이 있을까?

태양계에는 몇 개의 행성이 있을까요? 다음 4개의 보기 중에 정답을 골라 보세요.

① 7개　　　② 8개　　　③ 9개　　　④ 모른다

정답이 ②번이라고 생각하시나요? 저는 ④번이라고 생각합니다. 고대 그리스인들은 7개의 행성이 있었다고 생각했습니다. 그때는 태양도 지구 주위를 돈다고 생각했으니까 '지구계'의 행성이 7개라고 해야겠네요. 제가 중학생이었던 80년대에는 9개의 행성이 있다고 학교에서 배웠습니다. 그런데 지금은 8개의 행성이 있다고 배우죠. 9번째 행성이었던 명왕성이 태양계에서 퇴출당했기 때문입니다.

명왕성이 행성이 아닐지도 모른다는 주장은 1990년 후반부터 있었습니다. 아직도 기억이 생생합니다. 이 주장을 미국에서 처음 라디오로 접하고 받았던 충격. 학교에서 9개의 행성을 순서대로 외우는 시험도 봤는데 말이죠. 논란의 발단은 명왕성과 비슷한 천체가 여러 개 발견되면서부터 시작되었습니다. 태양계 행성의 수를 15개 정도로 늘리든지 명왕성을 퇴출하든지 결정을 해야 했죠.

이 논란에 가장 민감했던 사람들은 미국인들이었습니다. 명왕성은 1930년에 미국인 클라이드 톰보(Clyde Tombaugh)에 의해 발견되었기 때문입니다. (천왕성은 프랑스인, 해왕성은 독일인에 의해 발견되었습니다.) 같은 해에 탄생한 디즈니의 강아지 캐릭터 이름도 명왕성(Pluto)의 이름을 따라 플루토(Pluto the Pup)로 지어졌습니다. pup은 '강아지'라는 뜻이고, Pluto와 같은 p로 시작해 두운법(alliteration)에도 맞는 완벽한 이름이었죠. 하지만, 명왕성은 결국 태양계에서 공식적으로 퇴출을 당합니다. 2006년 8월 24일, 국제천문연맹(IAU)에서 행성에 관한 정의를 새로 규정하고 명왕성의 운명을 결정했죠.

이 소식에 가장 난감했던 곳은 미국 항공 우주국(NASA)이었습니다. 2006년 1월, 천문학적인 예산을 들여 뉴허라이즌스(New Horizons)라는 인류 최초의 무인 행성 탐사선을 명왕성으로 보냈기 때문입니다. 이 탐사선의 임무는 태양계의 마지막 '행성'의 사진을 찍는 것이었습니다. 그런데 뉴허라이즌스가 지구를 떠난 지 7개월 후, 명왕성은 행성에서 소행성(dwarf planet)으로 강등됩니다. 뉴허라이즌스에게는 참 어색한 상황이 된 것이죠. 우주에서 총알보다 10배 이상 빠른 속도로 날아가고 있는 중인데 말입니다.

2015년 7월, 9년의 긴 우주 여행 끝에 인류 최초의 무인 행성 탐사선은 마침내 명왕성에 도착합니다. 그리고 명왕성의 사진을 지구로 보내기 시작하죠. 이 사건은 전 세계적으로 헤드라인 뉴스가 되고, 모두가 뉴허라이즌스의 성공적인 임무 완수를 축하했습니다. 그런데 정말 뉴허라이즌스는 임무를 완수한 것일까요? 목적지는 명왕성이 맞지만, 뉴허라이즌스의 임무는 태양계의 마지막 행성의 사진을 찍는 것이었습니다. 소행성의 사진을 찍는 것이 임무가 아니었죠.

명왕성이 지금은 소행성이지만, 언제 또 다시 행성이 될지 모릅니다. 2022년 현재에도 명왕성을 소행성으로 강등시킨 것은 잘못된 결정이라고 주장하는 천문학자들이 있습니다. 그런데 명왕성을 행성으로 복귀시키면 태양계의 행성이 이제는 15개가 아닌 150여 개가 될지도 모른다고 합니다.[11] 시험 준비를 위해 행성의 이름을 외워야 하는 학생들에게는 청천벽력 같은 소식이 되겠죠.

정답은
관점에 따라 다르다

8개의 태양계 행성을 태양에서부터 가까운 순서로 나열하면 다음과
같습니다.

수성	금성	지구	화성	목성	토성	천왕성	해왕성
Mercury	Venus	Earth	Mars	Jupiter	Saturn	Uranus	Neptune

수성, 금성, 화성, 목성과 토성은 맨눈으로도 볼 수 있어서 고대 그리
스 시대부터 행성으로 알려져 있었고, 천왕성과 해왕성은 각각 1781년
과 1846년에 발견되었습니다. 그럼, 다음 중 성격이 다른 하나는 무엇
일까요?

    ① Uranus(천왕성)   ② Neptune(해왕성)   ③ Pluto(명왕성)

이런 문제는 관점에 따라 여러 가지 답이 나올 수 있습니다. 한 가지

미국 문화의 초석

정답은 ③번입니다. 명왕성만 소행성이기 때문이죠. 또 하나의 정답은 ①번입니다. Neptune과 Pluto는 로마 신인데, Uranus만 그리스 신이기 때문입니다. 행성의 이름 중 Uranus만 유일하게 그리스 신의 이름으로 지어졌죠. 천왕성은 해왕성, 명왕성과는 달리 맨눈으로 보일 때가 있습니다. 그래서 1781년 전에는 별 또는 혜성으로 인식되기도 했죠. 천왕성, 해왕성, 명왕성의 그리스·로마 신 이름을 표로 정리하면 다음과 같습니다.

	천왕(天王) God of the Sky	해왕(海王) God of the Sea	명왕(冥王) God of the Underworld
로마 신	Caelus	Neptune	Pluto
그리스 신	Uranus	Poseidon	Hades

위 문제의 정답은 ②번도 될 수 있습니다. 해왕성만 수학 공식에 의해 발견되었기 때문이죠. 천왕성이 발견된 후 천왕성의 궤도를 관찰하던 천문학자들은 이상한 점을 발견합니다. 뉴턴의 만유인력의 법칙(Newton's law of universal gravitation)으로 설명할 수 없는 궤도로 천왕성이 움직인다는 것이죠. 가능성은 두 가지였습니다. 17세기 과학 혁명(the Scientific Revolution)을 주도한 아이작 뉴턴(Issac Newton)의 이론이 틀렸거나 천왕성의 궤도에 영향을 주는 아직 발견되지 않은 행성이 존재하거나. 뉴턴의 이론을 믿었던 천문학자들은 이 행성의 위치를 수학적으로 계산하였고, 망원경으로 그 위치를 관찰하였습니다. 그 결과, 예상

된 위치에서 단지 1도가 떨어진 곳에서 해왕성이 발견되었습니다.

　고대 그리스인들은 천동설을 믿었습니다. 과학 혁명의 시작을 알리는 지동설은 1543년에 발표되었죠. 폴란드 사람인 니콜라우스 코페르니쿠스(Nicolaus Copernicus)가 라틴어로 쓴 책 〈천구의 회전에 관하여 (De Revolutionibus Orbium Coelestium)〉에서 지구를 포함한 모든 행성이 태양을 중심으로 돌고 있다고 주장하였습니다. 이 책의 제목을 영어로는 〈On the Revolutions of the Celestial Spheres〉라고 하는데, 이 책이 출판되기 전까지만 해도 revolution은 단지 to revolve(돌다)의 명사형인 '회전'의 뜻으로만 사용되었습니다. 그런데 지금은 이 단어가 '혁명'이라는 뜻이 되었습니다. 그만큼 이 책의 내용이 충격적이었다는 뜻이죠. 코페르니쿠스는 사실 이 책을 10여 년 전에 완성하였는데, 세상을 떠나기 바로 직전에 출판합니다. 천동설을 믿는 교회의 비난이 두려웠기 때문이었습니다.

　흥미롭게도 지동설과 천동설을 영어로 할 때는 '지(地)'와 '천(天)'이 반대로 들어갑니다. 천동설은 영어로 geocentrism인데, geo는 '지구 (the earth)'라는 뜻의 그리스어에서 유래하였습니다. 지동설을 뜻하는 heliocentrism의 helio는 '태양'이라는 뜻의 그리스어에서 유래하였죠. 따라서 geocentrism은 '지구가 중심인 이론', heliocentrism은 '태양이 중심인 이론'이라는 뜻입니다. 태양을 중심으로 지구가 움직인다

코페르니쿠스

고 주장하는 것이 지동설이니, 지동설과 heliocentrism이 같은 뜻이 되는 것입니다. 두 언어가 동일한 현상을 다른 관점에서 본다는 것이 흥미롭지 않나요?

Chapter 2:

그리스의
철학과 문화

수사학을 알아야
돈을 쉽게 빌릴 수 있다고?

요한복음 1장 1절은 예수가 '말씀(the Word=the Logos, 로고스)'이라고 했고, 말씀은 곧 하나님이라고 하였습니다. '로고스'를 표준국어대사전에서는 다음과 같이 정의하고 있습니다.[12]

1. [기독교] 하나님의 말씀. 또는 그것이 형태를 취하여 나타난 삼위일체의 제2위인
   그리스도.

2. [철학] 그리스 철학에서, 언어를 매체로 하여 표현되는 이성. 또는 그 이성의 자유.

창세기 1장에서 하나님은 '말씀'으로 세상을 창조한다고 했습니다. 그리고 요한복음 1장 14절에서는 이 말씀이 예수 그리스도가 된다고 설명합니다.

The Word became flesh and made his dwelling among us.
We have seen his glory, the glory of the one and only Son,
who came from the Father, full of grace and truth.
(John 1:14)
말씀이 육신이 되어 우리 가운데 거하시매 우리가 그 영광을 보니 아버지의
독생자의 영광이요 은혜와 진리가 충만하더라 (요한복음 1장 14절)

예수가 태어나기 거의 400년 전에 태어난 그리스의 철학자 아리스
토텔레스(Aristotle, 기원전 384-322년)는 〈수사학(The Art of Rhetoric)〉에서
로고스를 상대방을 설득하는 중요한 무기라고 서술했습니다. 상대를
설득하려면 '에토스(ethos), 파토스(pathos), 로고스(logos)'의 세 가지를
잘 활용해야 한다고 했죠.[13]

'에토스'는 '인간의 습관적인 성격(character)', '파토스'는 '주관적 또
는 감정적 요소(emotion)'를 지칭합니다. 수사학에서 에토스는 '화자'의
성격을 뜻하고, 파토스는 '청자'의 감정을 뜻합니다. 그리고 '로고스'는
'언어로 표현되는 논리(logic)'를 뜻하죠. 상대방을 설득하려면 이 세 가
지를 적절히 사용해야 한다는 것이 아리스토텔레스의 주장입니다. 예
를 들어 볼까요?

A 씨가 갑자기 부모님의 수술비로 천만 원이 필요하게 됐습니다. 일
면식도 없는 사람에게 천만 원을 빌릴 수는 없겠죠. A 씨의 에토스(성격)
를 잘 아는 친구 B 씨에게 부탁해야 합니다. 책임감 있고, 정직하게 살

아 온 A 씨의 에토스를 친구에게 강조하면서, 빌린 돈은 꼭 갚을 것이라고 친구를 안심시켜야 합니다. 그리고 B 씨의 파토스(감정)에 호소하기 위해 이 돈이 없으면 부모님이 수술을 받지 못한다고 강조해야겠죠. 그래도 친구가 머뭇거린다면, 은행 이자보다 많은 이자를 줄 테니 결국은 B 씨에게도 이익이 될 것이라는 로고스(논리)를 이용할 수 있습니다.

그런데 가만 보면 조금 이상하지 않나요? 전형적인 사기꾼의 수법 같아 보입니다. 사실 아리스토텔레스의 스승인 플라톤(Plato, 기원전 427-347년)은 수사학을 좋게 보지 않았습니다. 수사학이 아둔한 사람을 현혹하는 잘못된 수법으로 사용될 수 있기 때문이죠. 하지만 사기를 당하지 않으려면 상대방이 어떤 수법으로 나를 설득하려 하는지를 아는 것도 중요합니다.

자신의 의견을 논리적으로 피력할 수 있는 능력이 성공의 필수 요소인 현대 사회에서 수사학의 중요성은 더욱 두드러집니다. 아리스토텔레스는 수사학의 중요성을 다음과 같이 표현했습니다.

Rhetoric is the counterpart of dialectic.[14]
수사학은 변증법의 대응물이다.(수사학과 변증법은 한 쌍을 이룬다.)

플라톤이 쓴 대화편 〈국가론(Republic)〉에서 플라톤은 철인왕(哲人王, the philosopher-king)은 다섯 가지의 수학 교육과 함께 변증법(문답을 통해 진리에 이르는 방법) 교육을 필수적으로 받아야 한다고 했습니다.[15] 아리스토텔레스에 의하면 수사학은 변증법만큼 중요한 교육입니다.

소크라테스는
그리스 최초의 철학자였을까?

서양 철학은 소크라테스(Socrates, 기원전 469-399년)로부터 시작되었다고 해도 과언이 아닙니다. 소크라테스의 가장 유명한 제자는 플라톤, 플라톤의 가장 유명한 제자는 아리스토텔레스. 많이 알려진 상식이죠. 그럼, 소크라테스 이전에는 철학자가 없었을까요?

"너 자신을 알라(Know thyself)." 소크라테스가 자주 사용한 말인데, 원래는 소크라테스보다 150여 년 전에 살았던 탈레스(Thales)라는 철학자가 처음 사용한 말이라는 주장이 있습니다. 탈레스는 그리스 최초의 철학자로 알려져 있죠. "직각삼각형에서 직각을 끼고 있는 두 변 제곱의 합은 빗변 길이 제곱과 같다($a^2+b^2=c^2$)." 수학 시간에 배운 '피타고라스의 정리'입니다. 이 유명한 수학 공식을 발견한 피타고라스(Pythagoras)도 소크라테스보다 100여 년 전에 살았던 그리스의 철학자입니다.

그런데 소크라테스는 이런 철학자들은 별로 신경 쓰지 않았던 것 같습니다. 소크라테스가 가장 질투했던 인물은 그리스의 시성(詩聖)인 호머(Homer)였다고 합니다. 호머는 소크라테스보다 200년가량 앞선 인물인데, 유럽 문학 최고의 서사시로 꼽히는 〈일리아드(The Illiad)〉와 〈오디세이(The Odyssey)〉의 작가로 알려져 있습니다. 보통, 우리말로 호머는 '호메로스', 일리아드는 '일리아스', 오디세이는 '오디세이아'라고 하는데, 이는 모두 그리스어식 발음입니다.

소크라테스는 제자들에게 수업료를 받지 않은 것으로 유명합니다. 부유해서 수업료를 받지 않은 것이 아닙니다. 오히려 가난했고, 허름한 옷차림으로 사람들을 가르쳤죠. 부유한 귀족 집안에서 태어나 좋은 옷을 입고 다녔던 아리스토텔레스와는 완전히 반대입니다. 소크라테스는 마음만 먹으면 얼마든 큰돈을 벌 수 있었습니다. 부유한 귀족의 자녀들을 가르치며 많은 보수를 받는 철학자들도 있었기 때문이죠. 이런 학자들을 '소피스트(sophist)'라고 불렀습니다. 소피스트는 원래 '현인(sage)'이라는 뜻입니다. 그런데 소크라테스와 플라톤, 그리고 아리스토텔레스가 소피스트들을 싫어해서 그들을 궤변론자라고 비난했고, 그 결과 현대영어에서 소피스트와 관련된 단어 sophism(궤변), sophistry(궤변술), sophistic(궤변의)은 모두 부정적인 의미가 되었습니다.

소크라테스는 볼품없는 외모로도 유명합니다. 외모는 볼품없었지

미국 문화의 초석

만, 아주 건강했고 주량도 엄청났습니다. 소크라테스의 주량은 플라톤의 대화편 〈향연(Symposium)〉의 마지막 단락에서 엿볼 수 있습니다.

> Now that he'd put them to sleep, Socrates got up and left. Aristodemus went with him, as usual. Socrates went to the Lyceum for a wash, spent the day as he would any other, and then went home to sleep in the evening.[16]
> 그들을 잠들게 하고, 소크라테스는 일어나서 떠났다. 아리스토데모스는 평소와 같이 그와 함께 갔다. 소크라테스는 리케움에서 목욕을 한 후, 여느 때와 같이 하루를 보내고 저녁에 집에 가서 잠을 청했다.

사랑을 찬미하는 토론으로 시작한 향연은 밤이 무르익자 술 잔치로 바뀌었습니다. 토론을 끝낸 몇 명은 귀가하지만, 소크라테스는 남아서 밤새 마시며 또 다른 토론을 이어갑니다. 결국 모든 사람이 졸음을 견디지 못하고 잠이 들자, 소크라테스는 공중 목욕탕(the Lyceum)으로 향합니다. 그리고 곧, 다시 광장에 나가 제자들과 토론을 한 뒤 저녁이 돼서야 귀가했다고 하니 정말 엄청난 체력의 소유자였던 것이 확실합니다.

천하의 소크라테스도 밤새 술을 마시고 목욕탕에 앉아 있는데 잠이 솔솔 오지 않을 수 없습니다. 잠시 눈을 붙인 소크라테스가 혹시 이런 꿈을 꾸지 않았을까 상상해 봅니다. 몇십 년 후 바로 이곳에 자신을 능가하는 철학자가 학교를 세우리라는 것을. (아리스토텔레스가 바로 이곳 리케움에 학교를 세우고 제자를 양성합니다.)

트로이 목마에 숨어 있던
가장 유명한 사람은?

2004년에 개봉한 영화 〈트로이(Troy)〉는 최고의 전사 아킬레스와 트로이의 왕자 헥토르의 결투 장면으로 유명합니다. 헥토르의 철없는 동생인 파리스가 스파르타의 왕 메넬라오스의 부인 헬렌과 눈이 맞아 함께 트로이로 달아나자, 메넬라오스는 자기 형인 미케네의 왕 아가멤논과 함께 트로이를 공격합니다. 아가멤논의 편에서 싸우는 아킬레스에게 자상한 가장이자 한 나라의 영웅이었던 헥토르가 죽임을 당하는 장면을 안타깝게 봤던 기억이 아직도 생생합니다.

트로이는 기원전 13세기경에 존재하였던 도시 국가였습니다. 불과 150여 년 전까지만 해도 트로이는 전설에 불과하다고 믿는 학자들이 많았습니다. 하지만, 트로이의 유적지가 튀르키예에서 발견되었고, 이곳은 유네스코 세계 문화 유산(UNESCO World Heritage)에도 등재되었죠.

영화 〈트로이〉는 호머의 서사시 〈일리아드〉를 바탕으로 제작한 영화입니다. 그런데 왜 제목이 다를까요?

Iliad는 Ilium(일리움)의 어간인 Ili-와 '~에 관한'이라는 뜻의 형용사 접미사 -ad가 합쳐진 단어입니다. 따라서 Iliad는 'of Ilium(일리움의, 일리움에 관한)'이라는 뜻입니다. 트로이는 일리움이라고도 불렸습니다. 일리움은 도시를 처음 세운 사람의 이름을 따라 지은 이름이고, 트로이는 도시가 세워진 지역의 왕이었던 사람의 이름을 따라 지은 이름이라고합니다. 그러니까 〈일리아드〉는 결국 '일리움 또는 트로이에 관한 이야기'라는 뜻입니다. 그런데 영화 〈트로이〉의 제목이 〈일리아드〉가 될 수없는 이유가 있습니다.

The Greeks dedicate this thank-offering to Athena for their return home.[17]
그리스인들은 그들의 무사 귀환을 위해 이 감사의 제물을 아테나 여신께 바칩니다.

윗글은 '트로이 목마(the Trojan horse)'에 새겨져 있던 문장입니다. 영화 〈트로이〉에서도 트로이 목마가 등장하는데, 이 이야기는 〈일리아드〉에 나오지 않습니다. 〈일리아드〉는 트로이 전쟁이 끝나기 전에 끝이나기 때문이죠. 트로이 목마는 〈오디세이〉에 잠시 나오고, 자세한 이야기는 로마의 시성인 버질(Virgil, 기원전 70년-19년)이 쓴 서사시 〈아이네이드(The Aeneid)〉에 나옵니다.[18] (우리말로는 라틴어식 발음으로 버질을 '베르길리우스', 아이네이드는 '아이네이스'라고도 합니다.)

〈아이네이드〉는 로마의 건국 내용을 담고 있습니다. 〈일리아드〉에 나오는 트로이의 영웅 아이네아스가 트로이가 패망한 후 방랑하다가 라티움에 도달하여 로마를 건국한다는 내용이죠. 〈아이네이드〉는 라틴 어로 쓰인 최고의 명작으로 손꼽히는 서사시인데, 결국은 호머의 〈일리아드〉와 〈오디세이〉를 합친 것에 불과하다는 평도 있습니다.

10년이라는 긴 세월 동안 전쟁을 이어 갔지만, 그리스인들은 트로이를 함락하지 못했습니다. 그러자, 〈오디세이〉의 주인공인 오디세우스가 기막힌 책략을 제안합니다. 그리스로 돌아가는 것처럼 위장하고 트로이인들이 신성하게 여기는 동물인 말을 크게 나무로 만들어서 그 안에 그리스의 정예 부대가 숨어 있자고 제안한 것이죠.

그리스군이 떠나며 선물로 남긴 줄 알았던 이 목마를 트로이인들이 성안으로 들여오면서 긴 전쟁이 끝나고 맙니다. 트로이인들이 잠든 틈을 타 목마에 숨어 있던 군인들이 목마에서 나와 트로이를 손쉽게 함락하죠. 목마를 불태워 버렸다면 끝이었겠지만 한순간의 잘못된 판단으로 유서 깊은 도시 국가가 멸망하고 맙니다.

트로이 목마에 숨어 있었던 가장 유명한 사람은 오디세우스입니

미국 문화의 초석

트로이 목마

다. 목마 안에 숨어 있자고 모두 죽을 수도 있는 제안을 해 놓고 자기가 들어가지 않으면 따라올 군인이 아무도 없었겠죠. 소문자로 시작하는 odyssey는 '장기간의 방랑 또는 모험'을 뜻하는데, 트로이 전쟁 후 오디세우스가 10년의 방랑 끝에 집에 도착하는 여정이 〈오디세이〉에 담겨 있기 때문입니다. 이타카의 왕이었던 그가 20년 후에나 집에 도착할 수 있다는 사실을 알았다면, 트로이로 향하는 배에 기꺼이 올랐을까요?

기하학을 모르면
철학을 할 수 없다?

산수(arithmetic)와 수학(mathematics)은 어떻게 다를까요? 혹시 초등학교에서 배우는 것이 산수, 중·고등학교와 대학교에서 배우는 것이 수학이라고 알고 계신가요? 저는 초등학교를 졸업하지 않았습니다. 1985년에 국민학교를 졸업했죠. 국민학교가 초등학교로 바뀐 해는 1995년입니다. '국민학교 명칭은 일제의 황국 신민 양성을 목적으로 이름 지어진 것'이므로, '일제의 잔재를 청산'하고 '우리 교육의 새로운 전기를 마련하고자' 이름을 변경하였다고 합니다.[19]

큰딸 가은이가 2013년에 초등학교에 입학하고 또 다른 변화를 알게 되었습니다. 저는 중학교에서부터 수학을 배웠는데, 가은이는 초등학교 1학년부터 수학을 배운다는 것을요. 알고 보니, 산수도 1995년부터 수학으로 바뀌었다고 하더군요. 혼란스러웠습니다. "수학하고 산수가 같은 거였나?" 저는 수학이 산수보다 높은 학문이라고 알고 있었습니다. 가은이 수학 숙제를 가끔 봐 줄 때도 그렇게 느꼈죠. 4학년 수학 문제는 풀지는 못해도 답을 보면 이해가 됐는데, 5학년 수학 문제부터는 답을 봐도 이해가 되지 않았습니다. "역시, 내가 배운 산수보다는 어려운 학문이군."

아리스토텔레스에 의하면 산수는 수학의 한 종류입니다.[20] 고대 그리스 시대에 가장 기본적인 수학은 산수와 기하학(geometry)이었던 것 같습니다. 플라톤의 학교인 아카데미(the Academy)의 정문 위에는 다음과 같은 문장이 새겨져 있었다고 하죠.

Let no one ignorant of geometry enter here.[21]
기하학을 모르는 자는 여기에 들어오지 말라.

플라톤이 생각했던 수학은 우리가 생각하는 수학하고는 조금 달랐던 것 같습니다. 〈국가론〉에서 철인왕은 산수, 평면 기하학(plane geometry), 입체 기하학(solid geometry)과 함께 천문학(astronomy)과 음악학(musicology)의 다섯 가지 수학 교육을 받아야 한다고 했죠.[22] 천문학과 음악학을 수학으로 생각했다는 것이 특이합니다.

미국 고등학교에서도 보통 다섯 과목의 수학을 배울 수 있는데, 과목명과 각 과목을 수강하는 순서는 다음과 같습니다. 기하학은 두 번째 과목이므로 고등학교를 졸업한 학생은 모두 플라톤의 아카데미에 들어갈 수 있습니다.

① Algebra 대수학 ② Geometry 기하학 ③ Trigonometry 삼각법
④ Pre-Calculus 예비 미적분학 ⑤ Calculus 미적분학

미국 고등학교는 한국과 달리 4년 교육 과정입니다. 미국 학생들은 위 수학 과목들을 각각 일 년 동안 수강합니다. 보통은 3년만 수학을 수강하면 졸업할 수 있지만, 4년 모두 수학 과목을 수강하기를 권장합니다. 공부를 웬만큼 하는 아이들은 중학교에서 이미 대수학을 들어서, 고등학교를 마치면 위 다섯 과목을 모두 마칠 수 있죠.

그런데 플라톤은 왜 기하학을 모르는 사람은 자기 학교에 들어오지도 말라고 했을까요? 기하학을 모르는 사람은 논리학(logic)을 모를 것이고, 논리학을 모르는 사람은 철학을 이해할 수 없다고 생각했기 때문입니다.[23] 타임머신을 타고 기원전 350년 아테네로 날아가 플라톤과 아리스토텔레스가 함께 있는 아카데미로 가더라도 저는 정문 밖에서 학교 구경만 하다 돌아와야 할 것 같습니다. 이제는 초등학교 4학년 수학 문제도 못 푸니까요. 문득 궁금해졌습니다. 우리 학교 철학과 교수님 중 몇 분이나 정문을 통과하실 수 있을지.

미국 문화의 초석

'형이상학'은
'자연 과학 뒤의 것'이다?

서양에서 가장 오랜 기간 영향력을 행사한 철학자를 꼽으라면 단연 아리스토텔레스입니다. 2천 년 넘게 서양 문화를 지배했다고 해도 과언이 아니죠. 박사학위를 영어로는 Ph.D.라고 하는데, Ph.D.는 Doctor of Philosophy(철학의 박사)와 같은 말입니다. 아리스토텔레스가 쓴 책들의 내용을 보면 왜 박사학위를 Doctor of Philosophy라고 하는지 알 수 있습니다. 흔히 생각하는 철학을 포함하여, 자연 과학, 정치학, 윤리학, 논리학 등 다양한 학문 분야에 관한 글을 남겼기 때문이죠.

철학 박사는 영어로 Ph.D. in Philosophy(Doctor of Philosophy in Philosophy)라고 합니다. 이런 어이없어 보이는 표현이 있는 이유는 philosophy의 원뜻이 'the love of wisdom(지혜의 사랑)'이기 때문입니다. philo-가 '~을 좋아하는'이라는 뜻이고, -sophy가 '지혜, 지식'이

라는 뜻이죠. Doctor of Philosophy에서 Philosophy는 바로 '지혜의 사랑'이라는 뜻으로 사용된 것입니다.

아리스토텔레스는 대략 200권의 책을 썼는데, 그중 31권의 책만 남아 있다고 합니다.[24] 철학에 관한 내용은 〈Metaphysics(형이상학)〉라는 책에 나오는데, Metaphysics는 after(~뒤에) 또는 beyond(~을 넘어서)라는 뜻의 meta-와 '자연 과학'을 뜻하는 physics가 합쳐진 이름입니다. 현실 세계와 비슷한 3차원의 가상 세계를 뜻하는 '메타버스 (metaverse)'도 meta-와 universe(우주)가 합쳐진 말입니다. metaverse에서 meta-는 '~을 넘어서'라는 뜻입니다. 현실 세계를 넘어선 세계라는 뜻이죠. 하지만, Metaphysics에서의 meta-는 단순히 '~뒤에'라는 뜻입니다.

아리스토텔레스는 플라톤의 학교인 아카데미에서 수학하였는데 기원전 347년, 스승인 플라톤이 죽자 아카데미를 떠났습니다. 플라톤 밑에서 20년가량 공부하였고 가장 훌륭한 제자였음에도 불구하고 아카데미의 새 교장으로 플라톤의 조카가 임명되었기 때문이었습니다. 그리고, 12년 뒤 리케움(the Lyceum)이라는 새로운 학교를 세우고 제자를 양성하기 시작했습니다.

아리스토텔레스는 출판에는 별로 흥미가 없었던 것 같습니다. 생

미국 문화의 초석

전에 자신이 출판한 책은 모두 아카데미를 다니면서 쓴 대화편들이 었습니다.[25] 리케움에서 집필한 강의 노트나 논문 등은 하나도 자신이 출판하지 않았습니다. 이 학교의 마지막 교장인 안드로니쿠스가 아리스토텔레스의 강의 노트와 논문을 정리하여 책으로 출판하였죠. 〈Metaphysics(형이상학)〉는 아리스토텔레스가 집필한 것 중 자연학 (physics)과 관계없는 내용을 안드로니쿠스가 한 권의 책으로 묶어 자연학 뒤에 배치했기 때문에 생긴 이름입니다.[26]

'형이상학(形而上學)'이라는 단어도 metaphysics만큼 신기한 단어입니다. metaphysics는 '형체를 초월한 영역에 관한 학문'이라고 해석할 수 있습니다. meta-를 '~을 넘어서'라는 뜻으로 해석할 수도 있기 때문이죠. 그럼 '형이상학'이 아니고 '~의'라는 뜻의 之를 써서 '형지상학(形之上學)'이라고 해야 하지 않을까요? 왜 而(말 이을 이)가 사용되었을까요? 而은 순접과 역접에 모두 사용될 수 있는 접속사입니다. 한국어에서는 '사이비(似而非, 같고도 아닌 것)'라는 단어에 而가 순접으로 사용되었고, 중국어에서는 而是(érshì, 그러나)라는 단어가 역접을 나타낼 때 자주 사용됩니다.

'그리고' 또는 '그러나'의 뜻으로 해석되는 접속사가 '형이상학(形而上學)'에 쓰인 이유는 〈주역(周易)〉에 形而上이라는 표현이 있기 때문이라고 합니다. 이 표현에서 而上은 以上(이상=기준점의 위)과 같은 뜻입니다.[27]

'이상'과 '초월'은 비슷한 말이니, 왜 metaphysics가 '형이상학'으로 번역되었는지 이제 이해가 되지 않나요? 생각해 보면 〈Metaphysics〉는 정말 성의 없게 지은 책 제목입니다. 책을 꽂아 놓고 순서를 매긴 것이니 진정한 제목이라고 할 수도 없죠. 이렇게 성의 없이 지은 책 제목이 시간이 지나면서 철학의 한 분야를 나타내는 단어로 사용된다는 것을 안드로니쿠스는 상상도 하지 못했을 것입니다.

철학에 두 번
죄를 범하다

플라톤이 죽고 아카데미를 떠난 아리스토텔레스가 자신의 학교인 리케움을 설립하기까지는 12년이 걸렸습니다. 그럼 그동안 아리스토텔레스는 무엇을 했을까요? 여러 곳을 돌아다니며 여러 가지 일을 했는데, 그중 가장 중요한 사건은 약 3년간 마케도니아의 왕자를 가르친 일입니다. 아리스토텔레스를 처음 만났을 때 13살 소년이었던 이 어린 왕자는 훗날 알렉산더 대왕(Alexander the Great, 기원전 356-323년)이 됩니다.

그 사이에 결혼도 하고 아들도 낳고 했으니 아리스토텔레스 개인적으로는 알렉산더 대왕을 가르친 것이 가장 중요한 사건이 아닐 수도 있습니다. (참고로 아리스토텔레스 아들의 이름은 니코마코스인데, 아리스토텔레스의 〈니코마코스 윤리학(The Nicomachean Ethics)〉이라는 저서 명에 그의 아들 이름이 포함되어 있습니다.) 하지만, 유럽 역사상 가장 위대한 철학자로 손꼽히는 인물이 역사상 가장 위대한 왕으로 손꼽히는 인물의 스승이었다는 것은 엄청난 사건이 아닐 수 없습니다.

아리스토텔레스의 아버지는 당시 마케도니아의 왕이었던 알렉산더 대왕 할아버지의 주치의였습니다. 아리스토텔레스 아버지의 이름은 니코마코스. 아들 이름과 같습니다. (그래서 〈니코마코스 윤리학〉이 아버지에게 바친 책일지도 모른다는 주장도 있습니다.) 아리스토텔레스와 알렉산더 대왕의 아버지 필립 2세(Philip II of Macedon)는 친구였을지도 모릅니다. 나이도 2살밖에 차이가 나지 않습니다. 아무 인연이 없는 철학자를 아들의 스승으로 모시기는 쉽지 않겠죠.

아테네로 돌아가 리케움을 설립했을 때, 아리스토텔레스의 나이는 이미 50세가 되었습니다. 그곳에서 12년간, 오전에는 학생들을 가르치고 오후에는 대중에게 강연을 했다고 합니다. 혹시 esoteric이라는 영어 단어를 들어 본 적 있나요? '신비한, 불가사의한'이라는 뜻인데, 이 단어는 '내부의(inner)'라는 뜻의 그리스어에서 유래하였습니다. 아리스토텔레스가 오전에 제자들에게 가르쳤던 내용을 지칭하는 단어죠. 따라서, esoteric은 시쳇말로 '인싸들(제자들)만 이해할 수 있는'이라는 뜻이 됩니다. 그럼 아리스토텔레스가 오후에 대중에게 강의한 내용은 영어로 뭐라고 할까요? exoteric(대중도 이해할 수 있는)이라고 합니다. 'eso-(내부의)'의 반대는 'exo-(외부의)'이기 때문입니다.

미국 문화의 초석

I will not allow the Athenians to sin twice against
philosophy.[28]
아테네인들이 철학에 두 번 죄를 범하는 것을 허락하지 않을 것이다.

아리스토텔레스가 리케움을 떠나며 한 말이라고 합니다. 기원전 323년, 알렉산더 대왕이 죽자 아테네 사람들은 아리스토텔레스를 친마케도니아 세력으로 모함하여 죽이려고 하였습니다. 알렉산더 대왕은 아리스토텔레스의 연구를 위해 금전적인 지원을 아끼지 않았고, 그리스의 모든 사냥꾼과 어부는 연구에 관한 아리스토텔레스의 요구를 즉각 수용하라는 명령까지 내렸다고 합니다.[29] 아테네인들의 독립과 자유를 앗아간 알렉산더 대왕과 밀접한 관계가 있는 아리스토텔레스가 아테네에서 생명의 위협을 느낀 것은 어쩌면 당연한 일일지도 모릅니다.

기원전 399년, 아테네인들은 소크라테스를 민주주의를 반대하는 귀족 주위 세력으로 모함하였고, '신에 대한 불경(impiety)'과 '아테네 젊은 이들의 마음을 타락시킨다(corrupting the minds of the youth of Athens)'라는 죄목으로 사형에 처하였습니다. 아테네인들이 철학에 첫 번째 죄를 범한 것이죠. 기원전 322년 봄, 아리스토텔레스는 아테네를 떠나 유보이아 섬으로 귀양 아닌 귀양을 갑니다. 그리고 그해 가을, 그곳에서 리케움을 그리워하며 쓸쓸히 죽음을 맞이합니다.

불멸의
그리스 문화

헬라어와 희랍어는 같은 언어입니다. 모두 그리스어를 뜻하죠. 헬라어는 '헬라스(Hellas)의 언어'라는 뜻인데, Hellas는 Greece의 옛 이름입니다. 그리스어를 희랍어라고도 하는 이유는 중국어에서 그리스를 希臘(xīlà, 희랍)이라고 하기 때문입니다. 종종 희랍어와 히브리어(Hebrew)를 혼동하는 분이 있는데, 히브리어는 이스라엘에서 사용되는 언어입니다. 구약성경의 원어는 히브리어이고, 신약성경의 원어는 희랍어입니다. 정확히 말하면 신약성경은 코이네 그리스어(Koine Greek)로 쓰였습니다. koine는 그리스어로 'common(공통의)'이란 뜻이죠.

예수가 사용한 언어는 히브리어도 아니고 그리스어도 아닙니다. 예수는 아람어(Aramaic)를 사용했다고 합니다. 예루살렘이 있는 유대 지역에서는 히브리어가 사용되었지만, 예수의 고향이 있는 갈릴리 지역에

미국 문화의 초석

서는 아람어가 사용되었죠.[30] 아람어는 원래 고대 시리아의 언어였는데 예수의 시대에는 히브리어보다 아람어를 사용하는 유대인들이 더 많았다고 합니다. 그런데, 신약성경이 아람어가 아닌 코이네 그리스어로 쓰였다는 것은 놀라운 일입니다.

코이네 그리스어는 '알렉산더 방언(the Alexandrian dialect)'으로도 불리는데 왜 그럴까요? 알렉산더 대왕은 그리스 북부에 있는 펠라에서 태어났습니다. 펠라는 고대 마케도니아 왕국의 수도였죠. 펠라에서 사용된 언어는 '도리스 방언(the Doric dialect)'입니다.

코이네 그리스어 전에 사용되던 그리스어는 고대 그리스어라고 하는데, 크게 미케네(Mycenaean), 아이올리스(Aeolic), 도리스(Doric), 아티카-이오니아(Attic-Ionic)의 4개 방언으로 나뉩니다. 아테네에서 사용되던 아티카 방언과 아리스토텔레스가 태어난 곳에서 사용된 이오니아 방언은 같은 그룹으로 묶입니다.

코이네 그리스어는 알렉산더 대왕이 구축한 마케도니아 제국을 발판으로 빠르게 퍼져 나갔습니다. 그런데 재밌는 것은 코이네 그리스어가 마케도니아에서 사용되던 도리스 방언에서 발전된 것이 아니라는 점입니다. 아테네에서 사용되던 아티카 방언에서 발전되었죠. 바로 소크라테스의 언어입니다. 코이네 그리스어가 완전한 언어로 자리 잡은 시기는 알렉산더 대왕이 죽은 기원전 323년이라고 알려져 있습니다. 이때부터 이 언어는 600년이 넘게 지중해 전역에서 사용되었죠.

Alexander the Great conquered half of the known world.
알렉산더 대왕은 알려진 세계의 절반을 정복했다.

20세에 왕좌에 올라 33세의 나이에 세상을 떠난 알렉산더 대왕의 위대함을 느끼게 하는 문장입니다. 주목해야 할 점은 알렉산더 대왕에 의해 그리스 문화와 코이네 그리스어가 세계 각처로 퍼졌지만, 정작 그리스인들은 마케도니아인들을 같은 민족으로 생각하지 않았다는 것입니다. 그리스인들은 마케도니아인들을 bárbaros라고 불렀는데, 이는 '외국의(non-Greek)'라는 뜻의 그리스 단어입니다. 이 단어에서 유래한 영어 단어인 barbarian(야만인), barbaric(야만적인), barbarous(야만적인)는 모두 좋지 않은 뜻으로 사용되고 있죠.

Politically the Romans were the masters of their Greek subject peoples; culturally they were, and were proud to be, the pupils of their Greek teachers.[31]
정치적으로 로마인들은 그리스 민족의 주인이었지만, 문화적으로는 그들의 제자였으며, 그 사실을 자랑스러워했다.

그리스 문화의 위대함을 상기시켜 주는 문장입니다. 생각해 보면 그리스 문화는 모두 정복자에 의해 퍼지고 보존되었습니다. 330년에 세

미국 문화의 초석

알렉산더 대왕

워져 1453년에 멸망하는 동로마 제국의 수도 콘스탄티노플에서는 그리스어가 공식 언어로 사용되었습니다. 로마인들이 얼마나 그리스 문화를 존경했으면 정복된 자들의 언어를 공식 언어로 사용했을까요? 일본의 한국어 말살 정책과는 정반대입니다. 정말 '불멸의 그리스 문화'라는 거창한 제목에 손색이 없는 문화입니다.

그리스어와
그리스의 역사

알렉산더 대왕의 스승이었던 아리스토텔레스는 플라톤, 소크라테스와 달리 아테네 시민이 아니었습니다. 그리스 동북부에 있는 스타기라라는 작은 도시에서 태어났죠. 이 도시에서는 아테네에서 사용되던 아티카 방언과는 좀 다른 이오니아 방언이라는 고대 그리스어가 사용되었다고 합니다. 아리스토텔레스가 플라톤의 학교 아카데미를 물려받지 못한 이유도 아테네 시민이 아니었기 때문이라는 추측도 있습니다. 아테네 시민이 아니면 아테네에서는 건물을 소유할 수 없어서, 아리스토텔레스가 리케움을 세울 때도 학교 건물을 임대해야만 했습니다.[32]

고대 그리스어는 알렉산더 대왕이 세상을 떠난 기원전 323년까지 사용되었습니다. 기원전 323년부터 동로마 제국의 수도인 콘스탄티노플이 세워진 서기 330년까지 사용된 언어는 코이네 그리스어라고 합니다. 그리고 서기 330년부터 동로마 제국이 멸망한 1453년까지 사용된 언어는 중세 그리스어라고 합니다. 그리스어의 역사를 표로 정리하면 다음과 같습니다.

기원전 1500~323년	기원전 323년~서기 330년	서기 330~1453년
고대 그리스어 (Ancient Greek)	코이네 그리스어 (Koine Greek)	중세 그리스어 (Medieval Greek)

그리스의 역사는 보통 고전기 그리스, 헬레니스틱 그리스, 그리고 로마 그리스로 나뉩니다. 알렉산더 대왕이 죽은 기원전 323년부터 로마가 이집트를 병합하는 기원전 30년까지를 헬레니스틱 그리스라고 합니다. Hellenistic은 그리스의 옛 이름인 Hellas와 같은 어원을 가진 단어입니다. 헬레니스틱 이전의 그리스는 고대 그리스, 이후는 로마 그리스라고 하죠. 그리스의 역사를 알렉산더 대왕 혼자 삼등분한다고 해도 과언이 아닙니다. 다음은 그리스의 역사를 표로 정리한 것입니다.

기원전 480~323년	기원전 323년~서기 30년	서기 30~1453년
고전기 그리스 (Classical Greece)	헬레니스틱 그리스 (Hellenistic Greece)	로마 그리스 (Roman Greece)

고전기 그리스가 정확히 언제 시작하는지는 여러 의견이 있습니다. 보통 기원전 499년에 시작된 그리스·페르시아 전쟁의 전후에 시작되었다고 하죠. 기원전 5, 6세기경 세계에서 가장 강력한 나라는 고대 페

고대 그리스 아테네의 아크로폴리스

르시아의 아케메네스(the Achaemenids) 왕조였습니다. 반면에 그리스는 독립적인 여러 도시 국가(city-states)로 구성된 작은 나라였죠.

499년에 아케메네스의 지배를 받던 이오니아에서 반란이 일어났는데, 에게해 너머에 있는 아테네가 반란군을 도와줍니다. 현재는 이오니아가 튀르키예에 속해 있지만, 이때는 그리스어를 하는 사람들이 살고 있었고 아테네도 에게해의 해상권을 장악하고 싶었기 때문에 반란군을 도와준 것이죠. 이 사건으로 인해 그리스 도시 국가들에 가장 큰 위기가 닥칩니다. 아케메네스가 그리스 정복에 나서기 때문이죠.

미국 문화의 초석

하계 올림픽의 대미를 장식하는 마라톤 경기의 유래는 490년에 그리스의 마라톤이라는 전투지에서 시작됩니다. 이곳에서 아테네군은 수적 열세에도 불구하고 아케메네스군에 대승을 거두고, 페이디피데스(Pheidippides)라는 전령이 마라톤에서부터 아테네까지 40km를 뛰어가서 승전보를 알립니다.

마라톤 전투에서 패한 아케메네스는 10년 후, 역사상 가장 큰 군대를 이끌고 다시 그리스를 침공합니다. "Madness? This is Spar-ta!(광기? 이게 스파르타다!)" 2007년 미국영화〈300〉에서 스파르타의 왕인 레오니다스(Leonidas)가 페르시아의 전령을 죽이면서 하는 말입니다.

레오니다스 왕은 300명으로 구성된 스파르타의 정예 부대와 그리스 연합군을 지휘하여 테르모필레(Themopylae)라는 좁은 골짜기에서 아케메네스군과 용맹하게 싸우지만 결국 전사하고 맙니다. 그러나 아케메네스군은 살라미스 해전에서 그리스 연합군에게 대패하고 다시는 그리스 정복에 나서지 못하게 됩니다. 만약 그리스군이 살라미스에서도 패했다면 미국과 유럽의 문화는 전혀 다른 모습을 하고 있을 것입니다. 서양 문화의 근간이 되는 그리스 문화가 꽃을 피우지 못했을 것이기 때문입니다.[33]

로마 그리스와
클레오파트라

　　로마 그리스는 서기 30년에 알렉산드리아에서 이집트의 여왕 클레오파트라 7세가 자살하면서 시작됩니다. 그런데 이집트의 여왕과 그리스가 무슨 관계가 있을까요? 이집트와 그리스의 연결 고리는 이집트 북부의 항구 도시인 알렉산드리아에서 찾을 수 있습니다. 알렉산드리아(Alexandria)는 알렉산더(Alaxander)의 여성형입니다. 기원전 331년에 알렉산더 대왕이 이곳에 그리스 도시를 설립하고, 자기 이름의 여성형으로 도시 이름을 지은 것이죠. 미국을 의인화한 호칭인 콜럼비아(Columbia)도 신대륙을 발견한 콜럼버스(Columbus)의 여성형입니다. 알렉산더 대왕은 정복하는 곳마다 알렉산드리아와 같은 그리스 도시를 건설했습니다. 그리고 이 도시들을 통해 그리스 문화가 퍼져나갔죠.

　　클레오파트라 7세는 톨레미 왕조의 마지막 왕입니다. 톨레미 왕조

의 시조는 알렉산더 대왕 군대의 장군으로 활약했던 고대 마케도니아
인 톨레미(Ptolemy)입니다. 알렉산더 대왕이 죽은 뒤 경쟁자들을 물리치
고 이집트의 왕이 되었죠. 2004년 영화 〈알렉산더(Alexander)〉는 80세
가 넘은 톨레미가 지난 일을 회상하면서 시작합니다. 톨레미 왕조의 지
배하에 알렉산드리아는 세계에서 가장 부유한 도시로 성장하였습니다.
또한 세계적인 박물관과 도서관을 갖춰 여러 분야의 유명한 학자를 배
출하였습니다. 300년이 넘게 헬레니스틱 그리스의 전성기를 구가한 도
시였죠. 현재 이집트의 수도는 카이로이지만 설립된 순간부터 1,000년
이상 이집트의 수도는 알렉산드리아였습니다.

클레오파트라 여왕은 역사상 가장 유명한 인물 중 하나입니다. 그녀
의 미모에 로마의 최고 권력자인 카이사르와 그의 친구 안토니우스가 차
례로 현혹되었기 때문이죠. 프랑스의 수학자 파스칼(Pascal, 1623-1662년)
은 그녀의 코에 관해 다음과 같은 얘기를 했다고 합니다.

Cleopatra's nose: had it been shorter, the whole aspect of
the world would have been altered.[34]
클레오파트라의 코: 만약 짧았더라면, 세계의 모든 면이 바뀌었을 것이다.

잠깐 본론에서 벗어난 얘기를 하자면, 파스칼은 천재 수학자였는
데 기독교인이 된 후 수학을 멀리했다고 합니다. "신은 죽었다(God is
dead)."라는 말로 유명한 독일 철학자 니체(Nietzsche, 1844-1900년)는 기독

이집트 덴데라 사원, 클레오파트라 벽화

교가 파스칼을 망친 것 때문에 절대 기독교를 용서할 수 없다고 말했다고 합니다. 파스칼은 이성과 논리로 신의 존재를 증명할 수 없으며 그런 시도 자체가 불경스러운 일이라고 주장했습니다. 파스칼은 '파스칼의 내기(Pascal's wager)'로도 유명합니다. 신의 존재는 알 수 없지만, 신이 존재한다고 믿고 사는 것이 틀렸을 때 잃을 것이 훨씬 적다는 주장이죠.

다시 본론으로 돌아가서, 클레오파트라는 자기보다 여덟 살 어린 동생 톨레미 13세와 결혼하여 함께 이집트를 다스리고 있었지만, 동생이 성장한 후 클레오파트라를 왕위에서 몰아냅니다. 위기에 몰린 클레오파트라는 카이사르의 도움을 받아 동생과의 내전에서 승리하고 여왕의 자리를 되찾습니다. 그리고 카이사르의 아들도 낳게 되죠. 하지만 카이사르의 아들을 통해 로마를 지배하겠다는 클레오파트라의 꿈은 카이사르의 암살로 인해 산산조각이 납니다.

안토니우스는 카이사르의 양아들 옥타비아누스와 힘을 합쳐 카이사르의 암살자들을 처단하지만, 결국은 옥타비아누스와도 대립 관계를 형성하게 됩니다. 클레오파트라는 젊은 옥타비아누스보다는 경륜이 많은 안토니우스가 로마의 권력을 장악하리라 판단하고 그에게 접근하죠. 클레오파트라와 사랑에 빠진 안토니우스는 그녀의 왕권을 확장하는 데 큰 도움을 줍니다. 하지만 둘의 사랑이 시작된 지 불과 10년 후, 두 명 모두 비극적인 최후를 맞게 됩니다.

기원전 31년, 안토니우스는 악티움 해전(the Battle of Actium)에서 몇 년 후 로마 제국의 첫 황제가 될 옥타비아누스에게 패하고 맙니다. 그리고 1년 후에 옥타비아누스가 이집트를 점령하자, 안토니우스와 클레오파트라는 자살로 인생의 최후를 맞이합니다.

당연한 것을
궁금하게 여기는 재능

"전광석화 같은 목 감아 돌리기 성공! 2대1 역전입니다. 자, 남은 시간은 1분 39초. 김영남의 화이팅!"[35] 88 서울 올림픽에서 대한민국에 첫 금메달을 안긴 레슬링 그레코로만형 74kg 결승전. 1:0으로 지고 있던 김영남 선수가 극적인 역전승을 거둡니다.

레슬링은 전신을 공격할 수 있는 자유형과 상체만 공격할 수 있는 그레코로만형으로 나뉩니다. 그런데 '그레코로만'은 무슨 뜻일까요? 다음은 표준국어대사전에 수록된 '그레코로만'의 정의입니다.

(예체능·일반) 그리스 양식과 로마 양식을 혼합한 예술 양식. 특히 그리스의 영향을 강하게 받은 로마식을 이른다.[36]

미국 문화의 초석

'그레코로만'은 영어 단어 Greco-Roman의 외래어 표기입니다. Greco의 o는 합성어를 만들 때 두 단어를 연결하는 역할을 합니다. 따라서 Greco는 '그리스와(Greek and)'라는 뜻이고, Greco-Roman은 '그리스와 로마의'라는 뜻이 됩니다. 그레코로만형은 고대 그리스와 로마의 레슬링 경기 방식을 모방한 스타일이죠. 고대 그리스와 로마에서 레슬링 시합 중 자유롭게 공격을 당해 크게 다치거나 죽는 사람이 너무 많이 생겨 상체만 공격할 수 있게 규칙을 정했다고 합니다.

그리스 문화는 예술 양식은 물론이고 문학과 학술적인 측면에서도 로마 문화에 지대한 영향을 끼쳤습니다. 그리스 문학 작품과 학술서는 체계적으로 라틴어로 번역되었고, 라틴어 문법도 그리스어 문법을 토대로 작성되었습니다. 지배자가 피지배자의 문화를 받아들이는 로마와 그리스의 신기한 관계. 이 관계에 대해 로마의 시성 버질은 다음과 같이 말했다고 합니다.

Let others (i.e. the Greeks) excel if they will in the arts, while Rome keeps the peace of the world.[37]
로마가 세계의 평화를 유지하는 동안 다른 사람들(즉, 그리스인)이 예술 분야에서 뛰어나게 하시오.

알렉산더 대왕에서 시작되어 15세기까지 지속된 로마 제국에서도 그리스 문화는 지배자들에 의해 보존되고 널리 전파되었습니다. 미국

하버드 대학의 조셉 나이(Joseph Nye) 교수에 의하면 한 국가가 가지는 힘에는 두 종류가 있다고 합니다. 군사력과 경제력으로 대변되는 하드 파워(hard power)와 강요 없이도 상대가 모방하는 문화적인 매력으로 나타나는 소프트 파워(soft power).[38] 대한민국의 하드 파워는 미국, 중국, 러시아 등 세계적인 열강의 하드 파워에 비교해 현저히 약합니다. 하지만 대한민국의 소프트 파워는 영화 〈기생충〉, 드라마 〈오징어 게임〉, 보이그룹 방탄소년단(BTS)의 음악으로 대표되는 한류 문화를 통해, 세계적으로 큰 영향력을 발휘하고 있습니다.

방탄소년단의 영향으로 전 세계에서 한국어를 배우려는 사람들이 급증했고, 여러 미국 대학의 한국어 수강생 숫자도 자연히 증가하였습니다. 방탄소년단 전에도 미국에서는 한국어에 관한 관심이 지속해서 존재했습니다. 미국의 적대국인 북한에서 사용되는 언어이기 때문이었죠. 예전의 한국어에 관한 관심은 하드 파워에서 비롯되었지만, 현재의 한국어에 관한 관심은 소프트 파워에서 비롯되는 것이죠.

로마의 지배하에서도 강력한 소프트 파워를 발휘한 그리스 문화의 원천은 무엇일지 궁금합니다. 놈 촘스키(Noam Chomsky) 이전 미국의 언어학을 주도하던 레너드 블룸필드(Leonard Bloomfield) 교수는 다음과 같은 말을 남겼습니다.

미국 문화의 초석

The ancient Greeks had the gift of wondering at things that other people take for granted.[39]

고대 그리스인들은 다른 사람들이 당연하게 여겼던 것들을 궁금하게 여기는 재능을 가지고 있었다.

Chapter 3:

기독교

기독교가 로마 제국을
멸망시켰다?

그리스 문화를 전 세계적으로 퍼트린 로마 제국의 시작은 라티움
(Latium)이라는 이탈리아의 중서부 지역에서 출발한 작은 왕국이었습니
다. 라티움의 형용사형은 '라틴(Latin)'입니다. 그래서 로마 제국에서 사
용된 언어를 라틴어라고 하죠. 로마왕국은 로마공화국을 거쳐 로마 제
국이 됩니다. 로마왕국, 로마공화국, 로마 제국의 건국 연도와 로마 제
국이 멸망한 시기를 표로 정리하면 다음과 같습니다.

기원전 753~509년	기원전 509~27년	기원전 27~서기 476년(서) ~서기 1453년(동)
로마왕국 (the Roman Kingdom)	로마공화국 (the Roman Republic)	로마 제국 (the Roman Empire)

로마 시대의 가장 유명한 사람은 시저(Caesar, 기원전 100-44년)입니다.
시저가 막강한 권력을 갖게 되자, 원로원(the Senate)의 공화정 지지자들

은 그를 암살합니다. 그가 왕이 되고 싶어 한다고 믿었기 때문이죠. 시저의 암살은 역설적으로 로마공화국이 로마 제국으로 바뀌는 기폭제가 됩니다. 공화정 지지자들은 민주주의를 지키기 위해 시저를 암살하였지만, 로마 시민들은 시저처럼 카리스마가 있는 지도자를 원했고, 결국은 시저의 양아들인 아우구스투스(Augustus)가 기원전 27년에 로마 제국의 첫 번째 황제가 됩니다.

로마 제국이 설립된 후 유럽에서는 200년가량 평화가 지속되었습니다. 이 시기를 '팍스 로마나(the Pax Romana)'라고 하죠. 라틴어로 pax는 '평화', Romana는 '로마의'라는 뜻입니다. 따라서 팍스 로마나는 '로마의 평화'라는 뜻입니다. 이 시기에 로마 제국의 영토는 한 명의 황제가 지배하기에는 너무 커집니다. 결국 로마 제국은 3세기 말에 서로마 제국과 동로마 제국으로 나뉘죠.

서기 330년, 콘스탄틴 대제(Constantine the Great)는 로마 제국의 수도를 비잔티움이라는 도시로 옮기고 이 도시의 이름을 콘스탄티노플로 바꿉니다. 로마를 중심으로 한 서로마 제국은 게르만족에 의해 476년에 멸망하지만, 콘스탄티노플을 중심으로 한 동로마 제국은 천 년 가까이 더 지속되다가 1453년에 오스만 제국(the Ottoman Empire)에게 멸망합니다. (1923년에 튀르키예공화국이 수립되면서 튀르키예는 수도를 콘스탄티노플에서 앙카라로 옮겼고, 콘스탄티노플의 지명은 1930년에 이스탄불로 바뀝니다.)

콘스탄틴 대제

서기 312년. 훗날 서양의 역사를 송두리째 바꾸는 엄청난 사건이 발생합니다. 콘스탄틴 대제가 기독교로 개종을 하죠. 로마 제국의 지배하에 기독교인들은 300년 넘게 핍박을 받아 왔고, 불과 10년 전까지만 해도 기독교인이라는 이유만으로도 사형을 당했습니다. 하지만 313년에는 밀라노 칙령(the Edict of Milan)을 통해 기독교가 공인되고, 380년에는 로마 제국의 국교가 됩니다. 이후 서양의 역사는 끝없는 종교 전쟁에 휘말리게 되죠.

미국 예일 법학 전문대학원의 에이미 추아(Amy Chua) 교수에 의하면, 로마 제국이 멸망한 가장 큰 이유는 기독교를 국교로 채택했기 때문입니다. 로마가 강력한 제국으로 발전할 수 있었던 이유 중 하나가 세계 각지의 종교를 관용했기 때문인데, 기독교가 로마의 국교로 채택된 후 관용(tolerance)은 불관용(intolerance)으로 바뀌었고, 이로 인해 로마 제국이 분열되어 결국 멸망에 이르렀다고 합니다.[40]

"주사위는 던져졌다(The die is cast)." 시저가 기원전 49년에 이탈리아와 골(Gaul)의 국경을 이루는 루비콘강을 건너면서 한 말입니다. 시저가 골을 정복하는 데 성공하자 원로원은 시저를 반역자로 내몰고, 시저에게 재판을 받으러 로마로 홀로 귀환하라고 명령합니다. 하지만 시저는 이 명령에 불복하고 군대를 이끌고 루비콘강을 건넙니다. 로마를 침공한 것이죠. 그래서 돌이킬 수 없는 결정을 내렸을 때 영어에서는 다음 문장에서처럼 'to cross the Rubicon(루비콘강을 건너다)'이라는 표현을 사용합니다.

Rome crossed the Rubicon when it adopted Christianity as its official religion.
로마는 기독교를 국교로 채택하였을 때 루비콘강을 건넌 것이다.

미국 문화의 초석

LA에는 모성애가 가득한
산타모니카가 있다

This ain't no disco, and it ain't no country club either. This is LA.
이곳은 디스코도 아니고 컨트리클럽도 아닙니다. LA입니다.

마이클 잭슨의 백업 보컬이었다가 서른 살에 데뷔한 셰릴 크로우 (Sheryl Crow)의 1994년 히트곡 'All I Wanna Do'의 첫 소절입니다. LA 의 가장 큰 장점은 날씨입니다. 겨울은 따뜻하고 여름은 덥지만 습하지 않고 맑은 날씨가 이어지는 최상의 지중해성 기후를 자랑하죠. LA는 Los Angeles의 약자입니다. 스페인어로 The Angels(천사들)라는 뜻이죠. 로스앤젤레스 지역이 원래는 스페인 제국의 식민지였기 때문에 스페인어로 이름이 지어진 것입니다.

UCLA 대학에서 공부하기 어려운 이유 중 하나는 바로 옆에 있는 산

산타모니카 해변

타모니카 해변(Santa Monica Beach) 때문입니다. 차로 15분이면 갈 수 있죠. 한국보다 겨울이 더 길고 추운 미국 동부 지역에서 온 친구들은 사시사철 화창한 날씨의 유혹을 이기지 못하고 바닷가로 향하고 맙니다. 동부에서 온 친구가 하루는 매일 도서관으로 향하는 저에게 묻더군요. 어떻게 그럴 수 있냐고. 그때는 이해되지 않았는데 제가 박사 학위를 마치고 보스턴에 3년을 살아 본 후 그 친구의 심정이 이해되더군요.

All I wanna do is have some fun until the sun comes up over Santa Monica Boulevard.
내가 원하는 것은 산타모니카 대로 위쪽으로 해가 뜰 때까지 즐거운 시간을 보내는 것뿐입니다.

셰릴 크로우 노래의 마지막 소절입니다. UCLA 앞에 있는 산타모니카 대로를 타고 서쪽으로 15분을 가면 바닷가가 나오고, 동쪽으로 30분 정도를 가면 베벌리힐스를 지나 할리우드가 나옵니다. LA의 중요한 명소는 모두 산타모니카 대로에 있다고 해도 과언이 아니죠. Santa Monica는 '성녀 모니카'라는 뜻의 스페인어입니다. 영어에서는 남녀 구분 없이 '성인(聖人)'을 모두 Saint라고 합니다. 하지만 스페인어에서는 남성 성인 앞에서는 형용사 Santo(성스러운)를 줄인 San을 사용하고, (예를 들어 San Francisco) 여성 성인 앞에는 Santo의 여성형인 Santa를 사용합니다.

성녀 모니카는 아들을 위해 매일 기도한 성인으로 잘 알려져 있습니다. 어머니의 기도 덕분에 아들도 로마 제국 시대 초기 기독교의 대표적인 성인이 됩니다. 성 아우구스티누스(서기 354-430년), 영어로는 St. Augustine(오거스틴). St.는 saint(성인)의 약어입니다. 성 오거스틴의 아버지는 기독교를 믿지 않는 하급 관리였습니다. 부유하지 않았지만, 오거스틴의 교육에는 아낌없는 지원을 해 주었습니다. 그런데 오거스틴은 총명했지만 방탕한 생활을 했다고 합니다. 이런 아들을 위해 어머니 모니카는 매일 밤 울며 기도했죠.

오거스틴에 대한 어머니의 헌신은 성 오거스틴의 자서전인 〈고백록(Confessions)〉에도 잘 나타나 있습니다. 어머니의 도움으로 기독교인으로 다시 태어나기까지 보냈던 방탕했던 젊은 시절의 삶에 대한 참회를 기록한 책입니다. 그래서 한국어로는 〈참회록〉이라고도 하죠. 성 오거스틴은 중세시대(the medieval period)가 시작하기 전 고전 고대(classical antiquity)의 최후의 위인이라고도 불립니다. 고대 그리스를 포함하는 기원전 8세기부터 서로마가 멸망한 서기 476년까지를 고전 고대라고 하고, 476년부터 동로마가 멸망한 1453년까지를 중세시대라고 하죠.

프랑스의 루브르 박물관에는 두 모자가 다정하게 손을 잡고 테라스에 앉아서 하늘을 바라보고 있는 그림이 있습니다. 〈성 아우구스티누스와 그의 어머니, 성 모니카〉라는 19세기 유화입니다. 성 오거스틴의 자서전 〈고백록〉에 서술된 한 장면에서 영감을 받아 아리 셰퍼(Ary Scheffer)라는 네덜란드 화가가 그린 작품이라고 합니다.[41] 성 모니카가 세상을 떠나기 바로 전, 기독교인으로 다시 태어난 아들과 하늘을 바라보며 천국을 논의했던 장면을 그린 그림입니다. 뭔가를 곰곰이 생각하는 사색적인 표정을 짓고 있는 젊은 오거스틴이 인상적입니다. 그리고, 아들을 위한 자신의 헌신적인 기도에 응답을 받은 어머니의 평온한 얼굴에서는 끝없는 모성애가 느껴집니다.

철학은
신학의 시녀다

성 오거스틴처럼 초기 기독교 교리를 체계적으로 정리하는데 이
바지한 성인들을 '교부(教父, Church Fathers)'라고 합니다. 이들의 사상
은 '교부철학(patristic philosophy)'이라고 하죠. patristic의 patri-는 '아
버지'를 뜻하는 라틴어 어근(語根)입니다. 같은 어근을 가진 단어로는
paternal(부계의)와 patron(후원자, 고객)이 있습니다. 기독교는 4세기 로
마 제국의 국교로 채택되면서 세계 각지로 전파됩니다. 중세시대에 기
독교가 전파되며 겪었던 가장 큰 문제 중 하나는 신의 존재를 증명하는
것이었습니다. 없는 신을 믿으라고 할 수는 없기 때문이죠.

교부철학에서는 신의 존재를 진리로 받아들이라고 가르칩니다. 플
라톤이 보이지 않는 '이데아(인간이 감각하는 현실적 사물의 원형)'의 존재를
진리로 논증하였던 것처럼 신의 존재도 진리로 받아들여야 한다고 주

장하는 것이죠. 하지만, 중세시대에서는 신의 존재를 논리적으로 증명하려는 시도가 있었습니다. 성 토마스 아퀴나스(Thomas Aquinas, 서기 1225-1274년)로 대표되는 '스콜라철학(scholasticism)'이 바로 그것입니다.[42] scholasticism은 'scholasticus(스콜라스티쿠스)'라는 라틴어에서 유래한 단어인데, 이 라틴어 단어는 '신부가 되기 전에 수도원에서 수학 중이거나 교사직에 종사하는 수도자'를 뜻합니다. 스콜라 철학자들의 목표는 기독교 신앙과 아리스토텔레스로 대변되는 이성과 논리의 철학을 접목하는 것이었습니다. 반면에 성 오거스틴과 같은 교부철학자들은 플라톤의 이데아를 통해 성경을 이해하려고 하였죠.

아리스토텔레스의 철학으로 기독교의 교리를 설명하는 것은 거의 불가능합니다. 이성과 논리로는 예수가 행한 기적과 예수의 부활을 설명할 수 없죠. 결국, 6세기에 동로마 제국 황제의 명령에 따라 아리스토텔레스 철학을 가르치는 학교는 모두 폐쇄됩니다. 학교가 폐쇄되자 그리스 철학자들은 페르시아, 시리아와 같은 아랍 국가에서 아리스토텔레스 철학을 가르치기 시작했습니다. 그리고 서유럽에서는 아리스토텔레스 철학이 잊히고 맙니다.

하지만 이슬람 철학자 아베로에스(Averroes, 서기 1126-1198년)의 저서가 라틴어로 번역되면서 서유럽에서 다시 아리스토텔레스 철학이 연구되기 시작합니다. 그러자 로마 교황청은 13세기 초에 아리스토텔레스에 관한 연구를 금지하지만, 이 금지령은 13세기 중반에 해제됩니다. 이때 나타나는 중세의 가장 중요한 철학자가 바로 이탈리아 남부 출생의 성 토마스 아퀴나스입니다.

Philosophy is the handmaid of theology.
철학은 신학의 시녀다.

성 오거스틴보다 2세기 앞선 교부인 알렉산드리아의 클레멘트 (Clement of Alexandria, 서기 150-215년)가 쓴 저서 〈스트로마타(The Stromata)〉의 5장 제목 '신학의 시녀인 철학(Philosophy the Handmaid of Theology)'을 문장으로 바꾼 것입니다.[43] 아퀴나스의 대표작인 〈신학대전(Summa Theologica)〉의 1부, 1문, 5절(First Part, Question 1, Fifth Article)에도 비슷한 표현이 나오죠. 철학과 신학을 대립적인 존재로 치부하는 교부철학과 달리 스콜라철학은 신앙과 이성은 상호보완적인 관계라고 주장하였습니다.

예를 들어, 아퀴나스는 이성적인 사유가 신의 존재는 증명할 수 있지만 삼위일체는 증명할 수 없고 단지 개연적 설명만 가능하다고 주장했습니다.[44] 〈신학대전〉에서 신의 존재를 증명하는 다섯 가지 논리를 제시하지만, 삼위일체에 관해서는 성경을 믿어야 한다고 하죠. 결국 철학과 신학의 상충하는 사상을 완벽히 해결하지 못하고 철학을 논리적인 신학을 강조하는 도구로 사용한 것입니다. 상호보완적이기는 하지만 서열이 있는 상호보완적인 관계인 것이죠.

중세시대에는 학문뿐 아니라 이 세상 모든 존재에 서열이 있다고 생각했습니다. 이 개념을 '존재의 거대한 고리(the Great Chain of Being)'라고 하죠. 가장 낮은 단계에는 무기물, 그다음은 식물, 동물, 인간, 천사, 그리고 제일 높은 곳에는 신이 있습니다.[45] 이렇게 가장 낮은 사물부터 가장 높은 사물까지 서로 연결되어 있다는 생각은 아퀴나스의 〈대이교도대전(Summa contra Gentiles)〉 2권에서도 찾아볼 수 있습니다.

1400년대의 이탈리아 지식인들은 동물에도 계층이 있다고 믿었습니다. 바다에 사는 동물이 가장 낮고, 그다음은 육지에 사는 동물, 그다음은 하늘을 날아다니는 새, 그리고 마지막으로 500~600년마다 자신을 불태운 뒤 부활한다는 전설의 새 불사조가 가장 고귀한 동물이라고 믿었습니다. 바다에 사는 동물 중에는 조개와 굴이 가장 낮고, 그다음은 새우, 게, 바닷가재, 그다음이 물고기들, 그리고 고래와 돌고래가 가장 높은데, 숨을 쉬러 바다 표면으로 올라오기 때문입니다.[46] 이 모두 '존재의 거대한 고리'에 입각한 생각들입니다. 요즘은 바닷가재가 소고기보다도 비싼데, 만약 타임머신을 타고 중세시대의 이탈리아로 간다면 굴, 바닷가재와 같은 비싼 해산물을 마음껏 먹을 수 있지 않을까요?

하나님에게도
이름이 있을까?

2014년 영화 〈엑소더스: 신들과 왕들(Exodus: Gods and Kings)〉은 구약성경의 출애굽기에 나오는 모세의 이야기를 담고 있습니다. 이 영화에서 하나님이 어린아이 모습으로 모세 앞에 나타나는 장면이 나오는데 모세가 아이에게 "Who are you?"라고 묻자 아이는 "I am."이라고 답을 합니다. 뭔가 이상합니다. 왜 답을 하다 말았을까요?

모세는 이집트에서 이스라엘 민족 노예의 아들로 태어납니다. 그런데 모세가 태어났을 때 이집트에서 이스라엘 민족의 숫자가 급증하자 이집트의 왕은 끔찍한 명령을 내립니다. 이스라엘 여인이 아들을 낳으면 모두 죽이라고 명하죠. 모세의 부모는 모세를 3개월 동안 숨겨서 키웠지만, 더는 숨길 수 없게 되자 모세를 갈대 상자에 넣어 나일강 강가의 갈대 사이에 놓아 두었습니다. 이 상자를 이집트 공주가 발견하여 모세는 공주의 아들로 자라게 됩니다. 하지만 성장하여 자기의 혈통을 알게 되고, 결국 이스라엘 민족을 이집트에서 탈출시킵니다.

출애굽기 3장에는 모세가 하나님으로부터 이스라엘 민족을 이집트로부터 구하라는 명을 받는 장면이 묘사되어 있습니다. 불타는 떨기나무(the burning bush) 안에서 나타난 하나님에게 모세는, 이스라엘 자손들이 "너를 보내신 하나님의 이름이 무엇이냐?"라고 물으면 어떻게 대답해야 하는지 묻습니다. 그러자 하나님이 이렇게 대답합니다.

> **God said to Moses, "I am who I am. This is what you are to say to the Israelites: 'I am has sent me to you.'" (Exodus 3:14)**
> 하나님께서 모세에게 대답하시기를 "내가 나이다" 하시고, 또 말씀하시기를 "너는 이스라엘 자손에게 이같이 말하기를 '나인 내가 너희에게 나를 보내셨다.' 하라." 하셨다. (출애굽기 3장 14절)

하나님의 이름은 정말 'I am'입니다. "I am has sent me to you."에서 보면 I am이 문장의 주어로 사용되었습니다. 〈바른 성경〉에서는 I am을 '나인 나'라고 번역하였고, 〈한글 개역〉에서는 '스스로 있는 자'라고 번역하였습니다. 그런데 하나님의 영어 이름은 왜 I am일까요? Jehovah(여호와)가 하나님 이름 아닌가요? 최근에 출판된 번역본에서는 하나님의 이름이 the Lord(주님)로 나오기도 하는데, 1611년에 출간된 킹제임스성경에는 Jehovah로 나옵니다.

And I appeared unto Abraham, unto Isaac, and unto Jacob,
by the name of God Almighty, but by my name Jehovah
was I not known to them. (Exodus 6:3)
내가 아브라함과 이삭과 야곱에게 전능의 하나님으로 나타났으나, 나의 이름을
여호와로는 그들에게 알리지 아니하였고 (출애굽기 6장 3절)

I am who I am은 고대 히브리어 'ehyeh 'ăšer 'ehyeh를 번역한 것
입니다.[47] 'ehyeh는 고대 히브리어 hâyâh(to be)의 1인칭 단수 미완료
상(the first-person singular imperfective aspect)입니다. 고대 히브리어의
동사는 시제를 나타내지 않고 상(완료와 미완료)을 나타냅니다.[48] 따라서
'ehyeh는 I am이 될 수도 있고, I will be가 될 수도 있습니다. Jehovah
는 고대 히브리어 Yahweh를 라틴어로 바꾼 것입니다. 예일 대학의 크
리스틴 헤이즈 교수에 의하면 Yahweh는 'ehyeh의 3인칭 형태라고 합
니다.[49] 영어로 직역하면 He is 또는 He will be가 되겠죠.

고대 히브리어 동사는 시제를 나타내지 않고 상을 나타내기 때문에
'ehyeh 'ăšer 'ehyeh를 어떻게 영어로 번역하는 것이 좋은지, 이 문장
이 무엇을 뜻하는지에 관한 논란이 많습니다. 헤이즈 교수는 이름을 묻
는 모세에게 하나님이 "I am who I am(내가 나이다)."이라고 답한 이유는
자신의 이름을 밝히기 싫어서일지도 모른다고 합니다. 저는 이런 생각
을 해 봤습니다. 아마 하나님은 이름이 없을 거라고. 하나님이 이스라엘
민족이 믿는 것처럼 유일한 신이라면 이름이 필요할까요?

예수는 하나님이고,
선지자이면서 거짓 선지자이다?

유대교, 기독교, 이슬람교는 모두 같은 하나님을 믿습니다. 모두 아브라함의 자손이며, 아브라함이 믿는 유일신(하나님)을 믿기 때문입니다. 유대교와 기독교를 믿는 유대인들은 이삭의 자손이며, 이슬람교를 믿는 아랍인들은 이스마엘의 자손입니다. 이삭은 아브라함과 그의 아내 사라의 아들이고, 이스마엘은 아브라함과 그의 첩 하갈의 아들이죠.

세 종교의 차이점은 예수를 보는 관점으로 설명할 수 있습니다. 예수가 실존 인물(the historical Jesus)이라는 것에는 이견이 없지만, 예수를 어떤 인물로 보는지는 모두 다릅니다. 기독교에서는 예수를 유대교 경전에서 예언된 구세주(the Messiah)이며, 하나님의 아들이라고 믿습니다. 그리고 기독교에서는 성부, 성자, 성령의 삼위일체(the Trinity)를 믿으므로, 예수는 곧 하나님입니다. 이슬람교에서는 예수를 선지자로 봅니다.

이슬람교를 세운 무함마드가 마지막 선지자이고, 예수는 마지막에서 두 번째 선지자라고 믿습니다.

예수를 가장 안 좋게 보는 종교는 유대교입니다. 유대교에서는 예수를 거짓 선지자(a false prophet)라고도 하죠. 유대교에서는 예수를 구세주라고 믿지 않고 하나님의 아들이라고도 믿지 않습니다. 성경은 구약과 신약으로 나뉘는데, 구약성경은 유대교의 경전과 거의 같습니다. 따라서 예수의 복음을 담고 있는 신약성경이 기독교의 진정한 성경이라고 할 수 있죠. 유대교인들이 신약성경에서 가장 싫어하는 구절은 아마 아래처럼 예수를 하나님과 동일시하는 구절일 것입니다.

"Very truly I tell you," Jesus answered, "before Abraham was born, I am!" (John 8:58)
예수께서 가라사대 진실로 진실로 너희에게 이르노니 아브라함이 나기 전부터 내가 있느니라 하시니 (요한복음 8장 58절)

출애굽기에서 하나님은 모세에게 자신의 이름이 'I am'이라고 했습니다. 그런데 요한복음에서는 예수도 자신이 'I am'이라고 말합니다. 한국어 번역본에서처럼 위 성경 말씀의 'I am'은 '내가 있느니라'라고 해석될 수도 있지만, 여기서 I am은 하나님을 지칭하는 것이라고 해석하는 것이 더 맞는 것 같습니다. be동사를 보어 없이 I am으로는 잘 사용하지 않고, '존재한다'라는 뜻으로는 동사 exist를 사용하기 때문입니다. 시제도 좀 이상하죠. '아브라함이 나기 전부터 내가 있었느니라'가 맞는 것 같고, 영어로는 현재완료를 사용해서 I have existed으로 해야 할 것 같습니다.

Jesus Christ(예수 그리스도)의 Christ는 'anointed one(기름 부음 받은 자)'이라는 뜻의 그리스어에서 유래한 단어입니다. anoint는 '성유(聖油)를 바르다'라는 뜻이죠. Christ는 Messiah(구세주, 메시아)와 뜻이 같습니다. Messiah도 'anointed one'을 뜻하는 히브리어에서 유래한 단어이기 때문입니다. (구약성경은 히브리어로 쓰였고, 신약성경은 그리스어로 쓰였죠.) 예수는 누가복음 4장 18절에서 '여호와께서 내게 기름을 부으사'라는 문구를 통해 본인이 메시아라는 것을 밝힙니다.

The Spirit of the Lord is on me, because he has anointed me to proclaim good news to the poor. (Luke 4:18)
주의 성령이 내게 임하셨으니 이는 가난한 자에게 복음을 전하게 하시려고 내게 기름을 부으시고 (누가복음 4장 18절)

중요한 사실은 위 말씀과 거의 같은 구절이 이사야서 61장 1절에 나온다는 것입니다. 예수는 구약성경을 인용하여 자신이 유대교에서 예언된 구세주라고 말하는 것이죠.

이슬람교에서 믿는 신은 알라(Allah)입니다. 그럼 알라와 여호와는 같은 하나님을 믿는다고 했으니, 알라와 여호와는 같은 신이라고 할 수 있습니다. 그런데 기독교에서 믿는 여호와는 예수와 같습니다. 이슬람교에서는 예수를 선지자라고 믿죠. 그런 측면에서 보면 알라와 여호와는 다른 신인 것 같기도 합니다.

성직자가
주기도문을 못 외웠다고?

성경 말씀을 통해 하나님과 예수를 논할 수 있는 이유는 우리 모두 성경책을 읽을 수 있기 때문입니다. 너무 당연한 이야기 같지만, 사실 그렇지 않습니다. 천 년이 넘도록 전 세계에서 성경책을 읽을 수 있는 사람은 극소수에 불과했습니다. 16세기 중반, 영국 글로스터의 주교 (Bishop of Gloucester)였던 존 후퍼(John Hooper)에 의하면, 그곳의 성직자들 반 이상은 십계명을 암송할 수 없었고, 주기도문을 외우지 못하는 성직자도 있었다고 합니다.[50] 제가 초등학생 때 외운 주기도문을 영국의 성직자가 외우지 못했다니, 어떻게 이런 일이 있을 수 있었을까요? 그 이유는 가톨릭교회에서는 모두 라틴어 성경을 사용했기 때문입니다.

380년에 기독교가 로마 제국의 국교로 채택되면서, 라틴어 성경의 중요성이 부각되었습니다. 이때도 라틴어 번역본이 존재했지만, 원문에서 벗어난 내용이 많았다고 합니다. 그래서 성 제롬(Satin Jerome)이 382년부터 기존의 라틴어 번역본을 개정하기 시작하여 405년에 완역한 성경을 〈불가타 성경〉이라고 합니다. '불가타(Vulgata)'는 라틴어로 '공통의(common)'라는 뜻입니다. 불가타 성경을 영어로는 the Vulgate이라고 하죠. 같은 어원을 가진 단어로 형용사 vulgar(저속한, 통속적인)이 있습니다. 그런데 불가타 성경은 사실 '울가타' 성경이라고 하는 것이 맞습니다. 시저의 명언인 'vēnī, vīdī, vīcī(I came, I saw, I conquered=왔노라, 보았노라, 이겼노라)'가 '웨이니, 위디, 위키'로 발음되는 것과 마찬가지입니다.[51]

16세기 중반 영국 글로스터의 많은 사제조차 이 라틴어 성경을 읽을 수 없었다고 하니, 일반인들이 성경을 읽을 수 없는 것은 자명한 이치입니다. 그럼 왜 이때까지 성경을 영어로 번역하지 않았을까요? 성서를 영어로 번역하는 것은 금지되었었기 때문입니다. 성경을 영어로 처음 번역한 사람은 존 위클리프(John Wycliffe, 1320-1384년)입니다. 그의 마지막은 실로 끔찍합니다. 사망한 지 40여 년이 지나서 교황의 명령으로 그의 유골이 무덤에서 파헤쳐졌기 때문이죠.[52]

1517년, 훗날 유럽 역사에 피바람을 몰고 올 사건이 발생합니다. 독일인 신부였던 마틴 루터(Martin Luther, 1483-1546년)는 로마 가톨릭교회가 판매하는 면죄부(indulgences)의 효력을 반박하는 〈95개의 논제(Ninety-five Theses)〉를 작성하여 가톨릭교회 문 앞에 붙여 놓습니다. 개신교(Protestantism)를 낳은 종교 개혁(the Reformation)이 시작된 것이죠. 마틴 루터는 죄를 면하기 위해 면죄부를 사거나 신부에게 고해성사할 필요가 없다고 주장했습니다. 성경을 읽고 기도하면 예수님의 은혜로 죄를 면할 수 있다고 했죠. 하지만 대중들이 성경을 읽으려면 번역본이 필요했습니다. 그래서 루터는 라틴어 성경을 독일어로 번역하였죠.

루터의 독일어 신약성경이 출판되고 몇 년 후, 윌리엄 틴들(William Tyndale, 1494-1536년)이 영어로 번역한 신약성경도 출판되었습니다. 위클리프의 번역본은 라틴어 성경을 번역한 것이라서 부정확한 것이 많았습니다. 이를 보완하기 위해 틴들은 그리스어 원전을 영어로 번역했죠. 루터의 독일어 성경이 현대 독일어 생성에 큰 기여를 한 것처럼, 틴들의 성경도 현대영어 발전에 큰 공헌을 했습니다. 초기 현대영어의 중요한 연구 자료로 사용되는 〈킹제임스성서(the King James Bible)〉는 대부분 틴들 성경을 따랐습니다. 한 연구에 따르면 틴들 신약성경의 84%와 틴들 구약성경의 76%가 〈킹제임스성서〉에 사용되었다고 합니다.[53]

틴들처럼 훌륭한 사람의 최후도 비참했습니다. 외국에서 숨어 지냈지만, 결국은 체포되어 화형을 당하고 맙니다. 〈킹제임스성서〉는 〈흠정역 성서(the Authorized Version)〉라고도 합니다. 영국 국왕의 명령(흠정)으로 번역된 성경이기 때문입니다. 1611년에 출간되었으니 틴들의 신약성경이 출판되고 85년 후의 일입니다. 틴들이 85년만 늦게 태어났어도 그의 운명은 완전히 달랐을 것입니다.

미국 문화의 초석

막장 드라마의 주인공
헨리 8세

미국과 영국이 함께 제작한 〈천일의 스캔들(The Other Boleyn Girl)〉은
영어의 황금기(the Golden Age of the English Language)를 이끈 엘리자베스
1세 여왕의 부모인 헨리 8세와 앤 불린의 이야기를 담은 영화입니다.
정확히 말하자면 앤 불린의 여동생 메리 불린과 헨리 8세의 이야기를
다루고 있습니다. 그래서 원제가 〈다른 불린 소녀〉인 것이죠. 결혼과 이
혼을 거듭해 6명의 왕비가 있었고, 첫 번째 왕비와 이혼하기 위해 종교
개혁을 단행한 막장 드라마의 주인공인 헨리 8세. 그가 두 자매 사이에
서 갈등하는 내용을 흥미롭게 묘사한 영화입니다.

(The Other Boleyn Girl, 0:11:19 - 0:12:20)

Uncle: There is a strain on the king's marriage. In such
          circumstances, a man sometimes seeks comfort

elsewhere.

Father: At present, because of your uncle's friendship
           with His Majesty, we're alone in knowing this. But
           it won't be long before the other noble families
           discover the truth and begin to parade their
           daughters under his nose.

Uncle: Before watching somebody else profit, we would
           sooner have . . .

Anne: What? Have me bed him instead?

Father: No, that's not . . .

Uncle: Yes, exactly.

Father: The favor he would bestow upon us, I mean upon
           you, if he liked you . . .

Uncle: To be mistress of the king of England is by no
           means to diminish yourself.

Anne: And after he's finished with me? My reputation
           and prospects will be ruined.

Uncle: On the contrary. Under such circumstances, when
           the time came to find you a husband, it would be
           a marquess or a duke at least. Will you accept the
           challenge?

외삼촌: 국왕은 결혼 생활에 지쳤어. 그런 상황에서 남자는 다른 데서 위안을
           찾으려 하지.

아버지: 지금은 삼촌과 폐하의 친분 덕에 우리만 알고 있다. 하지만

미국 문화의 초석

다른 귀족들도 금세 알게 될 테고 자기 딸들을 왕에게 선보이기
시작하겠지.

외삼촌:　다른 자가 이득을 취하는 것을 보기 전에 우리가 먼저…

앤:　먼저 뭐요? 왕의 잠자리에 들라고요?

아버지:　그런게 아니라…

외삼촌:　그래, 바로 그거야.

아버지:　네가 마음에 드신다면, 우리에게, 아니 너에게 은혜를 베푸실 거다.

외삼촌:　영국 국왕의 연인이 되는 건 결코 널 깎아내리는 일이 아니야.

앤:　폐하께서 저랑 볼일이 다 끝나면요? 제 명예와 미래는 망가지겠죠.

외삼촌:　그 반대다. 그런 상황이라면, 네가 남편감을 찾을 때 적어도
후작이나 공작을 만날 수 있지. 도전을 받아들일 건가?

섬찟한 대화입니다. 영국의 역사를 바꾼 헨리 8세와 앤 불린의 만남
이 이렇게 이뤄졌다고 생각하니 말이죠. 왕비가 아들을 낳지 못하자, 헨
리 8세는 왕비와 이혼하고 앤 불린과 결혼하려고 합니다. 하지만 교황
이 이혼을 허용하지 않자 헨리 8세는 1534년에 로마 가톨릭교회와 결
별하고 영국 국교회(the Church of England)를 설립합니다. 10여 년 전 마
틴 루터의 종교 개혁을 비판하는 글을 썼던 헨리 8세가 왕비와 이혼하
기 위해 자신을 수장(Supreme Head)으로 하는 개신교를 설립한 것이죠.
그가 세상을 떠나자 여섯 번의 결혼 끝에 얻은 아들 에드워드 6세가 아
홉 살의 나이에 왕위에 오릅니다. 하지만 6년 뒤 병에 들어 죽고 맙니다.

Bloody Mary(블러디 메리). 보드카와 토마토 주스를 섞어 만든 칵테

일입니다. 저는 보스턴에 살 때 마셔 봤는데, 개인적으로 정말 맛이 없더군요. 이 칵테일의 이름은 에드워드 6세 다음에 왕위에 오른 메리 1세의 별명에서 따온 것입니다. 메리 1세는 헨리 8세의 첫 번째 왕비의 딸입니다. 독실한 가톨릭 신자였던 어머니 밑에서 자란 메리 1세는 여왕이 되자 수백 명이 넘는 개신교인을 화형에 처합니다. 그렇게 얻은 별명이 '피의 메리(Bloody Mary)'죠. 메리 1세는 영국의 종교 개혁을 되돌리려 노력하였지만, 왕위에 오른 지 불과 5년 후에 병으로 죽고 맙니다.

메리 1세의 뒤를 이어 왕위에 오른 사람은 앤 불린의 딸 엘리자베스 1세였습니다. 개신교인이었지만 메리 1세처럼 가톨릭 신자들을 탄압하지 않았습니다. 45년간 이어진 엘리자베스 1세의 재위 동안 영국은 전성기를 맞이합니다. 스페인의 무적 함대(the Spanish Armada)를 격파해서 해상권을 장악하였고, 셰익스피어를 필두로 영국 문학의 황금시대를 맞이합니다. 엘리자베스 1세가 후사 없이 죽자, 스코틀랜드의 제임스 6세가 영국의 왕위를 이어받습니다. 영국에서는 제임스 1세가 되죠. 이 왕의 명령으로 번역된 성경이 〈킹제임스성서〉입니다.

가톨릭 신부가
결혼을 할 수 있다고?

고인돌, 몽골 항전, 마니산 참성단. 모두 강화도 하면 떠오르는 단어들입니다. 강화도의 손꼽히는 명소 중 하나는 성공회 강화성당입니다. 한국 최초의 한옥 성당으로, 〈알아두면 쓸데없는 신비한 잡학사전 3〉의 강화도편에도 소개되었죠. 한국인이 처음으로 세례를 받은 곳이 강화도라서 1900년에 이곳에 세워졌다고 합니다. 성공회 강화성당은 밖에서 보면 전혀 성당 같지 않습니다. 오히려 불교의 절 같이 생겼죠. 하지만 내부는 서유럽의 교회와 비슷합니다.

성공회(聖公會)는 '거룩하고(聖) 보편적인(公) 교회(會)'라는 뜻인데 한국, 중국, 일본에서 '영국 국교회' 대신 사용하는 명칭입니다. 개신교 사도신경의 마지막 문장에 나오는 '거룩한 공회'가 바로 성공회입니다.

I believe in the Holy Spirit, <u>the Holy Universal Church</u>,
the Communion of Saints, the forgiveness of sins, the
resurrection of the body, and the life everlasting. Amen.
성령을 믿사오며, <u>거룩한 공회</u>와, 성도가 서로 교통하는 것과, 죄를 사하여
주시는 것과, 몸이 다시 사는 것과, 영원히 사는 것을 믿사옵나이다. 아멘.

영국 국교회는 영어로 the Church of England 또는 Anglican
Church라고 합니다. Anglican은 'English(영국의)'라는 뜻의 라틴어
에서 유래한 단어입니다. '전 세계 성공회'도 영어로는 the Anglican
Communion이라고 하죠. 그런데 왜 우리나라에서는 영국 국교회라고
하지 않고 성공회라는 다른 명칭을 사용할까요? 한국 사람들에게 영국
사람들의 종교를 믿으라면 별로 좋아하지 않겠죠. 미국에서도 영국 국
교회를 Episcopal Church라고 합니다. 영국을 뜻하는 Anglican이라
는 단어를 피한 것이죠. episcopal은 '주교의'라는 뜻의 라틴어에서 유
래한 단어입니다.

성공회는 개신교이면서 가톨릭과 비슷한 점이 많습니다. 교황을 인
정하지는 않는데, 가톨릭처럼 성직자를 대주교(大主教, archbishop), 주교
(主教, bishop), 사제(司祭, priest), 부제(副祭, deacon)로 나누고, 고해성사도
허용합니다. 가톨릭과 다른 점 중 하나는 성직자의 결혼을 허용한다는
것입니다. 대한성공회에서는 성공회를 '개혁된 가톨릭', '교황 없는 천
주교' 또는 '가톨릭 전통을 유지하는 개신교' 등으로 설명합니다.[54]

앤티카 바부다, 성 요한 대성당의 내부

모든 성공회는 관구(管區, province)와 교구(教區, diocese)로 구성되어 있습니다. 미국에는 9개의 관구가 있고 100개의 교구가 있습니다. 한국에는 하나의 관구가 3개의 교구(서울, 대전, 부산)로 이뤄져 있죠. 관구는 대주교가 관할하고, 교구는 주교가 관할합니다. 교구는 각 교회가 담당하는 지역(parish)으로 나뉘는데, 교회는 사제가 관할합니다. 성공회와 달리 가톨릭에는 추기경(cardinal)이라는 대주교보다 높은 성직자가 있는데, 추기경의 가장 중요한 임무는 교황을 선출하는 것입니다. 성공회에는 교황이 없으므로 추기경도 필요 없는 것이죠.

개신교의 출발을 알리는 종교 개혁이 1517년에 발생하기 전에, 기독교는 이미 두 종파로 나뉩니다. 로마와 교황을 중심으로 하는 '로마 가톨릭교회(the Roman Catholic Church)'와 콘스탄티노플을 중심으로 하는 그리스 문화권의 '정교회(the Eastern Orthodox Church)'. 로마교황의 권위에 대하여 동서로 대립하던 고대교회가 1054년에 결국은 로마 가톨릭교회와 정교회로 분리된 것이죠.

교황을 영어로는 Pope이라고 하는데, Pope은 '아버지(father)'라는 뜻의 그리스어에서 유래한 단어입니다. 9세기 무렵부터 로마의 주교를 Pope이라고 하였는데, 원래는 모든 주교를(그리고 가끔은 사제도) Pope으로 불렀다고 합니다.[55] 영어에서 모든 신부님을 Father이라고 부르는 것과 마찬가지죠. 정교회에서는 로마교황을 인정하지 않으며, 로마 가톨릭보다 초대 교회의 전통과 제례 의식을 더 중요시한다고 합니다. 대한성공회에서는 성공회를 '교리에 너그러운 정교회'라고도 표현합니다.

가톨릭교회를 한국어로는 천주교라고 하죠. 애국가에서 '하느님이 보우하사 우리나라 만세'가 나올 때, 저는 개신교인으로 자라서 기독교의 신은 하나님이고 하느님은 기독교와 관계없는 하늘의 신이라고 생각했습니다. 나중에서야 천주교에서 하나님을 하느님으로 부른다는 것을 알았습니다.

미국 문화의 초석

미국 건국의 씨앗이 된
청교도 억압

미국의 역사는 '영국 청교도의 아버지(Father of English Puritanism)'라고 불리는[56] 존 후퍼(John Hooper, 1495-1555년)에서 시작했다고 할 수 있습니다. 1620년, 메이플라워호를 타고 종교의 자유를 찾아 신대륙에 도착한 영국인들이 청교도였기 때문이죠. 후퍼가 청교도의 아버지로 불리는 이유는, 예배를 드릴 때 사제복 착용을 거부한 첫 번째 성직자였기 때문이라고 합니다. 그런데 사제복 착용과 '맑은(淸) 종교를 믿는 사람이나 그 무리'라는 뜻의 청교도(淸敎徒)는 무슨 관계가 있는 것일까요?

청교도인을 영어로는 puritan이라고 합니다. puritan은 purity(맑음, 청렴)와 사람을 뜻하는 접미사 -an이 결합해서 만들어진 단어입니다. historian(사학자), American(미국인) 등이 같은 접미사로 끝나죠. 청교도를 표준국어대사전은 다음과 같이 정의합니다.

16세기 후반, 영국 국교회에 반항하여 생긴 개신교의 한 교파. 칼뱅주의를 바탕으로 모든 쾌락을 죄악시하고 사치와 성직자의 권위를 배격하였으며, 철저한 금욕주의를 주장하였다.[57]

칼뱅주의는 프랑스인 종교 개혁가 장 칼뱅(Jean Calvin, 1509-1564년)의 사상을 뜻합니다. 장 칼뱅을 영어로는 John Calvin(존 캘빈)이라고 하죠. 칼뱅은 마틴 루터와 달리 금욕을 강조했고, 구원 받을 사람은 이미 정해져 있다는 예정설을 주장했습니다. 중세 때부터 가톨릭교회는 모든 존재에 서열이 정해져 있다는 '존재의 거대한 고리'를 강조했습니다. 타락한 성직자, 왕은 그들 위에 있는 신만이 벌을 내릴 수 있다고 주장했죠.

성직자-왕-귀족-평민-노예 등으로 서열이 정해져 있으니 왕족·귀족들이 잘못하더라도 평민들은 참고 살아야만 했습니다. 이런 불합리한 사상에 억압되어 있던 평민들에게 칼뱅의 예정설은 큰 힘이 되었습니다. 지금은 평민일지라도 그들은 이미 구원을 받을 예정이 되어 있고, 타락한 귀족들은 신의 선택을 받지 못해서 지옥에 떨어질 것이라고 칼뱅은 주장하였습니다.

가톨릭교회는 또 상업으로 엄청난 부를 축적한 평민들에게는 절망적인 성경 구절을 강조했습니다. 다음 성경 말씀을 인용해 부자는 천국에 가기 어렵다고 설명했죠.

스위스 제네바 바스티옹 공원, 장 칼뱅과 칼뱅주의 지지자들의 조각상

Then Jesus said to his disciples, "Truly I tell you, it is hard
for someone who is rich to enter the kingdom of heaven.
Again I tell you, it is easier for a camel to go through the
eye of a needle than for someone who is rich to enter the
kingdom of God." (Matthew 19:23-24)

예수께서 제자들에게 이르시되 내가 진실로 너희에게 이르노니 부자는 천국에
들어가기가 어려우니라. 다시 너희에게 말하노니 낙타가 바늘귀로 들어가는 것이
부자가 하나님의 나라에 들어가는 것보다 쉬우니라 하시니. (마태복음 19장 23-
24절)

하지만 칼뱅은 청렴하고 금욕적인 삶을 살면서 부를 축적한다면, 하
나님의 축복으로 천국에 갈 수 있다고 주장하였습니다. 자본주의를 바
탕으로 하는 미국에 최적화된 기독교 사상이죠.

철저한 금욕주의를 주장하는 청교도인들의 특징은 성경에 근거하지 않은 어떤 것도 용납하지 않는다는 것입니다. 사제복 착용도 성경에서 정당성을 찾을 수 없고, 초대 교회에도 없었던 제도였으므로 후퍼가 반대한 것입니다.[58] 영국 국교회에게 청교도인들은 큰 골칫거리였습니다. 영국 국교회는 '가톨릭 전통을 유지하는 개신교'라서 영국 국교회에서 성직자가 사제복을 착용하지 않는다는 것은 상상할 수도 없는 일이었습니다. 교수가 수영복을 입고 강의할 수 없는 것과 마찬가지죠.

1611년에 발간된 〈킹제임스성경〉의 번역을 명령한 제임스 1세는 청교도인들을 용납하지 않았습니다. 영국 국교회로 개종하지 않은 사람은 모두 처벌했죠. 결론적으로, 제임스 1세의 청교도 억압은 미국 건국의 씨앗이 됩니다. 1620년 메이플라워호를 타고 종교의 자유를 찾아 신대륙으로 떠난 사람들은 모두 제임스 1세의 청교도 억압을 피해 영국을 떠난 사람들이기 때문입니다.

플리머스 바위와
필그림 파더스

제임스 1세의 청교도 억압이 심해지자, 소수의 청교도인은 영국을 떠나 성경에 따르는 교회를 설립하기로 결정했습니다. 이 분리주의자 (separatists)들이 먼저 간 곳은 네덜란드였습니다. 16세기 중반, 스페인의 지배를 받고 있던 네덜란드에서는 칼뱅주의 개신교인들과 로마 가톨릭 교인들과의 분쟁이 심해지고 있었습니다. 독실한 가톨릭 신자였던 스페인의 왕 펠리페 2세(영어로 Philip II)는 네덜란드에 군대를 보내 개신교인들을 무자비하게 죽이고 재산을 빼앗습니다. 펠리페 2세의 만행은 네덜란드에 있는 개신교인들의 결속으로 이어졌고, 1581년에 네덜란드는 스페인으로부터 독립을 선언합니다.

독립을 선언한 지 불과 40여 년 후 네덜란드는 세계를 지배하는 강대국이 됩니다. 네덜란드의 전성기였던 1625년부터 1675년까지 반세기 동안은 네덜란드가 세계 최대 강대국이었다고 합니다.[59] 스페인으로부터 독립 선언을 하였지만, 펠리페 2세의 막강한 군사력에 저항할 힘이 없다고 판단한 네덜란드는 생존을 위해 나라의 주권을 프랑스와 영국에 차례로 넘기려 했습니다. 그러나, 스페인과의 전면전을 원하지 않았던 두 나라가 네덜란드의 제안을 거절합니다.

이렇게 약했던 나라가 불과 몇십 년 후 세계 강대국으로 발전할 수 있었던 이유는, 종교의 자유를 찾아 세계 각계각층의 인재가 네덜란드로 이주했기 때문입니다. 유럽에서 거의 유일하게 국교가 없는 나라였고, 칼뱅주의 개신교인들이 주류를 이뤘지만, 유대교, 가톨릭, 다른 개신교를 믿는 사람들도 자유롭게 종교 활동을 할 수 있었습니다. 그래서 영국을 떠난 분리주의자 청교도인들도 처음 네덜란드로 향한 것이죠.

네덜란드로 떠난 분리주의자들은 두 도시에 정착했습니다. 현재 네덜란드의 수도인 암스테르담(Amsterdam)에 정착한 분리주의자들은 새로운 교회를 세우고 현지 생활에 잘 적응했습니다. 하지만 1575년에 네덜란드 최초의 대학이 설립된 도시인 레이던(Leiden)에 정착한 분리주의자들의 삶은 평탄하지 않았다고 합니다. 돈을 벌기 위해 부모들은 쉬지도 못하고 직물 작업에 매달렸고, 방치된 아이들은 영어도 잊어버리고 네덜란드 사람처럼 행동했다고 합니다.[60] 이들이 마지못해 선택한 최후의 해결책은 신대륙이었습니다.

신대륙이 발견된 지 100년이 넘었지만, 영국은 스페인과 프랑스와 비교해 신대륙 개척 사업에 큰 성과를 보이지 못했습니다. 엘리자베스 1세 때 몇 번의 시도가 있었지만 모두 실패하였고, 1607년에 처음으로 버지니아 식민지(the Colony of Virginia) 정착에 성공합니다. 1620년, 네덜란드 정착에 실패하고 신대륙으로 떠난 청교도인들의 최종 목적지도 바로 이 버지니아 식민지였습니다.

제가 MIT에서 가르칠 때 살던 집에서 남동쪽으로 차로 50분 정도 가면 플리머스(Plymouth)라는 작고 아름다운 마을이 나옵니다. 이곳에 가면 다음의 문구가 있는 작은 표지판을 볼 수 있죠.

Plymouth Rock: Landing Place of Pilgrims 1620
플리머스 바위: 필그림의 상륙 장소 1620년

이 표지판에서 '필그림(Pilgrims)'은 1620년에 메이플라워호를 타고 대서양을 건너 신대륙에 도착한 영국인들을 뜻합니다. '필그림 파더스 (the Pilgrim Fathers)'라고도 하죠. pilgrim은 원래 '순례자'라는 뜻입니다. 어떤 종교와도 함께 사용될 수 있어서 Catholic pilgrims는 '가톨릭교 순례자들', Muslim pilgrims는 '이슬람교 순례자들'을 뜻합니다.

플리머스에서 메이플라워호의 최종 목적지였던 버지니아 식민지까지는 차로 9시간 넘게 가야 합니다. 신대륙에 무사히 다다른 기쁨도 만

플리머스 바위

끽할 새 없이 메이플라워호는 다시 최종 목적지로 출발하였지만, 거친 겨울 바다를 이기지 못하고 케이프 코드(Cape Cod)에 돛을 내립니다. 그리고 필그림 파더스가 신대륙에 처음 발을 디딘 곳이 바로 이 플리머스 바위라고 합니다.

Thanksgiving Day는
어쩌다 생겨났을까?

필그림 파더스는 자신들이 신대륙에 개척한 식민지를 플리머스 식민지(Plymouth Colony)라고 명했습니다. 그 이유는 메이플라워호가 영국의 플리머스라는 항구 도시에서 출발하여 신대륙에 도착했기 때문입니다. 그런데 사실 처음 출발지는 플리머스가 아니었습니다. 그리고 처음 계획은 두 척의 배로 신대륙에 가는 것이었습니다. 1620년 7월, 메이플라워호는 런던에서 출발해 사우샘프턴(Southampton)이라는 영국 남부 해안의 항구 도시에 도착했습니다. 그곳에서 네덜란드 레이던에 거주하던 분리주의자들을 태우고 돌아오는 스피드웰호와 만나기로 했죠.

모든 준비를 마친 두 배는 8월 초에 신대륙을 향해 떠났습니다. 하지만 얼마 못 가 스피드웰호에 물이 새는 것을 발견했고, 배를 수리하기 위해 다트머스(Dartmouth)라는 항구 도시로 뱃머리를 돌렸습니다. 수리가 끝나고 다시 항해를 시작했지만 스피드웰호에 또 물이 새기 시작했고, 두 배는 다시 가까운 항구 도시인 플리머스로 뱃머리를 돌렸습니다. 스피드웰호는 여기까지였습니다. 처음 항해를 시작한 지 한 달이 넘었지만, 아직 영국도 벗어나지 못했고 준비한 식량은 계속 줄었습니다. 결국 지친 몇몇 사람들은 신대륙으로 가는 것을 포기했고, 나머지는 메이플라워호에 옮겨 탔습니다. 그리고 마침내 9월 중순이 돼서야 메이플라워호는 플리머스에서 신대륙을 향한 여정을 시작하게 됩니다.

필그림 파더스가 처음 발을 디딘 플리머스 바위는 매사추세츠주에서 가장 작지만 가장 방문자가 많다는 필그림 기념 주립 공원(Pilgrim Memorial State Park)에 있습니다. 이 공원을 소개하는 안내판에는 다음과 같은 문장이 있습니다.

> It is the fact that they landed--and remained--that matters, not where they landed. Yet it is no bad thing for a nation to be founded on a rock.
> 그들이 어디에 상륙했는지가 아니라 그들이 상륙했고 남아 있었다는 사실이 중요하다. 그러나 한 나라가 바위 위에 세워진 것이 나쁜 것은 아니다.

사실 필그림 파더스는 자신들이 정확히 어디에 첫발을 디뎠는지에 관한 기록을 남기지 않았다고 합니다. 그래서 필그림 파더스가 신대륙에 처음 상륙한 곳이 플리머스 바위가 아니라는 주장도 많죠. 그런데 한

미국 문화의 초석

필그림 기념 주립 공원, 플리머스 바위 기념비

나라가 바위 위에 세워진 것이 나쁘지 않다는 것은 무슨 뜻일까요? 다음 성경 말씀에서 해답의 실마리를 찾을 수 있습니다.

For I will proclaim the name of the Lord; ascribe greatness to our God! The Rock, his work is perfect, for all his ways are justice. A God of faithfulness and without iniquity, just and upright is he. (Deuteronomy 32:3-4)

내가 여호와의 이름을 전파하리니 너희는 위엄을 우리 하나님께 돌릴지어다.

그는 반석이시니 그 공덕이 완전하고 그 모든 길이 공평하며 진실무망하신
하나님이시니 공의로우시고 정직하시도다. (신명기 32장 3-4절)

성경에서는 하나님을 반석(the Rock)이라고 표현합니다. 똑같은
rock을 '반석'으로 해석하는 것과 '바위'로 해석하는 것은 어감의 차이
가 큽니다. 한 나라가 반석 위에 세워진 것은 확실히 좋은 것입니다. 우
연의 일치일지 모르지만, 대통령이 취임식에서 성경책에 손을 얹고 선
서하는 나라인 미국이 반석(하나님) 위에 세워진 것은 정말 좋은 일이죠.

그런데 좀 이상한 것이 있습니다. 플리머스 식민지가 생기기 10여
년 전에 이미 버지니아 식민지가 있었고, 필그림 파더스의 원래 목적지
도 그곳이었죠. 그럼 미국이 세워진 곳은 버지니아 식민지가 아닐까요?
버지니아 식민지는 제임스 1세의 칙령으로 설립한 버지니아 회사(the
Virginia Company)에서 경제적인 이익을 도모하기 위해 개척한 식민지입
니다. 이주민들이 처음 정착한 곳은 제임스 1세의 이름을 따서 제임스
타운(Jamestown)이라고 하였죠. 이들은 모두 영국 국교회의 교인들이었
습니다.[61]

제임스타운에 정착한 영국인들은 모두 버지니아 회사에 의해 고용
된 사람들이었지만, 필그림 파더스는 종교의 자유를 찾아 가족 단위로
새로운 지역 사회를 설립하기 위해 목숨을 걸고 신대륙으로 이주한 사

미국 문화의 초석

람들이었습니다. 이런 차이점으로 인해 대다수의 미국인이 플리머스를 미국이 탄생한 곳으로 생각하는 것입니다.[62] 두 달이 넘는 험난한 여정 끝에 신대륙에 발을 디딘 필그림 파더스는 다음 해 11월에 첫 수확을 한 후 하나님께 감사드렸고, 이날은 현재 미국의 최대 명절인 '추수감사절(Thanksgiving Day)'이 되었습니다.

Chapter 4:

논리와 믿음

소크라테스가
'산파'라고?

논리를 중요시하는 그리스 사상의 뿌리는 소크라테스에서 찾을 수 있습니다. 소크라테스의 특이한 점 중 하나는 자신이 저술한 책이 없다는 것입니다. 소크라테스의 철학은 모두 그의 제자인 플라톤의 책에 나오죠. 플라톤은 30권이 넘는 대화편을 남겼고, 이 대화들이 쓰인 순서가 정확하지 않아서 대략 초기, 중기, 말기로 분류됩니다.

말기로 분류되는 〈법률(Laws)〉을 제외한 모든 대화편에는 소크라테스가 등장하는데,[63] 특히 초기 대화편들의 공통점은 소크라테스와 대화를 나누는 상대방이 거의 모두 짜증을 내면서 대화를 끝낸다는 것입니다. 소크라테스가 답은 알려주지 않고 질문만 하면서 상대방의 말이 논리적이지 않다고 계속 지적하기 때문이죠. 상대방은 결국 할 말을 잃게됩니다. 이런 정신적 공황 상태를 영어로는 'in aporia'라고 하고, 다음과 같이 문장에 사용할 수 있습니다.

My conversation with him always ends in aporia.
그와의 대화는 항상 어떻게 해야 할지 모르는 상태에서 끝이나.

그런데 이런 말을 할 때는 조심해야 합니다. aporia는 원어민도 잘 모르는 단어이므로 상대방이 이 문장을 듣는 자체로 공황 상태에 빠질 수도 있기 때문입니다. 소크라테스처럼 답을 알려주지 않고 직접 찾을 수 있도록 질문을 계속하는 것을 '산파술(the maieutic method)'이라고 하는데, 산파(産婆)가 '아이를 낳는 것을 도와주는 사람'이기 때문입니다.

산파를 영어로는 midwife라고 하고, maieutic은 'of midwifery(산파술의)'라는 뜻의 그리스어에서 유래하였습니다. 다음은 플라톤의 중기 대화편 〈테아이테토스(Theaetetus)〉에서 소크라테스가 자신을 산파에 비유하는 장면입니다.[64]

Well, my midwifery has all the standard features, except that I practice it on men instead of women, and supervise the labour of their minds, not their bodies. And the most important aspect of *my* skill is the ability to apply every conceivable test to see whether the young man's mental offspring is illusory and false or viable and true. But I have *this* feature in common with midwives—I myself am barren of wisdom.

글쎄요, 제 산파술은 여성 대신 남성에게 시행하고, 몸이 아닌 마음의 노동을 감독한다는 점을 제외하고는 모든 표준 기능을 갖추고 있습니다. 그리고 내 기술의 가장 중요한 측면은 젊은이의 정신적 자손이 환상이고 거짓인지, 또는 실행 가능하고 참인지 확인하기 위해 생각할 수 있는 모든 테스트를 적용하는 능력입니다. 그러나 나는 산파들과 공통점이 있습니다. 나 자신은 지혜가 없다는 것이죠.

정말 적절한 비유인 것 같습니다. 스승은 보통 제자들에게 가르침을 주는데, 소크라테스는 제자 또는 상대방에게 가르침을 주지는 않고 질문만 합니다. 자신은 남을 가르칠 지혜가 없다고 생각하기 때문이죠. 산모가 사망을 무릅쓰고 아이를 낳는 이유는 무한한 고통 뒤에 새로운 생명이 태어나기 때문입니다. 그런데 소크라테스를 만나면 무한한 고통만 있고 새로운 생명과 같은 지혜는 태어나지 않으니 상대방이 정신적 공황 상태에 빠지는 것은 당연합니다.

요즘은 '산파술'이라는 용어 대신 '소크라테스식 문답법(the Socratic method)'이라고 합니다. 미국 법학 전문대학(law school)에서 주로 사용되는 교수법이죠. 2021년 JTBC 드라마 〈로스쿨〉의 4회에서 쉼표 하나가 달랐던 시험 문제에 관해 교수가 학생들에게 살벌하게 질문하는 장면이 바로 이 소크라테스식 문답법입니다. 교수의 질문에 학생 두 명이 바로바로 대답을 잘하는데, 사실 그건 드라마이기 때문에 가능한 것입니다. 미국 변호사인 제 동생의 말에 의하면 질문을 받기도 전에 교수가 자기 이름만 불러도 공황 상태에 빠진다고 하더군요.

아버지를 고발하는 것은
경건한 행위일까?

기원전 399년 어느 봄날, 70세가 된 소크라테스는 법정 앞에서 에우튀프론(Euthyphro)이라는 사람을 만나게 됩니다. 소크라테스는 젊은이들을 타락시킨다고 고발을 당해서 법정으로 가는 길이었고, 에우튀프론은 살인죄로 자신의 아버지를 고발해서 법정으로 가는 길이었습니다.

에우튀프론의 아버지는 자기가 고용했던 날품팔이 노동자가 술에 취해 하인 한 명을 죽이자, 살인자의 손과 발을 묶어서 도랑에 던져 놓았습니다. 그리고 법정에 사람을 보내 이 자를 어떻게 처리해야 하는지 문의하였죠. 그런데 그사이 도랑에 방치되어 있던 살인자가 죽고 맙니다. 에우튀프론은 소크라테스에게 이렇게 말합니다. 자기 아버지를 고발하는 것이 경건한 행위이므로 아버지를 고소했다고.

깜짝 놀란 소크라테스는 에우튀프론에게 경건(piety)이 무엇인지 가르쳐 달라고 부탁합니다. 경건의 정의를 알면 자신의 변호에 도움이 될 것이라고 말하죠. 소크라테스는 당시 신들을 믿지 않는 '불경(impiety)'으로 젊은이들을 타락시킨다는 혐의를 받고 있었기 때문입니다. 이 질문에 에우튀프론은 '자기가 하고 있는 행동이 경건(Piety is doing as I am doing)'이라고 답합니다. 이 대답에 소크라테스는 경건함의 예가 아닌 정의를 알려달라고 말합니다. 그러자 에우튀프론이 이렇게 답합니다.

Piety, then, is that which is dear to the gods, and impiety is that which is not dear to them.[65]
경건은 신들이 사랑하는 것이고, 불경은 신들이 사랑하지 않는 것입니다.

이 대답을 듣고 소크라테스는 자기가 원하는 답이 이런 것이라고 말합니다. 여기서 대화가 끝이 났으면 모두 행복했을 텐데 잠시 후 소크라테스는 이렇게 반문합니다.

The point which I should first wish to understand is whether the pious or holy is beloved by the gods because it is holy, or holy because it is beloved of the gods.[66]
내가 먼저 이해하고자 하는 점은 경건하거나 성스러운 것이 거룩하기 때문에 신들의 사랑을 받는 것인지, 아니면 신들의 사랑을 받기 때문에 거룩한 것인가 하는 것입니다.

이 질문에 대한 에우튀프론의 대답은 "무슨 말인지 모르겠습니다

(I do not understand your meaning, Socrates)."입니다. 정신적 공황 상태가 시작된 것이죠. 위 질문을 통해 소크라테스는 경건함이 신들에 의해 결정된다는 에우튀프론의 생각을 반박하고 있습니다. 에우튀프론의 정의 ('경건'은 신들이 사랑하는 것)에 의하면 아브라함에게 외동아들 이삭을 제물로 바치라는 하나님의 명령도 경건한 명령이 되기 때문입니다. 신의 명령(divine command)이 도덕성을 결정하는 궁극적인 기준이 된다는 에우튀프론의 주장에 소크라테스는 정면으로 반박하고 있는 것입니다.[67]

소크라테스의 계속되는 질문에 에우튀프론은 더욱 깊은 정신적 공황 상태에 빠지게 됩니다. 그리고 곧 시간이 없다는 핑계를 대고 자리를 뜨고 말죠. 경건함이 무엇인지를 배워 자신의 변호에 사용하려 했던 소크라테스는 자리를 뜨는 에우튀프론에게 이렇게 말합니다.

What a way to behave, my friend, going off like this, and dashing the high hopes I held![68]
대단한 행동이군, 친구여, 이렇게 가 버리다니, 내가 품었던 높은 희망을 부숴 버리고!

결국 소크라테스는 재판에서 사형 선고를 받고, 에우튀프론과의 대화 후 머지않아 사약을 마시고 세상을 떠나고 맙니다.

'예시'는
'정의'가 될 수 없다

떠나는 에우튀프론에게 조롱하듯이 말하는 소크라테스를 보면, 소
크라테스와 대화를 나눈 후 그를 싫어하게 된 사람이 많을 것 같다는 생
각이 듭니다. 저는 남을 조롱하는 말은 하지 않지만, 질문을 많이 해서
미움을 받은 경우가 종종 있거든요. 영어에는 "It doesn't hurt to ask."
라는 표현이 있습니다. 직역하면 "물어본다고 아프지는 않아."가 되는
데, 의역하면 "물어봐서 손해 볼 건 없어."라는 뜻이 됩니다. 그런데 사
실 물어봐서 손해가 되는 경우도 많습니다. 소크라테스는 결국 질문을
많이 해서 죽음으로 내몰린 것이니까요.

소크라테스가 질문을 계속하는 이유 중 하나는 정의를 묻는 소크라
테스의 질문에 상대방이 항상 예시로 답하기 때문입니다. 경건함이 무
엇인지 알려달라는 소크라테스의 질문에 에우튀프론이 자기가 하는 행

동이 경건한 것이라고 답한 것처럼 말이죠. 소크라테스가 추구하는 '정의'를 철학에서는 '이데아'라고 합니다. 이데아를 국어 사전에서 찾으면 '인간이 감각하는 현실적 사물의 원형으로서, 모든 존재와 인식의 근거가 되는 것'이라고 나옵니다. 이데아를 영어로는 보통 다음 문장에서처럼 'form'이라고 합니다.

> **And do you recall that I wasn't urging you to teach me about one or two of those many things that are holy, but rather about <u>the form</u> itself whereby all holy things are holy?**[69]
> 그리고 제가 당신에게 그 많은 거룩한 것들에 관해 한두 가지를 가르쳐 달라고 촉구한 것이 아니라, 모든 거룩한 것들이 거룩하게 된 <u>형태</u> 자체에 대해 가르쳐 달라고 권했던 것을 기억하십니까?

고대 그리스어에서 '이데아(ιδέα)'는 '모습, 모양'이라는 뜻입니다. 그래서 영어에서 이데아를 form이라고 하는 것입니다. form은 '모습, 모양'을 뜻하는 라틴어 단어에서 유래했습니다. '이데아(ιδέα)'에서 유래한 idea는 '생각, 개념'이라는 뜻으로 사용되죠. 아래처럼 이데아를 form 대신 general idea라고 번역하기도 하는데, general idea는 '일반적인 개념'이라는 뜻이라서 소크라테스가 추구하는 '인간이 감각하는 현실적 사물의 원형'이라는 뜻과는 좀 다르게 느껴집니다.

> **Remember that I did not ask you to give me two or three**

미국 문화의 초석

examples of piety, but to explain the general idea which
makes all pious things to be pious.[70]

제가 당신에게 경건의 예를 두세 가지 들어 달라고 요청한 것이 아니라, 모든
경건한 것을 경건하게 만드는 일반적인 개념을 설명해 달라고 요청했다는 것을
기억하십시오.

플라톤의 대화편 〈테아이테토스(Theaetetus)〉에서는 지식(knowledge)
의 정의가 논의됩니다. 지식이 무엇이냐는 소크라테스의 질문에 테아
이테토스도 예시로 대답하죠. 자기가 배우고 있는 기하학(geometry)이
지식의 한 종류이고, 구두 수선(cobbling)과 같은 기술도 지식의 한 종류
라고 대답합니다. 그러자 소크라테스가 다음과 같이 반문합니다.

But the question, Theaetetus, was not 'What are the objects
of knowledge?', nor 'How many branches of knowledge
are there?' We didn't ask the question because we wanted
a catalogue, but because we wanted to know what
knowledge is. Am I talking nonsense?[71]

하지만 질문은, 테아이테토스, '지식의 대상은 무엇인가?'도 아니고 '지식의
분야가 몇 개나 되는가?'도 아니었습니다. 우리는 목록을 원해서 질문한 것이
아니라 지식이 무엇인지 알고 싶었기 때문에 질문한 것입니다. 제가 말도 안 되는
소리를 하는 건가요?

테아이테토스와의 대화에서도 소크라테스는 지식의 정의(이데아)를
찾고 있습니다. 그리고 지식의 '예시'는 지식의 '정의'가 될 수 없다고
주장하죠. 그런데 예시는 정말 정의가 될 수 없는 것일까요?

소크라테스에게
맞설 수 있는 사람이 있다면?

우리가 가지고 있는 지식 대부분은 예로 구성되어 있습니다. "행성이 뭔지 알아?"라는 질문에 "몰라."라고 답하는 사람이 있다면, 우리는 그 사람을 어떻게 생각할까요? "무식하긴. 지구가 행성이지. 태양계에는 8개의 행성이 있다는 것도 모르나? 수성, 금성, 지구, 화성, 목성, 토성, 천왕성, 해왕성."이라고 생각하겠죠. 소크라테스에게는 이런 식으로 답을 하면 큰일납니다. 예를 들지 말고 정의를 말해 달라고 하겠죠.

그럼 '중심이 되는 별의 둘레를 각자의 궤도에 따라 돌면서, 자신은 빛을 내지 못하는 천체'라고 답하면 어떨까요? 사전에 나오는 행성의 정의입니다. 그럼 "왜 명왕성은 행성이 아니죠?"라고 물어볼지 모릅니다. 그냥 처음부터 행성이 뭔지 모른다고 답하는 게 좋습니다. 아는 척했다가 바보만 되니까요. (사실 소크라테스 시대에는 천왕성, 해왕성, 명왕성의 존

미국 문화의 초석

재를 몰랐기 때문에 소크라테스는 이런 질문을 할 수 없습니다.) 그럼 소크라테스에게 당신은 행성이 뭔지 아느냐고 물어보면 뭐라고 할까요?

자기도 모른다고 할 것입니다. 하지만 중요한 차이점은 자기는 처음부터 행성이 뭔지 모른다는 것을 알고 있었다고 얘기하겠죠. 지식의 예말고는 생각나는 것이 없다고 짜증을 내는 테아이테토스를 소크라테스는 다음과 같이 달래며 대화를 이어갑니다. 상대방을 바보로 만든 뒤 자신이 추구하는 이데아를 발견하기 위해 대화를 지속합니다. 소크라테스의 특기죠.

Socrates: This isn't lack of fertility, Theaetetus. You're pregnant, and these are your labour-pains.

Theaetetus: I don't know about that, Socrates. I'm just telling you my experiences.

Socrates: Don't be so serious! Haven't you heard that my mother Phainarete was a good, sturdy midwife?

Theaetetus: Yes, somebody did tell me once.

Socrates: And have you heard that I practice the same profession?

Theaetetus: No, never.[72]

소크라테스: 이것은 다산의 부족이 아닙니다, 테아이테토스. 당신은 임신했고, 이것이 당신의 고통입니다.

테아이테토스: 그건 모르겠어요, 소크라테스. 제 경험을 말씀드리는 것뿐입니다.

소크라테스: 너무 심각하지 마십시오! 제 어머니 파이나레테가 훌륭하고 건장한 산파였다는 말을 듣지 못했나요?

테아이테토스: 예, 누군가가 저에게 한 번 말한 적 있습니다.

소크라테스: 그리고 내가 같은 직업을 갖고 있다는 말을 들은 적 있나요?

테아이테토스: 아니오, 절대.

테아이테토스가 지식의 정의를 알고 있는데 표현하지 못하는 것뿐이고, 아이를 낳으려면 분만의 고통을 이겨내야 하는 것처럼, 자기와의 고통스러운 대화도 이겨내야 한다고 소크라테스는 말합니다. 그리고 산파가 임산부를 도와주는 것처럼 자기가 테아이테토스를 도와주겠다고 친절하게 말하죠. 그런데 정말 소크라테스가 대화를 통해 상대방을 도와주는 것일까요?

20세기 최고의 철학자로 불리는 루트비히 비트겐슈타인(Ludwig Wittgenstein, 1889-1951년)에 의하면 정의는 두 종류로 나눌 수 있습니다. 언어적 정의(verbal definition)와 즉물적 정의(ostensive definition).[73] ostensive는 '명시하는'이라는 뜻의 형용사입니다. '즉물적(卽物的)'은 '관념이나 추상적인 사고가 아니라 실제 사물에 비추어 생각하고 행동하는 것'을 뜻합니다. 따라서 즉물적 정의란 간단히 말하면 예를 제시하는 방식으로 정의를 내리는 것입니다.

미국 문화의 초석

소크라테스

    영화 또는 소설의 팬들이 자신이 좋아하는 등장인물을 주인공으로 창작한 이야기를 팬 픽션(fan fiction)이라고 합니다. 제가 읽고 싶은 팬 픽션은 플라톤의 대화편 〈비트겐슈타인〉입니다. 끊이지 않는 소크라테스의 질문에도 정신적 공황 상태에 빠지지 않고, 예를 들어 설명하는 즉물적 정의도 전혀 문제가 되지 않는다고 당당하게 맞서는 비트겐슈타인이 보고 싶습니다.

'사과'를 정의 내리는
두 가지 방법

소크라테스가 추구하는 이데아는 언어적 정의에서 찾을 수 있습니다. 언어적 정의는 주로 사전에서 찾을 수 있죠. 다음은 한 과일의 언어적 정의를 영영사전에 찾은 것입니다. 어떤 과일일까요?

the fleshy, usually rounded red, yellow, or green edible pome fruit of a usually cultivated tree (genus Malus) of the rose family[74]
장미과의 보통 재배되는 나무(말루스 속)의 다육질이면서 일반적으로 둥근 빨간색, 노란색 또는 녹색의 식용 이과 열매

정답은 apple(사과)입니다. 위 정의를 보고 사과를 떠올리는 것은 가능해도, 사과의 정의를 이렇게 내리는 것은 불가능합니다. 우리 모두 사과가 무엇인지 아는데 왜 이런 정의를 내리지 못할까요? 사과라는 물체를 즉물적으로 배웠기 때문입니다. 아이에게 사과가 뭔지 가르칠 때 언

미국 문화의 초석

어적 정의로 가르치는 부모는 없습니다. 냉장고에 있는 사과를 꺼내 아이에게 직접 보여 주며 "이게 사과야."라고 가르쳐 주죠. 사과가 무엇인지 즉물적으로 배웠으니 사과의 언어적 정의를 모르는 것이 당연합니다. 그런데 영영사전과 달리 국어 사전에서는 사과를 아주 쉽게 정의하고 있더군요. '사과나무의 열매'라고 말이죠.

영영사전과 달리 영한사전에서 제시하는 정의는 즉물적 정의입니다. 예를 들어, sad를 영한사전에서 찾으면 '슬픈, 애처로운, 비통한'이라는 뜻이 나옵니다. sad가 뜻하는 단어의 예를 드는 것이죠. 하지만 원어민이 사용하는 영영사전에는 sad가 아래와 같이 정의되어 있습니다.

affected with or expressive of grief or unhappiness[75]
슬픔 또는 불행에 영향을 받거나 그것들을 나타내는

sad의 정의에 sad보다 훨씬 어려운 단어들이 있으니, 이런 영영사전이 학습자에게 도움이 될 리 없습니다. 비트겐슈타인이 외국어 교육에 관해 언급하지는 않았지만, 만약 그럴 일이 있었다면 언어적 정의를 내리는 사전 대신 즉물적 정의를 내리는 사전으로 공부하라고 충고했을 것입니다. 물론 아래처럼 즉물적 정의를 내리는 영영사전도 있습니다.

If you are sad, you feel unhappy, usually because something has happened that you do not like.
슬프다면 일반적으로 마음에 들지 않는 일이 발생했기 때문에 불행하다고 느낀다.

sad라는 단어의 언어적 정의 대신 어떤 상황에 그런 기분이 드는지 예를 들어 설명하는 것이죠. 학습자 사전이 주로 이렇게 정의를 내립니다. 영영 사전은 언제부터 사용하면 좋을지 궁금해하는 분들이 많은데 정답은 간단합니다. 사전에 제시된 한국어 뜻이 이해되지 않을 때입니다. 아직 그런 경험이 없다고요? 걱정하지 마세요. 그런 날이 꼭 옵니다.

비트겐슈타인은 모국어가 '언어 놀이(language-games)'를 통해 습득된다고 하였습니다.[76] 그리고 소크라테스의 질문을 던지죠. 모든 놀이가 가지고 있는 공통된 이데아가 무엇인지. 비트겐슈타인의 답은 '없음'입니다. 보드게임, 카드 게임, 야구, 농구, 올림픽 게임 등이 서로 비슷한 점은 많지만 모든 게임이 가지는 공통점은 없습니다. 비트겐슈타인은 이 비슷한 점들을 '가족 유사성(family resemblance)'이라고 했습니다.[77]

비트겐슈타인은 유사성이 있는 예들로 즉물적 정의를 내리는 것은 자연스러운 행위라고 주장했습니다. 똑같이 생기지는 않았지만, 한 가족이 유사성을 띄는 것이 자연스러운 것처럼 말이죠. 존재하지도 않는 하나의 공통점(이데아)을 찾는 것이 오히려 부자연스러운 일 아닐까요?

철학의 모든 문제를
해결하다

독일의 마틴 하이데거(Martin Heidegger, 1889-1976년)와 함께 20세기 최고의 철학자로 불리는 비트겐슈타인이 생전에 출판한 저서는 한 권 밖에 없습니다. 〈논리철학논고(Tractus Logico-Philosophicus)〉이죠. 제목은 라틴어이지만 원고는 비트겐슈타인의 모국어인 독일어로 쓰였고, 1922년에 영국에서 출판될 때 왼쪽 페이지에는 독일어 원본, 오른쪽 페이지에는 영어 번역본이 함께 수록되었습니다.

1년 전 독일어로 처음 출판되었을 때는 제목도 독일어였지만, 영어 번역본과 함께 출판될 때는 17세기 네덜란드의 철학자 바뤼흐 스피노자(Baruch Spinoza, 1632-1677년)가 쓴 〈신학정치론(Tractatus Theologico-Politicus)〉에 경의를 표하는 의미로 제목을 바꿨습니다. 영어에서는 비트겐슈타인의 책 제목을 줄여서 보통 〈Tractatus(논고)〉라고 부르는데,

이 라틴어 단어에서 유래한 영어 단어는 treatise입니다. 이 영어 단어가 제목에 포함된 유명한 저서로는 17세기 영국의 철학자 존 로크(John Locke, 1632-1704년)가 쓴 근대 정치철학의 교과서 〈통치론(Two Treatises of Government)〉이 있습니다.

경험론의 시조로 유명한 로크의 또 다른 저서 〈인간지성론(An Essay Concerning Human Understanding)〉의 제목에는 treatise가 아닌 essay라는 단어가 있습니다. essay가 요즘은 '수필'을 뜻하는데, 철학책 제목에 essay가 포함되어 있으면 '소론(小論), 시론(試論)'을 뜻합니다. 그래서 essay는 treatise보다 짧은 것이 정상이죠. (essay는 '조사하다, 시험하다(to examine, test)'를 뜻하는 라틴어에서 유래하였습니다.) 그럼 〈인간지성론〉이 〈통치론〉보다 짧아야 하는데, 〈통치론〉은 400여 쪽인 반면 〈인간지성론〉은 800쪽이 넘습니다.

길이는 상대적인 개념입니다. 로크가 〈인간지성론〉을 essay라고 부른 이유는 이 책의 주제가 요구하는 깊이와 길이만큼 책을 쓰지 못했다고 느꼈기 때문일 것입니다. 반면에, 〈통치론〉을 treatise라고 부른 이유는 정치 철학에서 다뤄야 할 주제는 이 책에서 거의 모두 다뤘다고 느꼈기 때문인 것 같습니다. 비트겐슈타인의 〈논리철학논고〉는 불과 70여 쪽밖에 되지 않습니다. 그의 스승이었던 버트런드 러셀(Bertrand Russell, 1872-1970년)의 소개문(introduction)과 독일어 원본, 그리고 책 끝

미국 문화의 초석

의 색인을 합쳐 겨우 200쪽이 넘죠. 그런데도 이 책을 tractus라고 한 이유는 자신이 쓴 서문(preface)에 정확히 서술되어 있습니다.

On the other hand the truth of the thoughts communicated here seems to me unassailable and definitive. I am, therefore, of the opinion that the problems have in essentials been finally solved.[78]
반면에 여기에서 전달된 생각의 진실은 공격할 수 없고 결정적인 것으로 보인다. 따라서 나는 모든 문제가 본질적으로 마침내 해결되었다고 생각한다.

길이는 짧지만, 비트겐슈타인은 이 한 권의 책으로 철학의 모든 문제를 해결했다고 생각했습니다. 러셀도 소개문에서 이 책으로 철학의 모든 문제가 해결될 가능성을 언급합니다.

Mr Wittgenstein's Tractatus Logico-Philosophicus, whether or not it prove to give the ultimate truth on the matters with which it deals, certainly deserves, by its breadth and scope and profundity, to be considered an important event in the philosophical world.[79]
비트겐슈타인의 〈논리철학논고〉는 그것이 다루고 있는 문제에 대한 궁극적인 진실을 제공하는 것으로 증명되든 그렇지 않든, 그 폭과 범위 및 심오함을 감안할 때 철학 세계에서 중요한 사건으로 간주될 가치가 있다.

비트겐슈타인은 〈논리철학논고〉를 통해 철학의 모든 문제를 해결했다는 확신을 실천으로 옮깁니다. 당시 최고의 분석철학자로 불리던 러셀과 함께 밤새 철학을 논의하던 케임브리지 대학으로 돌아가지 않고 시골 마을에서 아이들을 가르치는 선생님이 되죠. 철학의 모든 문제가 해결되었으므로 더는 철학에 시간을 허비할 필요가 없다고 느낀 것입니다.

그런데 곧 비트겐슈타인은 어린 학생을 체벌했다는 이유로 학교에서 쫓겨나게 됩니다.[80] 본인이 원해서 시골 마을 선생님이 되었지만, 불행히도 시골 마을에서는 비트겐슈타인을 반기지 않았습니다. 그는 러셀 같은 최고의 철학자도 본인의 책을 이해하지 못한다고 생각하는 사람이었는데, 그런 거만한 사람이 아이들에게 자상한 선생님이 되기 쉽지 않았을 것입니다.

인간으로
귀환한 신

　1929년 6월, 비트겐슈타인은 케임브리지 대학으로 돌아와 〈논리철학논고〉를 박사 논문으로 제출하고 박사 학위를 받습니다. 비트겐슈타인이 케임브리지로 돌아온 사건을 극적으로 묘사하는 일화가 있습니다. 케임브리지 대학의 한 교수가 부인에게 아래와 같은 편지를 썼죠.

Well, God has arrived. I met him on the 5.15 train.[81]
자, 신이 오셨습니다. 내가 5시 15분 기차에서 그를 만났죠.

　이 편지를 쓴 사람은 세계적인 경제학자 존 케인스(John Keynes, 1883-1946년)입니다. 1929년 10월, 미국의 주식 시장 붕괴로 시작된 대공황(the Great Depression)은 향후 10년간 전 세계의 경제를 파탄에 빠뜨립니다. 이때 등장한 경제학의 혁명. 정부가 불황기에 지출을 늘려 시민들의 소비를 유도하는 케인스 경제학(Keynesian economics)을 일컫는 말이죠.

비트겐슈타인의 케임브리지 귀환은 그가 처음 케임브리지에 나타났을 때만큼 충격적이었습니다. 비트겐슈타인은 오스트리아의 빈(Vienna)에서 태어났습니다. 철강 산업의 대부호였던 아버지 덕에 훌륭한 가정교사들에게 다양한 교육을 받았죠. 17살에는 독일에서 가장 유명한 공과 대학에 진학해 학위를 취득하였고 그 후 영국에서 항공 공학 연구를 하였습니다. 항공 공학을 연구하면서 비트겐슈타인은 자연스럽게 수학에 관심을 갖게 되었고, 그의 수학에 관한 관심은 수학 철학과 논리학으로 발전하게 됩니다.

논리학을 공부하기 위해 비트겐슈타인이 먼저 찾아간 사람은 분석 철학의 아버지라 불리는 독일 수학 철학자 고틀로프 프레게(Gottlob Frege, 1848-1925년)입니다. 하지만 프레게는 그에게 케임브리지 대학에 있는 러셀을 찾아가라고 말합니다. 몇 년 전 러셀이 프레게가 확립한 '형식논리학(formal logic)'에 치명적인 오류가 있다는 것을 '러셀의 역리(Russell's Paradox)'를 통해 밝혀냈기 때문입니다. 비트겐슈타인은 곧 러셀을 찾아갔지만, 영어도 잘못하는 오스트리아인을 러셀이 처음부터 반겼을 리 만무합니다. 하지만 러셀은 곧 비트겐슈타인의 천재성을 알아보고 그를 제자로 받아들이죠.

철학의 모든 문제를 해결한 비트겐슈타인이 다시 케임브리지 대학으로 돌아온 이유는 〈논리철학논고〉에 결정적인 오류가 있다고 느꼈기 때문입니다. 1951년에 비트겐슈타인이 암으로 사망한 2년 후 출간된 그의 두 번째 저서 〈철학적 탐구(Philosophical Investigations)〉의 서문에는 다음 문장이 있습니다.

For since beginning to occupy myself with philosophy again, sixteen years ago, I have been forced to recognize grave mistakes in what I wrote in that first book.[82]
16년 전에 다시 철학에 몰두하기 시작한 이래로, 나는 그 첫 번째 책에서 중대한 실수를 하였다는 것을 인정하지 않을 수 없었다.

비트겐슈타인은 위 서문을 1945년에 썼습니다. 16년 전은 케임브리지 대학으로 돌아간 해인 1929년입니다. 〈논리철학논고〉는 2시간이면 읽을 수 있습니다. 80페이지도 안되고, 강의 노트처럼 문장에 번호가 있어서 글이 많지도 않습니다. 문제는 읽어도 이해가 되지 않는다는 것이죠. 이 책을 이해하려면 우선 논리학을 공부해야 합니다. 그리고 6개월을 꼬박 이 책에만 매달려야 이해가 된다고 하네요.

반면에 〈철학적 탐구〉는 200쪽이 넘지만 큰 어려움 없이 읽어 나갈 수 있습니다. 어려운 논리학 기호도 없고 이해하기 쉬운 일상언어에 관련된 예시도 많기 때문입니다. 신이 아니고서는 〈논리철학논고〉처럼 심오한 책을 쓸 수 없으리라 생각했던 케인스도 〈철학적 탐구〉에서는 비트겐슈타인의 인간적인 면을 보았을 것입니다.

그림 이론과
언어 놀이

1929년 비트겐슈타인의 〈논리철학논고〉 박사 논문 심사 위원은 러셀과 G. E. 무어(George Edward Moore, 1873-1958년)였다고 합니다. 무어는 러셀만큼 유명하지는 않지만 비트겐슈타인, 러셀과 함께 영국 분석철학의 선구자로 알려져 있습니다. 무어는 〈논리철학논고〉의 라틴어 제목을 비트겐슈타인에게 추천하기도 하였습니다.[83] 그리고 10여 년 전에도 비트겐슈타인이 학사학위를 마치지 않고 노르웨이로 떠나 버리자, 무어가 비트겐슈타인을 찾아가 그의 말을 받아 적어 학사 논문으로 제출해 줬다고 합니다. 대단한 정성이죠.

그런데 무어가 제출한 비트겐슈타인의 학사 논문은 서문과 참고문헌이 없어서 결국 통과하지 못했다고 합니다. 이 사실을 알게 된 비트겐슈타인은 무어에게 편지를 써서 이렇게 말했다고 하네요. 지옥에나 가

미국 문화의 초석

라고.[84] 학사 논문이 통과되지 못해서 아쉽지만, 고생해 줘서 고맙다는 내용의 편지를 쓰는 것이 정상일 텐데 말이죠. 박사 논문 심사가 끝난 뒤 비트겐슈타인은 두 심사 위원의 어깨를 툭 치며 격려하듯이 이렇게 말했다고 합니다.

Don't worry, I know you'll *never* understand it.[85]
걱정마세요, 이 책을 두 분이 절대 이해하지 못한다는 것을 제가 아니까요.

사실, 비트겐슈타인은 다른 사람들이 자기의 책을 이해하지 못하는 것에 화가 많이 났었다고 합니다. 그래서 두 번째 책인 〈철학적 탐구〉는 쉽게 쓴 것일지도 모릅니다. 한 설문 조사에 의하면 〈철학적 탐구〉는 미국 대학 철학과 교수들에 의해 20세기에서 가장 중요한 책으로 선정되었다고 합니다.[86] 하지만, 막상 저자 본인은 〈철학적 탐구〉의 서문에 좋은 책을 쓰지 못했다고 밝혔습니다.

I should have liked to produce a good book. This has not come about, but the time is past in which I could improve it.[87]
좋은 책을 만들고 싶었다. 그러지 못했지만, 책을 개선할 수 있는 시간은 지났다.

같은 서문에서 비트겐슈타인은 그가 첫 번째 책에서 중대한 오류를 범했다고 했죠. 그가 말하는 중대한 오류는 무엇일까요? 〈논리철학논고〉에서 비트겐슈타인은 언어가 의미를 갖는 이유는 언어가 세상을 그림처럼 그려 주기 때문이라고 말했습니다. 그림이 세상의 실제 상황을 보여주는 것처럼, 언어가 세상의 실제 상황 또는 물체를 가리키기 때문에 의미를 가진다고 주장하였죠.

하지만 〈철학적 탐구〉에서는 다른 주장을 합니다. 언어의 의미는 지시 대상에 의해 결정되는 것이 아니고, '언어 놀이' 안에서 언어가 어떻게 사용되느냐에 결정된다고 말하죠. 예를 들어, five red apples(빨간 사과 다섯 개)에서 five라는 단어는 지시 대상이 있어서 의미를 갖는 것이 아니고, 이 단어가 사용된 문맥에 의해 의미가 결정됩니다.[88] 미국에서는 한 손을 높이 들어 손뼉을 마주쳐 인사하는 행동을 high five라고 하는데, 이 표현의 five와 five red apples의 five는 의미가 전혀 다르죠.

비트겐슈타인이 〈논리철학논고〉에서 하는 주장은 '그림 이론'으로 알려져 있습니다. 영어로는 the picture theory of language라고 하죠. 그런데 picture이면 '사진 이론'이라고 하는 게 더 좋지 않을까요? 영어 단어만 보면 사진인지 그림인지 명확하지 않은데, 비트겐슈타인이 쓴 독일어 원본을 보면 '그림'을 뜻하는 단어 Bild가 사용된 것을 알 수 있습니다.

Das Bild ist ein Modell der Wirklichkeit. = The picture is a model of reality.[89]
그림은 현실의 모형이다.

그럼 Bild(그림)을 왜 painting으로 번역하지 않았을까요? 사실 picture와 painting은 같은 말입니다. 동사 paint(그리다)는 라틴어 단어인 pingere에서 유래하였습니다. 그리고 picture는 pingere의 명사형인 pictūra에서 유래하였죠. painting은 동사 paint에 영어 접미사 -ing를 붙여서 만든 명사형이니, 라틴어에서 유래한 picture보다는 좀 격이 떨어진다고 할 수 있습니다. 책 제목도 라틴어로 지었는데, 비트겐슈타인이 painting과 picture 중 라틴어에서 유래한 단어를 선호하는 것은 당연하지 않을까요?

프랑스 왕은
대머리일까?

'A is B(A는 B다)'와 'A is <u>not</u> B(A는 B가 아니다)' 중 한 문장은 사실입니다. 'A는 B다'가 거짓이면 'A는 B가 아니다'는 참이 되죠. 같은 논리를 사용하면 다음 두 문장 중 하나도 참이어야 합니다.

① The present King of France is bald.
   현재 프랑스 왕은 대머리다.

② The present King of France is <u>not</u> bald.[90]
   현재 프랑스 왕은 대머리가 아니다.

그런데 위 두 문장은 모두 거짓입니다. 왜 그럴까요? 문장 ①은 사실 다음 세 문장을 합친 것이기 때문입니다.

미국 문화의 초석

ⓐ There is a present King of France.
현재 프랑스 왕이 존재한다.

ⓑ There is exactly one present King of France.
현재 프랑스 왕은 정확히 한 명만 존재한다.

ⓒ The present King of France is bald.
현재 프랑스 왕은 대머리다.

프랑스는 공화국이므로 현재 왕이 존재하지 않습니다. 따라서 ⓐ는 거짓입니다. ⓐ가 거짓이므로 ⓑ와 ⓒ도 모두 거짓이 됩니다. 문장 ②도 다음 세 문장이 합쳐진 것입니다.

ⓐ There is a present King of France.
현재 프랑스 왕이 존재한다.

ⓑ There is exactly one present King of France.
현재 프랑스 왕은 정확히 한 명만 존재한다.

ⓒ The present King of France is <u>not</u> bald.
현재 프랑스 왕은 대머리가 아니다.

마찬가지로 ⓐ가 거짓이므로 ⓑ와 ⓒ도 모두 거짓이 됩니다. ①은 분석철학(analytical philosophy)에서 가장 유명한 문장입니다. 1905년에 출간된 학술지 논문에 비트겐슈타인의 스승이었던 러셀 교수가 사용한 문장입니다. 분석철학은 '과학과 일상적 언어의 여러 개념이나 명제를 분석하고, 그 의미를 밝히는 데에 목적을 두는 철학'입니다.

분석철학은 크게 두 학파로 나눌 수 있습니다. 완벽한 언어를 추구하는 '이상언어(ideal language) 학파'와, 일상언어의 사용을 연구하는 '일상언어(ordinary language) 학파'. 비트겐슈타인은 두 학파에 모두 속합니다. 〈논리철학논고〉에서는 이상언어를 추구하였고, 〈철학적 탐구〉에서는 일상언어를 분석하였기 때문이죠.

분석철학자들이 이상언어를 추구하는 이유는 러셀이 지적한 것처럼 일상언어는 다의성과 모호성으로 인해 언어의 참된 논리적 구조를 드러내지 못하기 때문입니다. 따라서 수학 공식과 같은 기호로 논리적 구조를 명확히 나타내는 인공언어를 만들어서 일상언어의 다의성과 모호성을 없애려고 하는 것이죠. 이상언어를 추구한 프레게, 러셀, 비트겐슈타인은 모두 훌륭한 수학자입니다. 비트겐슈타인의 〈논리철학논고〉를 2시간 안에 읽을 수는 있지만, 거의 이해할 수 없는 이유도 바로 이 책은 수학책이나 다름없기 때문입니다.

말할 수 없는 것에 관해서는
침묵해야 한다

제 모교인 UC버클리 대학에는 세계적으로 저명한 분석철학자 교수님이 계셨습니다. 성함은 존 설(John Searle). 상대방이 자신의 친구인지 아닌지는 Searle을 '설'로 발음하는지 '설리'로 발음하는지로 결정한다고 농담 삼아 말하곤 하셨죠. 그분의 수업 시간에는 단골로 등장하는 문장이 있었습니다.

I decide consciously to raise my arm, and the damn thing goes up.
내가 의식적으로 팔을 들기로 결정하면, 그 망할 것(팔)이 올라갑니다.

〈논리철학논고〉에서 이상언어를 추구했던 비트겐슈타인은 1929년에 케임브리지 대학으로 돌아온 뒤에는 일상언어를 분석하기 시작했습니다. 언어의 본질은 언어가 어떻게 사용되는지를 분석하는 것에서 찾을 수 있다고 생각을 바꿨기 때문입니다. 그의 두 번째 저서인 〈철학적 탐구〉가 일상언어 분석 내용을 담고 있죠.

이 책에서 시작한 일상언어 분석은 영국의 또 다른 세계적인 대학 옥스포드에서 결실을 봅니다. 언어가 무엇을 하는가를 분석하는 '화행이론(speech act theory)'이 그것이죠. 화행이론은 외국어 교육에도 많은 영향을 줬습니다. 예를 들어, "Can you open the door?"는 한국어로 어떻게 번역하는 것이 좋을까요?

ⓐ 문을 열 수 있으세요?   ⓑ 문 좀 열어 주실 수 있을까요?

물론 ⓑ입니다. "Can you open the door?"라는 질문에 "Yes, I can.(네, 문을 열 수 있어요.)"이라고 답하고 가만히 있는 원어민은 아무도 없습니다. 그 이유는 이 질문이 ⓑ와 같은 공손한 요청으로 사용되기 때문이죠. 화행이론적으로 분석하면 ⓑ는 이 질문의 발화내재행위(illocutionary act)입니다. 표면적으로는 능력을 물어보는 질문이지만, 이 질문의 속내에는 요청의 뜻이 존재한다는 분석이죠.

옥스포드 대학의 존 오스틴(John Austin, 1911-1960년) 교수와 오스틴 교수의 지도를 받은 UC버클리 대학의 설 교수가 화행이론의 대표적인 인물입니다. 설 교수의 수업에 단골로 등장하는 예문도 비트겐슈타인의 〈철학적 탐구〉에서 시작되었습니다.

> **Let us not forget this: when 'I raise my arm', my arm goes up. And the problem arises: what is left over if I subtract the fact that my arm goes up from the fact that I raise my arm?** [91]
>
> 이것을 잊지 말자. '내가 팔을 들어 올리면' 내 팔이 올라간다. 그리고 문제가 발생한다. 내가 팔을 올린 사실에서 내 팔이 올라간 사실을 빼면 남는 것은 무엇일까?

비트겐슈타인이 존경받는 이유 중 하나는 〈논리철학논고〉를 스스로 비판했기 때문입니다. 남들은 이 책을 경외심으로 바라볼 때 비트겐슈타인은 자신이 틀렸을 수도 있다는 생각을 버리지 않았습니다. 〈논리철학논고〉의 마지막 문장은 실로 무시무시합니다.

> **Whereof one cannot speak, thereof one must be silent.** [92]
>
> 말할 수 없는 것에 관해서는 침묵해야 한다.

이 문장이 무시무시한 이유는 두 가지입니다. 첫째는 whereof로 시작한다는 점. whereof는 '무엇의, 무엇에 관하여'라는 뜻입니다. of what과 같은 뜻이죠. where와는 관계가 없습니다. thereof는 '그것의, 그것에 관하여'라는 뜻입니다. of that과 같은 뜻이죠. 마찬가지로, there와는 관계가 없습니다. 두 단어 모두 격식 있는 용어이지만, 〈논리철학논고〉가 출판된 1920년에도 whereof는 거의 사용되지 않는 단어였습니다.

위 문장이 진정으로 무시무시한 이유는 이 문장이 비트겐슈타인 이전의 거의 모든 철학은 무의미한 것이라고 단언하는 것이기 때문입니다. 언어를 그림에 비유한 그의 이론에 따르면 세상에 지시 대상이 존재하지 않는 철학적 논의는 아무 뜻이 없습니다. 언어를 구성하는 명제와 세상의 상황들은 동일한 논리 구조로 되어 있기 때문입니다. 그래서 신 또는 윤리(ethics)처럼 이 세상을 초월하는(transcendental) 개념들은 언어로 표현될 수 없습니다. 언어는 그림처럼 세상을 묘사하는 기능만 있기 때문이죠.

아브라함은 정말로
이삭을 죽이려고 했을까?

말할 수 없는 것에 관해서는 침묵해야 한다는 비트겐슈타인의 주장
은 아래에도 잘 나타나 있습니다. 그가 추구하는 완벽한 이상언어로 비
논리적인 세상을 묘사할 수는 없다는 주장이죠.

> It used to be said that God could create everything, except
> what was contrary to the laws of logic. The truth is, we
> could not say of an "unlogical" world how it would look.[93]
> 신은 논리의 법칙에 어긋나는 것을 제외하고는 모든 것을 창조할 수 있다고 했다.
> 진실은, "비논리적인" 세계가 어떻게 보일지 우리가 말할 수 없다는 것이다.

철학의 특징 중 하나는 모호성입니다. 소설책처럼 재밌게 읽고 한 번
에 이해되는 철학책이 있을까요? 비트겐슈타인은 이 철학의 모호성도
비판합니다. 말할 수 없는 것에 관해서는 침묵해야 하지만, 말할 수 있
는 것은 모두 분명하게 말할 수 있어야 한다고 주장하죠.

What can be said at all can be said clearly.[94]
말할 수 있는 것은 분명하게 말할 수 있다.

말할 수 없는 것에 침묵하지 않고 비논리적인 상황을 모호하게 설명한 좋은 예는 덴마크의 철학자 소렌 키르케고르(Søren Kierkegaard, 1813-1855년)가 쓴 〈공포와 전율(Fear and Trembling)〉입니다. 이 책의 제목은 신약성경의 빌립보서에 나오는 문구입니다.

> **Therefore, my dear friends, as you have always obeyed—not only in my presence, but now much more in my absence—continue to work out your salvation with fear and trembling. (Philippians 2:12)**
> 그러므로 내 사랑하는 사람들이여, 여러분이 항상 순종했던 것처럼 내가 여러분과 함께 있을 때뿐 아니라 지금 내가 없을 때도 두렵고 떨리는 마음으로 여러분의 구원을 이루십시오. (빌립보서 2장 12절)

〈공포와 전율〉에서 키르케고르는 구약성경 창세기에 기록된 '열국(列國)의 아버지' 아브라함이 겪는 시험을 논의합니다. 하나님이 아브라함에게 그의 외아들인 이삭을 번제물(burnt offering)로 바치라고 명령하죠. 아브라함이 이삭을 묶어 제단 위에 눕히고 칼로 이삭을 죽이려는 순간, 천사가 나타나 아브라함에게 멈추라고 명령합니다. 창세기 22장에 간략하게 기록된 이 내용에 관해 키르케고르는 책 한 권을 저술합니다.

비트겐슈타인에 의하면 〈공포와 전율〉에서 다뤄지는 윤리, 하나님,

하나님 명령에 대한 순종은 모두 우리가 말할 수 없는 비논리적인 세계입니다. 키르케고르도 이삭을 번제물로 바치라는 하나님의 명령이 비논리적이며 부조리(absurd)하다고 지적합니다. 〈공포와 전율〉에서 아브라함은 하나님의 명령에 대해 다음과 같은 혼란을 겪습니다.

> Surely it will not happen, or if it does the Lord will give me a new Issac, namely by virtue of the absurd.[95]
> 분명히 이것은 일어나지 않을 것이다. 그렇지 않으면 주님께서 내게 새로운 이삭을 주실 것이다, 부조리를 통해.

아브라함은 진정한 믿음을 가지고 하나님의 명령에 순종한 것일까요? 아니면 하나님이 마지막에 멈추라고 할 것이라는 믿음으로 이삭에게 칼을 겨눈 것일까요?

믿음의 기사와
무한한 체념의 기사

75세가 되던 해 아브라함은 하나님의 부름을 받고 고향을 떠나 젖과 꿀이 흐르는 땅(a land flowing with milk and honey) 가나안으로 이주합니다. 하나님은 아브라함에게 이런 약속을 했죠.

I will make you into a great nation, and I will bless you;
I will make your name great, and you will be a blessing.
(Genesis 12:2)
내가 너를 큰 민족으로 만들고 네게 복을 주어 네 이름을 크게 할 것이니 네가
복의 근원이 될 것이다. (창세기 12장 2절)

큰 민족이 되려면 자손이 번성해야 하는데, 아브라함에게는 자식이 없었습니다. 가나안으로 이주한 뒤 10년이 지나 여종 하갈에게서 이스마엘을 낳았지만, 아내 사라에게서는 자식이 없었죠. 기나긴 기다림 끝에 100세가 되어 아브라함은 아들 이삭을 얻게 됩니다. 이삭이 태어나

미국 문화의 초석

자 사라는 아브라함에게 하갈과 그녀의 아들 이스마엘을 집에서 쫓아 내라고 말합니다. 사라의 말을 듣고 아브라함은 고민에 빠집니다. 첫아들인 이스마엘도 사랑했기 때문이죠. 아브라함이 하갈과 잠자리를 같이한 이유도 사라가 자기는 아이를 못 낳으니 그렇게 하라고 권유했기 때문이었습니다.

괴로워하는 아브라함에게 하나님은 사라의 말대로 하라고 합니다. 아브라함의 민족은 이삭의 자손으로 이뤄질 것이며, 이스마엘을 통해 또 하나의 나라를 이룰 것이니 걱정하지 말라며. 이스마엘은 하나님의 약속대로 아랍인들의 조상이 됩니다. 하나님의 말씀대로 이스마엘을 쫓아낸 후, 어느 날 하나님은 아브라함에게 이렇게 말합니다.

Take your son, your only son, whom you love—Isaac—and go to the region of Moriah. Sacrifice him there as a burnt offering on a mountain I will show you. (Genesis 22:2)
네 아들, 네가 사랑하는 네 외아들 이삭을 데리고 모리아 땅으로 가서 내가 네게 지시하는 산에서 그를 번제물로 바쳐라. (창세기 22장 2절)

〈공포와 전율〉에서 키르케고르는 아브라함을 '믿음의 기사(the knight of faith)', 본인은 '무한한 체념의 기사(the knight of infinite resignation)'라고 말했습니다. 같은 상황이었다면 자기도 아브라함처럼 이삭을 죽이려 했을 것이지만, 다만 하나님의 뜻은 이 세상의 관점으로 이해되지 않는다는 체념하에 절망하며 행했을 것이라고 말이죠.

이삭을 제물로 바치는 아브라함

미국 문화의 초석

반면 아브라함은 똑같이 체념하고 이삭을 죽이려 하지만, 절망하지 않습니다. 하나님이 결국은 기쁨을 줄 것이라는 믿음을 가지고 있죠. 그래서 칼로 이삭을 내려치려는 순간, 자신을 막은 하나님에게 감사하고 기뻐합니다. 키르케고르는 이 상황을 기쁘게 받아들이지 못했을 것이라고 얘기합니다. 하나님이 자기를 왜 이런 시험에 들게 했는지 이해하지 못할 것이며, 이삭을 볼 때마다 진정으로 그를 죽이려 했던 죄책감에 괴로워할 것이라고. 그리고 믿음에 대해 다음과 같은 말을 남깁니다.

Faith is the highest passion in a human being.[96]
믿음은 인간의 최고의 열정이다.

키르케고르는 저서들을 다양한 필명으로 집필하였습니다. 〈공포와 전율〉에서는 Johannes de silentio라는 필명을 사용했는데, 이 필명을 영어로 하면 John of silence(침묵의 존)가 됩니다. 키르케고르가 왜 〈공포와 전율〉에서 이 필명을 사용했는지에 관한 추측은 여러 가지가 있습니다. 책에서 그가 말하는 것보다 말하지 않는 것이 더 중요하기 때문에 이 필명을 사용했다고도 하고,[97] Johannes de silentio는 John from silence로도 해석이 가능하므로, 설명이 불가능한 아브라함의 시험을 침묵을 깨고 설명하려고 했다는 주장도 있습니다.[98] 이건 어떻게 생각하시나요? 말할 수 없는 것에 관해서는 침묵해야 한다는 비트겐슈타인의 20세기 선언을 키르케고르가 19세기에 이미 예감하고 지은 필명일지도 모른다는 저의 이론.

Part 2

미국의 과거·현재·미래

The Past, Present & Future of America

Chapter 5:

영어의 역사

영국 왕이
영어를 못한 적이 있다고?

한국에서는 대학 입시를 위해 학생들이 대학 수학 능력 시험(수능)을 보듯이, 미국에서는 SAT(Scholastic Aptitude Test)라는 시험을 봅니다. 많은 과목을 평가하는 수능과 달리, SAT는 기본적으로 영어와 수학만 평가합니다. 수능에서 국어와 수학만 보는 것과 마찬가지죠.

한국 학생들은 수능의 영어영역을 잘 보기 위해 영어 단어를 많이 외웁니다. 하지만, 수능의 언어영역(국어) 준비를 위해 한국어 단어를 외우지는 않죠. 그런데 미국 고등학생들은 SAT 영어 시험 준비를 위해 영어 단어를 외웁니다. 2016년에 SAT 시험이 바뀌면서 단어의 비중이 많이 줄기는 했지만, 예전에는 SAT 학원에 가면 매일 영어 단어를 20개씩 외우고 시험을 봤습니다. 원어민들이 왜 영어 단어를 외워야 할까요? 그 이유는 영어에는 비슷한 뜻을 가진 단어가 많기 때문입니다.

예를 들어, '믿을 수 없는'이라는 뜻으로 unbelievable과 incredible 이라는 두 개의 단어가 있습니다. '질문하다'라는 뜻의 동사는 ask, question, interrogate처럼 세 개나 있죠.

영어는 그 어떤 언어보다 많은 어휘 수를 가지고 있습니다. 독일어 보다 2배가 넘고 프랑스어보다는 3배가 넘죠.[99] 영어의 어휘 수가 폭발 적으로 증가한 이유는 여러 가지가 있지만, 가장 중요한 첫 번째 이유 는 노르만정복 사건입니다. 1066년에 영국은 노르만족인 윌리엄 1세 (William the Conqueror)에 의해 정복 당하는데, 이것이 중요한 이유는 노 르만족이 프랑스의 노르망디 지방에서 온 사람들이기 때문입니다.

노르만정복 이후 영국은 왕족과 귀족들은 프랑스어를 사용하고, 농 민들은 영어를 사용하는 나라가 됩니다. 바야흐로, 한 나라에서 두 언 어가 공존하는 시대가 온 것이죠. 동물을 지칭하는 ox(소), sheep(양), pig(돼지)와 각각의 고기를 지칭하는 beef, mutton, pork가 다른 이유 도 바로 여기에 있습니다.

	소	양	돼지
영어 = 동물	ox	sheep	pig
프랑스어 = 고기	beef	mutton	pork

고기를 지칭하는 단어는 모두 프랑스어인 boeuf, mouton, porc에

서 유래하였습니다.[100] 프랑스어에서는 이 단어들이 동물도 지칭합니다. 그런데 노르만 왕족·귀족들이 beef, mutton, pork라는 단어를 사용할 때는 모두 식용 고기를 지칭했으므로, 영어에서 이 단어들은 고기만 지칭하는 단어가 된 것입니다. 영어에서 프랑스 단어를 빼면 영어를할 수 없다고 할 정도이니, 프랑스어에서 유래한 영어 단어가 얼마나 많은지를 짐작할 수 있습니다.

영국에서 왕족과 귀족들이 프랑스어를 사용한 기간은 300년이 넘습니다. 왕족·귀족들이 다시 영어를 사용하기 시작한 이유는 여러 가지가 있겠지만, 그중 가장 중요한 사건은 백 년 전쟁(Hundred Years' War)이라고 할 수 있습니다. 1337년에 시작하여 1453년에 끝난 프랑스와의기나긴 전쟁이었죠.

이 전쟁은 1066년에 영국에 노르만왕조가 성립됨으로써 발생한 필연적인 전쟁입니다. 영국의 노르만왕조가 프랑스 내부에 영토를 소유하고 있었고, 1328년에 프랑스의 왕이 남자 후계자 없이 사망하자, 영국 왕인 에드워드 3세가 자신이 프랑스의 왕이 되어야 한다고 주장하면서 전쟁이 시작되었습니다. 프랑스와 100년 넘게 전쟁하니 영국에민족주의가 뿌리를 내리기 시작했고, 영국의 정체성을 위해 왕궁에서도 영어가 사용되기 시작했으며, 마침내 1485년에는 영어만 사용하는튜더왕조(Tudor Dynasty)가 세워집니다.[101]

원어민들은
왜 영어 단어를 외울까?

영어의 어휘 수가 폭발적으로 증가한 두 번째 이유는 학자들이 학술 저서를 영어로 쓰면서 라틴어와 그리스어 사용을 시작했기 때문입니다. 영국에 인쇄기가 처음 도입된 해는 1475년입니다. 그 후 1640년까지 55,000여 권의 책이 출간되는데,[102] 셰익스피어 작품을 비롯한 많은 책이 영어로도 출간되었습니다.

그런데 영어는 어떤 언어였죠? 불과 200년 전까지만 해도 농민들만 사용하는 언어였습니다. 이런 언어로 학술서를 저술한다는 것은 불가능하겠죠. 그래서 이때 scientific(과학의), hypothesis(가설), illustrate(예증하다), dichotomy(양분), category(범주)처럼 라틴어와 그리스어에서 유래한 학문적인 단어들이 영어에 들어오게 됩니다. 이런 현학적인 용어를 inkhorn term이라고 하는데, 저자들이 사용하던

미국의 과거 · 현재 · 미래

'inkhorn(뿔로 만든 잉크 그릇)에서 나온 단어'라는 뜻입니다.

따라서 영어에는 농민들이 사용하는 영어 단어, 왕족·귀족들이 사용하던 프랑스어 단어, 학술서적에 사용되는 라틴어·그리스어 단어가 공존하는 경우가 흔합니다. 예를 들어, ask는 고대영어, question은 프랑스어, interrogate는 라틴어에서 유래하였는데, 모두 '질문하다'라는 뜻의 동사입니다. 하지만 아래 예문처럼 조금씩 다른 의미로 사용되죠.

① Why don't you ask him?
   네가 그에게 물어보는 게 어때?

② Are you questioning my authority?
   제 권위를 의심하는 것인가요?

③ Am I being interrogated right now?
   저 지금 심문 받고 있는 것인가요?

위 세 문장에 쓰인 각각의 동사를 다른 동사로 대체하면 의미가 불명확해집니다. ask, question, interrogate의 기본적인 의미는 같지만 쓰임이 다르기 때문이죠. 하나의 언어에서 의미와 쓰임이 똑같은 동의어는 존재하지 않습니다. '샐러드'와 '사라다'의 차이점을 보면 알 수 있죠. 샐러드와 사라다는 모두 영어 단어 salad에서 유래하였습니다. 따라서 의미는 같다고 할 수 있습니다. 단지 샐러드는 한국식 발음이고 사라다는 일본식 발음이죠. 한컴 사전에서도 '사라다'의 의미는 '샐러드'

로 나옵니다. 하지만 사라다와 샐러드는 엄연히 다른 음식을 지칭합니다. 사과와 땅콩을 마요네즈로 버무린 것을 샐러드라고 하지 않고, 싱싱한 채소에 드레싱을 뿌린 것을 사라다라고 하지는 않죠.

1661년에는 로버트 보일(Robert Boyle, 1627-1691년)이 〈회의적 화학자(The Sceptical Chymist)〉라는 학술 저서를 영어로 출간하는데, 이건 정말 충격적인 사건이 아닐 수 없습니다. 보일은 '보일의 법칙(Boyle's law, 온도와 기체의 양이 변하지 않으면, 압력은 부피에 반비례함)'으로 잘 알려져 있죠. 1600년대에는 모든 유럽의 대학에서 라틴어가 공용어로 사용되었습니다. 그런데 학술서를 라틴어가 아닌 영어로 출간한다는 것은 영어를 모르는 학자는 영어를 배워서 읽든지 아니면 보지 말라는 뜻이죠.

1687년에 출간된 아이작 뉴턴(Issac Newton, 1642-1727년)의 〈자연철학의 수학적 원리(Philosophiæ Naturalis Principia Mathematica)〉는 영어가 아닌 라틴어로 쓰여 있습니다. 제목이 너무 길어서 주로 '프린키피아(Principia)'로 불립니다. 이 책이 만약 영어로 쓰였다면 '프린씨플즈(Principles)'로 불리겠죠. (principia는 principium의 복수형입니다.)

혹시 '하늬가람'이 무슨 뜻인지 아시나요? '서강(西江)'의 옛말입니다. '하늬'가 '서쪽', '가람'이 '강'이라는 뜻이죠. 서강대학교에서 홍보대사를 '하늬가람'이라고 해서 저도 알게 되었습니다. 만약 우리도 일상대화

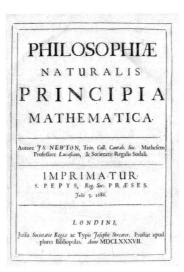

자연 철학의 수학적 원리(출처: 위키피디아)

에서는 '하늬'와 '가람', 학술서적에서는 '서쪽'과 '강'을 사용했다면, 우리나라 학생들도 수능의 언어영역(국어)을 준비할 때 한국어 단어를 많이 외워야 할 것입니다. 미국 고등학생들이 SAT 준비를 위해 영어 단어를 외우는 것처럼 말이죠.

노르만 왕족은
닭고기를 먹지 않았다?

beef(소고기), pork(돼지고기)와 달리 chicken은 닭과 닭고기를 모두 가리킵니다. 그럼 동물과 고기를 어떻게 구분할까요?

① **I like chicken, but I don't like duck.**
나는 닭고기는 좋아하는데, 오리고기는 좋아하지 않아.

①에서 눈여겨봐야 할 것은 chicken과 duck 앞에 관사가 없다는 것입니다. 관사가 없다는 것은 셀 수 없는 명사라는 뜻입니다. 원어민들이 고기는 bread(빵), rice(밥)처럼 셀 수 없는 명사로 생각한다는 것이죠. 반면에, 동물은 셀 수 있는 명사입니다. 그래서 동물을 지칭할 때는 아래 ②처럼 복수형을 사용합니다. 만약 ①에서 복수형 chickens와 ducks를 썼다면 동물을 좋아한다는 뜻이 되죠.

미국의 과거 · 현재 · 미래

② **I like cats more than dogs.**
나는 개보다 고양이를 더 좋아해.

만약 ②에서 cat과 dog으로 말하며 어떻게 될까요? 고양이고기와 개고기를 좋아한다는 뜻이 되는데, 애초에 그런 말을 하는 사람이 없기 때문에 원어민들은 저절로 cats와 dogs로 알아들을 것입니다. 고기라는 뜻을 명확하게 하려면 ③처럼 meat을 사용할 수 있습니다.

③ **South Korea's President Moon says it's time to consider a ban on eating dog meat.**[103]
대한민국의 문 대통령은 식용 개고기 금지를 고려할 때라고 말했다.

프랑스어에서 '식용 닭, 영계'를 뜻하는 단어는 poulet입니다. 영어에서는 '영계'를 pullet이라고 하는데, 프랑스어 poulet에서 유래한 단어이죠. 갓 태어난 닭은 chick, 태어난 지 6개월 정도 지나 달걀을 낳기 시작하는 어린 암탉을 pullet이라고 합니다. 그런데 '(어린) 닭고기'를 pullet이라고 하지는 않습니다. '송아지 고기'는 veal, '어린 양고기'는 lamb이라고 쓰는데 말이죠.

왜 영어에는 닭고기만 뜻하는 단어가 없을까요? 논리적으로 생각해 보면 두 가지 가능성이 있습니다. 첫째는 노르만 왕족이 닭고기를 먹지 않았다는 것이고, 둘째는 영국 농민들이 닭고기를 먹지 않았다는 것이죠. 우선 확실한 것은 1066년 이전 영국에서는 닭고기와 돼지고기를 잘 먹지 않았다는 것입니다. 주로 소고기, 양고기, 염소고기를 먹었죠.[104] 1066년 이후에나 노르만족의 영향을 받아서 닭고기와 돼지고기를 먹기 시작했는데, 노르만족은 특히 돼지고기를 좋아했다고 합니다.

노르만 왕족 또는 영국 농민들이 닭고기를 잘 먹지 않았을 가능성은 초기 르네상스 시대의 이탈리아 식문화에서도 엿볼 수 있습니다. 물론 시대도 400년 후이고 영국과 직접적인 관련은 없는 나라지만, 이탈리아에서는 많은 지식인이 식용 동물에 계층이 있다고 생각했습니다. 물고기가 가장 천하고, 육지 동물의 고기는 중간, 그리고 하늘을 날아다니는 새들의 고기는 고귀하다고 믿었죠.

새 중에는 물에 사는 오리와 거위 고기가 가장 낮고, 닭고기는 중간, 그리고 나는 새의 고기가 가장 높았죠. 그래서 메디치(Medici)가의 연회에서 소고기는 지방에서 온 친척들에게 대접하고, 닭고기는 귀한 손님들에게 대접했다고 합니다.[105] 만약 노르만 왕족도 귀한 손님이 왔을 때만 닭고기를 먹었다면, 이렇게 고귀한 동물을 영국 농민들이 자주 먹을 수는 없었겠죠. 저는 이런 주장이 충분히 설득력이 있다고 생각하는데, 어떻게 생각하시나요? 왜 영어에는 beef와 pork처럼 닭고기를 지칭하는 단어가 따로 없는지를 이해하려고 많은 문헌을 찾아보았지만, 아직 만족할 만한 답을 찾지 못했습니다.

미국의 과거 · 현재 · 미래

원어민도 이해 못 하는
영어라니?

영어는 영국의 언어입니다. 당연한 얘기 같은데, 미국 초등학생 중에는 다른 나라인 영국에서 영어를 사용한다는 사실에 놀라는 학생들도 있습니다. 영국을 England라고 하는 이유는 '앵글족의 땅(the land of the Angles)'이라는 뜻이기 때문입니다. 그럼 앵글족은 누구였을까요?

43년부터 영국 제도(the British Isles)를 지배하던 로마군은 410년에 로마가 서고트족(Visigoth)의 침략을 받자, 로마를 지키기 위해 영국 제도에서 철수합니다. 그 틈을 타 449년에 게르만족인 주트족(Jutes), 앵글족(Angles), 색슨족(Saxons)이 영국 제도를 침략하죠. 7세기부터는 이들을 모두 앵글족으로 불렀고, England라는 명칭이 생겼습니다.[106]

앵글족이 영국 제도를 침략한 449년부터 노르만정복이 발생한

1066년까지 영국에서 사용되었던 언어를 고대영어라고 합니다. 고대영어의 가장 유명한 작품은 작자 미상(未詳)의 〈베어울프(Beowulf)〉입니다. 베어울프라는 젊은 무사가 괴물 그렌델(Grendel)을 죽이고 왕이 되어 평온하게 살고 있었는데, 어떤 멍청한 놈이 용이 지키던 보물을 훔쳤고, 노인이 된 베어울프가 이를 복수하려는 용과 싸우다가 나라를 구하고 장렬히 전사한다는 내용의 서사시입니다.

고대영어의 가장 큰 특징은 현대인이 전혀 알아들을 수 없다는 것입니다. 고대영어를 전공하는 교수들도 정확히 이해하지 못합니다. 〈베어울프〉의 첫 단어는 Hwæt인데, 보통은 Listen이라고 번역합니다. 하지만 최근까지도 이 단어가 무슨 뜻인지에 대한 논문이 나오고 있습니다.[107] 그만큼 고대영어를 이해하는 것이 어렵다는 얘기죠.

1066년, 영국은 노르만족인 윌리엄 1세에 의해 정복당하고, 그 이후 왕족·귀족들은 프랑스어를 사용하고 농민들은 영어를 사용하는 나라가 됩니다. 1066년부터 대략 1500년까지 영국에서 사용된 언어를 중세영어라고 합니다. 중세영어가 사용되던 시대에 가장 유명한 작가는 '영문학의 아버지'라고 불리는 제프리 초서(Geoffrey Chaucer)입니다. 초서가 태어난 해는 정확하지 않은데, 보통 1342년 또는 1343년에 태어났을 것으로 추측합니다. 그의 가장 유명한 작품은 〈캔터베리 이야기(The Canterbury Tales)〉죠. 초서가 1387년부터 이 작품을 쓰기 시작했는

<캔터베리 이야기>의 한 장면(출처: 위키피디아)

데, 1400년에 사망하면서 미완성으로 남게 되었습니다.

캔터베리는 영국의 남동부에 있는 켄트주의 도시입니다. 이곳에 대성당(Canterbury Cathedral)이 하나 있는데, 이곳은 성 토머스 베켓(St. Thomas Becket, 1118-1170년)의 묘를 순례하는 곳으로 유명했습니다. 캔터베리의 대주교였던 베켓은 왕권보다 교권을 중요시하여 헨리 2세와 갈등이 있었고, 결국 1170년에 4명의 기사에 의해 대성당 안에서 살해 당하고 맙니다.[108] 〈캔터베리 이야기〉는 이 대성당에 가는 길에 한 여관에 모인 31명의 순례자가 각자의 이야기를 하는 내용을 담고 있습니다.

〈캔터베리 이야기〉를 읽어 보면 중세영어가 고대영어보다는 현대영어와 좀 더 비슷하지만, 여전히 일반 원어민은 이해할 수 없는 언어라는 것을 금방 알 수 있습니다. "어떻게 원어민이 영어를 이해 못 하지?"라고 생각할 수 있겠지만, 사실 우리도 이 시기에 쓰인 한국어를 해설서 없이는 이해할 수 없습니다. 1447년에 간행된 한글로 엮은 최초의 책인 〈용비어천가〉를 읽고 이해할 수 있는 일반인은 없죠.

중세영어 이후의 영어는 초기 현대영어와 현대영어로 나뉩니다. 초기 현대영어는 1500년에서 1700년 사이에 사용된 영어를 지칭하고,[109] 이 시대를 대표하는 작가는 윌리엄 셰익스피어(William Shakespeare, 1564-1616년)입니다. 영어의 역사를 표로 정리하면 다음과 같습니다.

고대영어 (Old English)	중세영어 (Middle English)	초기 현대영어 (Early Modern English)
450 - 1100년	1100 - 1500년	1500 - 1700년
<베어울프(Beowulf)>	초서(Chaucer)	셰익스피어(Shakespeare)

Early Modern English는
'초기 현대영어'인가, '초기 근대영어'인가?

영어 사전에서는 modern을 '현대의, 근대의'로 정의합니다. 따라서 셰익스피어가 사용했던 Early Modern English는 '초기 현대영어' 또는 '초기 근대영어'로 번역될 수 있습니다. 다른 교수님들의 강의나 저서를 보면 '초기 근대영어'가 주로 사용된다는 것을 알 수 있습니다. 하지만 저는 '초기 현대영어'를 선호합니다. 이유는 간단하죠. Early Modern English를 '초기 근대영어'라고 하면 현재 사용되는 Modern English는 '근대영어'로 번역하는 것이 논리적인데, Modern English는 모두 '현대영어'라고 하기 때문입니다.

Early Modern English를 '초기 근대영어'로 번역하는 교수님들은 국어학에서 '근대국어'와 '현대국어'를 구분하는 것처럼, 영어에서도 '근대영어'와 '현대영어'가 구분되어야 한다고 생각하는 것 같습니다.

표준국어대사전은 근대국어와 현대국어를 각각 아래와 같이 정의 내립니다.

- 근대 국어(近代國語): 국어를 시대적으로 구분하였을 때에, 17세기 초부터 19세기 말까지의 국어. 중세 국어의 문법 체계와 음운 체계가 많이 바뀌었다.[110]
- 현대 국어(現代國語): 국어사 시대 구분 단위의 하나. 대체로 갑오개혁 이후부터 현재까지 쓰고 있는 국어를 이른다.[111]

갑오개혁 전후로 근대국어와 현대국어가 구분되는데, 갑오개혁은 조선 말기 고종 때 1894년부터 1896년 사이에 추진되었던 근대화 개혁 운동입니다. 중세국어와 고대국어는 표준국어대사전에 다음과 같이 정의되어 있습니다.

- 중세 국어(中世國語): 고려가 건립된 10세기 초부터 임진왜란이 발생한 16세기 말까지의 국어. 이 시기의 국어는 성조가 있었고, 어두 자음군이 존재하였으며, 동사 어간끼리의 결합이 비교적 자유로웠다.[112]
- 고대 국어(古代國語): 국어를 시대 구분하였을 때에 가장 이른 시기의 언어. 고려 이전의 언어를 이른다.[113]

국어와 영어를 시대적으로 구분해서 비교한 것을 표로 정리하면 다음과 같습니다.

미국의 과거 · 현재 · 미래

고대국어 (918년 고려 건국 이전)	중세국어 (10세기 초~16세기 말)	근대국어 (17세기 초~19세기 말)	현대국어
Old English (1066년 노르만정복 이전)	Middle English (11세기 말~15세기 말)	Early Modern English (16세기 초~17세기 말)	Modern English

이 표를 보면 근대국어와 Early Modern English의 순서가 같다는 것을 알 수 있습니다. 따라서 영어의 역사를 국어학의 관점에서 본다면 Early Modern English를 '근대영어'라고 번역할 수 있습니다. 그리고 Modern English를 아래와 같이 Late Modern English와 Present-Day English로 세분화하면 초기 근대영어, 후기 근대영어, 현대영어가 모두 성립되죠.[114]

고대영어	중세영어	초기 근대영어	후기 근대영어	현대영어
Old English	Middle English (11세기 말~15세기 말)	Early Modern English (16세기 초~17세기 말)	Late Modern English (18세기 초~19세기 말)	Present-Day English

영어의 역사는 위와 같이 구분하는 것이 가장 논리적이지만, 후기 근대영어를 따로 설정하지 않는 학자가 더 많은 것 같습니다. 현대영어와 따로 분리할 만큼 후기 근대영어에서는 큰 변화가 나타나지 않기 때문입니다. 여러분을 어떤 것을 선호하시나요? 학생들은 물론 간단한 것을 선호합니다.

a dream come true는
현대영어가 아니라고?

①은 걸그룹 에스파(aespa)의 노래 'Dreams Come True(꿈은 이루어
진다)'에 나오는 가사입니다. 이 노래는 제가 학창 시절 유명했던 걸그룹
S.E.S의 원곡을 재해석해서 부른 것입니다.

① **Funny how all dreams come true.**
모든 꿈이 이루어진다는 것이 재밌어.

①에서 how는 종속접속사 that의 의미로 쓰였습니다. 따라서 '~하
는 방법'으로 해석되지 않고 '~하는 것'으로 해석되죠. 일상 대화에서
자주 사용되는 표현입니다. ②는 영국 가수 아델(Adele)의 2015년 앨범
에 수록된 노래 'When We Were Young(우리가 어렸을 때)'에 나오는 가
사입니다.

② You're like a dream come true.
당신은 꿈이 이루어진 것과 같습니다.

그런데 like a dream come true는 문법적으로 좀 이상하지 않나요? come의 품사가 뭘까요? a dream come true를 네이버 사전에서 찾으면 다음과 같은 정의와 예문이 나옵니다.[115]

1. 드디어 실현된 꿈; 실현된 희망이나 꿈
To me this is like a dream come true.
내게는 이게 꿈이 실현된 것 같은데 말이에요.
Having you for a friend is a dream come true.
당신이 친구라니, 꿈이 진짜가 된 거예요.

come이 과거분사(come-came-come)로 사용되었다면 앞에 that is가 생략되었다는 뜻이고, that is가 생략되었다면 수동태로 사용된 것인데, come은 자동사라서 수동태로 사용될 수 없습니다. 의미상으로는 현재 완료가 사용된 a dream (that has) come true가 맞는데, that has를 생략하는 것은 문법적으로 불가능하죠. a dream come true는 도저히 현대 영문법으로는 설명할 수 없는 구문입니다. 이 풀리지 않는 수수께끼의 해답은 셰익스피어에서 찾을 수 있습니다.

③ Mistress Page is come with me.
페이지 부인이 저와 함께 왔습니다.

③은 〈윈저의 즐거운 아낙네들(The Merry Wives of Windsor)〉이라는 셰익스피어 희극에 나오는 문장인데 has come 대신 is come이 사용되었습니다. 영어에는 원래 have 완료형과 be 완료형이 있었습니다. 전자는 타동사와 후자는 자동사와 사용되었죠.[116] 따라서, a dream come true를 셰익스피어 시대 영어로 분석하면 a dream <u>that is</u> come true(실현된 꿈)가 됩니다. that is를 생략하는 것은 현대 영문법에서도 허용되는 것이죠. ④는 1611년에 출간된 〈킹제임스성서〉의 마태복음 27장 1절 말씀인데, 여기서도 come은 be 완료형으로 사용되었습니다.

④ When the morning <u>was come</u>, all the chief priests and elders of the people took counsel against Jesus to put him to death:
새벽에 모든 대제사장과 백성의 장로들이 예수를 죽이려고 함께 의논하고

⑤는 빅토리아 시대의 유명 여성 시인인 크리스티나 로세티(Christina Rossetti, 1830-1894년)의 시 '생일(A Birthday)'의 마지막 문장입니다.

⑤ Because the birthday of my life <u>is come</u>, my love <u>is come</u> to me.
내 인생의 생일이 왔기 때문에 내 사랑이 나에게 왔습니다.

1800년대에도 is come이 사용된 것을 보면 1900년대에 이르러야 모든 동사가 have 완료형을 취한 것 같습니다. 셰익스피어의 작품들은

미국의 과거 · 현재 · 미래

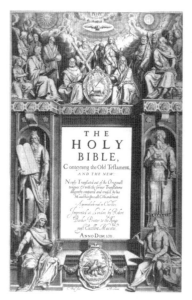
킹제임스 성서(출처: 위키피디아)

400여 년 전에 쓰였기 때문에 현대영어와 문법도 좀 다르고 발음도 다릅니다. 저는 셰익스피어 작품을 즐겨 읽지는 않지만, 영문법을 가르치는 저에게 셰익스피어의 작품은 보물창고와 다름없습니다. a dream come true처럼 현대 영문법으로는 이해되지 않는 구문이 셰익스피어의 희곡에 사용된 언어를 통해 이해될 수 있기 때문입니다.

셰익스피어는
초서를 이해할 수 있었을까?

셰익스피어의 4대 비극 중 하나인 〈햄릿(Hamlet)〉의 유명한 독백 "To be, or not to be, that is the question(죽느냐 사느냐, 그것이 문제로다)"에서도 알 수 있듯이, 셰익스피어의 영어는 현대인들이 많이 알아들을 수 있습니다. 하지만, 중세영어 시대의 작품인 〈캔터베리 이야기〉에서 현대인들이 이해할 수 있는 문장을 찾는 것은 거의 불가능합니다. 관사, 접속사, 전치사, 대명사와 같은 기능어는 현대영어와 같은 것이 많지만, 다른 단어들은 거의 알아볼 수 없기 때문이죠.[117] 그럼 셰익스피어는 초서의 〈캔터베리 이야기〉를 이해할 수 있었을까요?

이 질문의 답은 논리적으로 풀어볼 수 있습니다. 현대인들이 셰익스피어의 영어는 이해하지만 초서의 영어는 이해할 수 없다는 것은, 셰익스피어도 현대영어는 이해할 수 있지만, 초서의 영어는 이해할 수 없을 가능성이 크다는 것입니다. 여기서 재밌는 것은 셰익스피어의 영어와 현대영어는 400년 이상 차이가 나지만, 셰익스피어와 초서는 불과 200년밖에 차이가 나지 않는다는 것입니다. 어떻게 400년이 지난 셰익스피어는 지금 이해가 되는데, 셰익스피어는 200년 전 영어를 이해하지 못했을까요?

물론 셰익스피어가 정말 초서를 이해하지 못했는지는 이런 논리를 통해서 알 수 없습니다. 언어가 달랐던 것은 맞지만, 셰익스피어가 영국 문학의 아버지인 초서의 작품을 이해할 수 없었다고 믿는 학자들은 많지 않습니다. 확실한 것은, 1600년대 영국인들은 200년 전의 초서를 이해하지 못했고, 200년 후에는 후손들이 셰익스피어도 이해하지 못할 수 있다는 불안감이 들기 시작했습니다.

튜더왕조의 마지막 왕인 엘리자베스 1세의 재위 기간(1558-1603년)은 영어의 황금기라고도 합니다. 셰익스피어가 바로 이 시대의 인물입니다. 그런데, 영어 황금기의 대작들을 불과 200년 후에 아무도 이해하지 못하게 된다면 큰일이 아닐 수 없습니다. 그럼 어떻게 해야 200년 후, 아니 400년 후에도 셰익스피어가 이해될 수 있을까요? 영어가 변하지 않게 고정해야겠죠.

프랑스에서는 1635년에 프랑스어의 순수성을 유지하기 위해 학술

윌리엄 셰익스피어

원(the French Academy)이 설립되었습니다. 영국에서도 영어 황금기의 언어를 보전하기 위해 비슷한 기관을 설립하려는 움직임이 있었지만, 번번이 실패하고 말았죠.[118] 사실 국립 기관에서 규범 문법을 적용하여 언어를 관리하는 것에는 한계가 있습니다. 국립국어원이 결국은 '자장면'과 '짜장면'을 복수 표준어로 인정하고, '효과'의 표준 발음을 [효ː과] 와 [효ː꽈] 모두 인정한 예를 보면 잘 알 수 있습니다.

언어는 항상 변하기 마련이므로 언어를 고정할 수는 없지만, 급변 하는 것은 막을 수 있습니다. 이를 위해 꼭 필요한 것이 사전입니다. 단

미국의 과거 · 현재 · 미래

어의 의미도 중요하지만 스펠링이 쓰는 사람마다 바뀌면 결국은 이해할 수 없는 단어가 되는 경우가 많기 때문이죠. 영어의 첫 번째 사전은 1604년에 출간된 〈알파벳 순서로 된 목록(A Table Alphabeticall)〉입니다. 제목에서 알 수 있듯이, 사전이기보다는 단어를 나열한 목록에 가깝습니다. 표제어(headword) 수도 2,543개밖에 되지 않았죠. 그런데 놀라운 사실은 이 책의 원제가 83개의 단어로 이뤄져 있다는 것입니다. A Table Alphabeticall은 책 제목의 첫 세 단어입니다. 제가 본 책 제목 중 가장 긴 제목이죠.

영어의 진정한 사전은 1755년이 돼서야 나옵니다. 새뮤얼 존슨(Samuel Johnson, 1709-1784년)이 편찬한 〈영어의 사전(A Dictionary of the English Language)〉이죠. 42,773개 단어의 정의와 어원, 그리고 각 단어의 인용문이 수록되어 있습니다. 셰익스피어가 1616년에 세상을 떠났으니 사망한 지 100년이 훌쩍 넘어 영어 사전이 출간된 것입니다. 영어 사전이 1500년에만 출간되었더라도, 셰익스피어 시대 사람들이 초서를 이해하지 못하는 불상사는 막을 수 있지 않았을까요?

셰익스피어는
가짜 작가였을까?

초기 현대영어 시대에 가장 유명한 작가는 셰익스피어입니다. 아니, 역사상 가장 유명한 영국인 작가이죠. 너무 유명해서 그냥 the Bard라고 불립니다. bard는 '시인'이라는 뜻의 보통명사인데, 앞에 정관사를 붙이고 대명사로 시작하였으니 the Bard는 '바로 그, 가장 유명한, 가장 훌륭한 시인'이라는 뜻이 됩니다. 한국어로는 '시성(詩聖, 시의 성인)'으로 번역될 수 있습니다. 그리스의 시성은 호머, 로마의 시성은 버질, 영국의 시성은 셰익스피어가 되는 것이죠.

〈셰익스피어는 가짜인가?: 음모론 시대의 원저자 논쟁〉, 서강대 영문과 셰익스피어 전공인 김태원 교수가 쓴 책의 제목입니다. 1998년 아카데미 시상식 작품상은 〈셰익스피어 인 러브(Shakespeare in Love)〉가 받았는데, 이 영화에서 여주인공이 셰익스피어에게 아래와 같이 질문

미국의 과거 · 현재 · 미래

을 합니다. 이 질문은 "작가로서의 셰익스피어의 정체성을 묻고 있는" 중요한 질문이라고 합니다.[119]

Are you the writer of the plays of Shakespeare?
당신이 셰익스피어 희곡들의 저자인가요?

저도 이 영화를 봤지만, 이 대사에 이렇게 깊은 뜻이 있는지 몰랐습니다. 이 영화가 셰익스피어는 가짜라는 음모론에 근거한 영화라는 것도 몰랐죠. 셰익스피어 작품에 관한 원저자 논란이 있었다는 것을 어렴풋이 알고 있었지만, 그 논쟁이 얼마나 체계적이고 역사가 깊은지는 상상도 못 했습니다. 〈톰 소여의 모험(The Adventures of Tom Sawyer)〉과 〈허클베리 핀의 모험(The Adventures of Huckleberry Finn)〉의 저자로 유명한 미국 소설가 마크 트웨인(Mark Twain, 1835-1910년)도 셰익스피어가 가짜라고 믿었다니,[120] 정말 충격이 아닐 수 없었습니다.

그런데 무슨 근거로 셰익스피어는 가짜라는 주장을 하는 것일까요? 여러 가지가 있지만 가장 흥미로운 주장은 셰익스피어가 대학 교육도 받지 못하고 문법학교(grammar school)만 졸업했기 때문에 그런 훌륭한 희곡들을 쓸 능력이 없었다는 주장입니다. 그래서 나온 진짜 저자 후보 중 한 명이 크리스토퍼 말로(Christopher Marlowe, 1564-1593년)입니다. 말로는 당대 셰익스피어보다 더 유명했던 극작가였고, 케임브리지 대학에서 교육도 받았기 때문이죠. 공교롭게도 말로와 셰익스피어는 동갑이고, 둘은 영화 〈셰익스피어 인 러브〉에서도 친구로 나옵니다.

영국의 문법학교는 16세기부터 시작되었는데, 라틴어 문법이 교육 과정의 중심이어서 문법학교라고 불립니다.[121] 셰익스피어는 문법학 교에서 버질을 라틴어 원어로 공부하고, 친구들과도 라틴어로 얘기해 야 했을 것이라고 합니다.[122] 영국에는 아직도 문법학교가 있습니다. 1940년대부터는 대학에 진학하려는 학생들을 위한 중등학교 역할을 했는데, 현재는 숫자가 많이 줄어서 총 3,000개가 넘는 공립 중등학교 중에서 약 160개 정도만 문법학교라고 합니다.[123]

다음은 셰익스피어와 동시대 극작가인 벤 존슨(Ben Jonson, 1572-1637 년)이 그의 시에서 셰익스피어를 묘사할 때 사용한 문구입니다. 문법학교 밖에 다니지 못한 셰익스피어를 폄하할 때 자주 사용되는 인용구이죠.

small Latin and less Greek
적은 라틴어와 더 적은 그리스어

그런데 존슨이 이 짧고 강렬한 문구를 사용한 진짜 이유는 셰익스피 어가 라틴어와 그리스어를 능숙하게 사용한 것을 찬양하기 위해서라고 합니다. 이 인용구가 포함된 문장에는 가정법이 사용되었는데, 전체 문 장을 인용하지 않고 위 문구만 인용해서 존슨의 의도와 반대로 해석한 것이라고 하네요.[124]

미국의 과거 · 현재 · 미래

우리는 모두
사기를 당했다

말로가 셰익스피어 희곡들의 원저자라는 주장은 전혀 근거 없는 얘기는 아닌가 봅니다. 세계적으로 인정받는 〈옥스퍼드 셰익스피어 (The Oxford Shakespeare)〉의 2016년 판에서는 말로를 〈헨리 6세 삼부 작(Henry VI: Part 1, 2, and 3)〉의 공저자로 인정했습니다.[125] 그런데 말로가 모든 셰익스피어 희곡의 원저자라는 주장에는 큰 문제가 있습니다. 말로는 29세에 술집에서 싸움하다가 살해를 당하기 때문입니다. 말로가 죽은 후에도 30여 편의 셰익스피어 희곡이 나오는데, 이 작품들은 어떻게 설명할 수 있을까요? 뭐 어렵지 않습니다. 말로의 죽음은 위장된 것이고 평생 숨어서 이 희곡들을 쓴 것이라고 주장하면 되죠.

이런 터무니없어 보이는 주장의 속내에는 셰익스피어 신격화에 대한 저항이 깔려 있다고 합니다.[126] 셰익스피어를 신처럼 숭배하는 것을 영어로는 bardolatry라고 합니다. bardolatry는 bard(시인)와 -latry가 합쳐진 단어인데, -latry는 '숭배(worship)'라는 뜻의 그리스어에서 유래한 접미사입니다. (셰익스피어를 the Bard라고 부른다는 것은 앞에서 설명하였습니다.) 같은 접미사를 포함하는 단어로는 idolatry(우상 숭배)가 있습니다.

셰익스피어 원저자 논쟁이 끊이지 않는 가장 큰 이유는 그에 관한 정확한 기록이 거의 없기 때문입니다. 셰익스피어의 신격화에 일조한 사실 중 하나는 그의 생일과 사망한 날이 같다는 것입니다. 그가 1616년 4월 23일에 사망한 기록은 확인할 수 있지만, 1564년 4월 23일에 태어났다는 기록은 어디에도 없다고 합니다. 확인할 수 있는 기록은 셰익스피어가 4월 26일에 세례를 받았다는 것인데, 당시에는 탄생 3일 후에 세례를 받는 전통이 있어서 그의 생일을 4월 23일로 정한 것이라고 합니다.[127] 심지어 그가 문법학교에 다닌 기록도 전무하다고 합니다.[128]

셰익스피어가 제대로 된 교육을 받지 못했다는 증거로 거론되는 것 중 하나는 현재까지 발견된 그의 서명 6개의 철자가 모두 다르다는 것입니다. 하지만 셰익스피어 옹호자들은 초기 현대영어에서는 철자법이 표준화되지 않아서 케임브리지 대학 교육을 받은 말로의 서명도 철자가 조금씩 다르다는 것을 지적합니다.[129] 그런데 바꿔 생각해 보면 이거야말로 말로가 진짜 셰익스피어였다는 증거가 아닐까요?

We've all been played.

우리는 모두 사기를 당했다.

한국에서 〈위대한 비밀〉이라는 제목으로 개봉한 영화의 예고편에 나오는 문장입니다. 셰익스피어 작품의 원저자는 제17대 옥스퍼드 백작인 에드워드 드 비어(Edward de Vere, 1550-1604년)라는 '비밀'을 알려주는 영화입니다. to play는 '연극을 공연하다'라는 뜻도 있고, '속이다, 사기 치다'라는 뜻도 있습니다. 이 영화의 원제는 〈Anonymous(익명의)〉입니다. 그런데 옥스퍼드 백작이 진짜 셰익스피어라는 주장보다 더 충격적인 주장이 있습니다. 그가 사실은 엘리자베스 1세의 숨겨 놓은 아들이라는 것이죠.[130] 정말 영화로 만들어질 법한 음모론입니다.

셰익스피어 원저자 논쟁에 관한 사실들을 알게 되면서 저는 이런 생각이 들었습니다. "셰익스피어가 가짜라면 영국은 왜 이런 사기극을 꾸몄을까?" 이탈리아의 시성인 단테(Dante, 1265-1321년)와 버금가는 시인을 원했던 것일까요? 르네상스 문학의 시작을 알린 단테의 〈신곡(The Divine Comedy)〉과 같은 대작은 불가능하니, 수십 편의 명작을 한 시인의 작품으로 만들어 단테와 겨루려던 것일까요? 다음은 영화 〈위대한 비밀〉의 포스터에 있는 문장입니다. 여러분은 어떻게 생각하시나요?

Was Shakespeare a Fraud?

셰익스피어는 사기였을까?

가장 유명한 영국 귀족은
누구일까?

　　백작은 영국 귀족(peerage)의 작위(爵位) 중 하나입니다. 가장 높은 작위는 공작이고 가장 낮은 작위는 남작입니다. 영국 귀족은 아래와 같이 다섯 계급으로 나뉘죠. 남성과 여성을 지칭하는 영어가 따로 있고, 발음에 유의해야 할 단어 옆에는 발음기호를 적었습니다.

영국 귀족 계급	남성	여성
공작(公爵)	Duke	Duchess /ˈdʌtʃɪs/
후작(侯爵)	Marquess /ˈmɑrkwɪs/	Marchioness /ˈmɑrʃənɪs/
백작(伯爵)	Earl	Countess
자작(子爵)	Viscount /ˈvaɪˌkaʊnt/	Viscountess
남작(男爵)	Baron	Baroness

　　백작이 원래는 영국에서 가장 오래되고 높은 작위였는데, 1337년

미국의 과거 · 현재 · 미래

에 공작이 새로 생기면서 공작이 가장 높은 작위가 되었습니다.[131] 현재 영국에는 대략 20~30여 명의 공작이 있고, 왕자가 결혼하면 보통 공작 작위를 받습니다. 후작은 1385년, 남작은 1387년, 그리고 자작은 1440년에 차례로 추가되었습니다.[132]

영국의 첫 번째 후작은 셰익스피어 작품의 원저자로 거론되는 제17대 옥스퍼드 백작의 조상인 제9대 옥스퍼드 백작 로버트 드 비어입니다. 1385년에 더블린 후작(Marquess of Dublin)의 작위를 받았다고 합니다.[133] 후작은 원래 '국경 또는 경계 지역을 다스리는 백작'이라는 뜻이죠.

미국에서는 state(주, 州) 바로 밑의 행정 단위를 county(군, 郡)라고 하는데, county는 원래 '백작의 영지(領地)'를 뜻하는 단어입니다. 예를 들어, Los Angeles와 그 주위의 작은 도시들을 합친 행정 단위를 LA County라고 합니다. 공작이 다스리는 영지는 duchy, 자작의 영지는 viscounty, 남작의 영지는 barony라고 합니다. 후작의 영지는 march 라고 하는데, march는 국경에 있고 county는 도시 쪽에 있어서 중요한 국방의 의무를 책임져야 하는 후작이 백작보다 높은 대우를 받은 것이라고 합니다.

세계적으로 가장 유명한 백작은 아마도 드라큘라 백작일 것입니다. 드라큘라 백작은 1897년에 출판된 아일랜드 작가 브람 스토커

(Bram Stoker)의 소설 〈드라큘라(Dracula)〉에 등장하는 흡혈귀입니다. 2012년부터 2022년까지 총 4편의 애니메이션 영화를 탄생시킨 〈몬스터 호텔〉 시리즈에도 드라큘라가 나오죠. 이 시리즈의 원제는 〈Hotel Transylvania〉입니다. 드라큘라 백작이 인간들에 의해 아내를 잃고 루마니아 중부에 있는 트란실바니아에 괴물들을 위한 큰 호텔을 짓고 홀로 딸을 키우며 살아간다는 배경에서 이야기가 전개되는 영화입니다. 혹시 드라큘라 백작의 성에 직접 가 보고 싶다면 트란실바니아에 있는 브란성(Bran Castle)에 가면 됩니다. 그런데 스토커도 브란성에 직접 가 보지는 않고 다른 책에 있는 삽화를 보고 묘사한 것이라고 하네요.[134]

드라큘라 백작을 영어로는 Count Dracula라고 합니다. 드라큘라 백작이 Earl이 아닌 이유는 드라큘라는 영국 귀족이 아니기 때문입니다. 특이한 것은 영어에서도 백작의 여성형은 Countess라는 것입니다. 그럼 Earl에 -ess를 붙이면 될 텐데 왜 그렇게 하지 않을까요? 아마도 Earless는 ear에 -less를 더한 것처럼 보여서 '귀가 없는'이라는 뜻으로 해석될 가능성이 있어서인 것 같습니다.

백작 바로 아래인 남작은 Count 앞에 Vis-를 붙인 것인데, Vis-는 Vice(부, 대리)와 같은 의미를 가진 접두사입니다. 그래서 Vice President는 부통령, Viceroy는 '왕(roy)의 대리'라는 뜻을 가진 식민지의 총독을 가리키죠. 따라서 Viscount는 '부백작'이라는 뜻인데, Vice

와 달리 Vis-에서는 s가 발음되지 않는다는 것에 유의해야 합니다.

영국 귀족 중 가장 유명한 사람은 아마도 제2대 그레이 백작 찰스 그레이(Charles Grey, 1764-1845년)일 것입니다. 영국인들이 오후에 즐겨 마시는 얼그레이 차가 그의 이름에서 유래하였기 때문입니다. 왜 그레이 백작의 이름이 홍차의 이름으로 쓰이게 되었는지는 정확한 기록이 없다고 합니다. 제가 처음 마셔 본 홍차도 얼그레이였습니다. UC버클리 대학 정문 앞으로 나 있는 텔레그래프(Telegraph)라는 길의 작은 카페에서 움베르토라는 친구와 조별 과제를 논의하기 위해 만나서 처음 마셔 봤죠. 꿀과 우유와 함께. 워낙 맛이 독특해서 아직도 잊히지 않습니다.

일을 하면
신사가 아니라고?

귀족 계급 아래에는 신사 계급(gentry)이 있습니다. 신사 계급은 다음과 같이 네 계급으로 나뉩니다.[135]

영국 신사 계급	
준남작(準男爵)	Baronet
기사(騎士)	Knight
향사(鄕士)	Esquire
신사(紳士)	Gentleman

귀족을 영어로는 aristocracy 또는 nobility라고 하는데 전자는 그리스어, 후자는 라틴어에서 유래하였습니다. peerage는 프랑스어에서 유래하였죠. 세 단어가 모두 뜻은 비슷한데 aristocracy가 가장 광범위하게 사용됩니다.[136] 그다음은 nobility입니다. 신사 계급은 the lesser

미국의 과거 · 현재 · 미래

nobility(하급 귀족)라고도 하죠.[137] 반면에 peerage는 '귀족의 공식 기구 (the formal body of aristocracy)'를 지칭하는 단어입니다.[138]

신사 계급은 원래 기사, 향사, 신사로 나뉘었는데, 1611년부터 제임스 1세가 재정 확충을 위해 기사보다 높은 준남작 작위를 팔기 시작했다고 합니다.[139] 따라서 지위는 준남작보다 낮지만, 신사 계급의 꽃은 기사입니다. 기사도 정신(chivalry)으로 무장한 용맹한 기사의 이야기는 수많은 로맨스 소설의 주제가 되었죠.

향사는 기사의 하인이었습니다. 세상에서 가장 유명한 기사와 향사는 돈키호테(Don Quixote)와 산초 판사(Sancho Panza)입니다. 스페인의 소설가 미겔 데 세르반테스(Miguel de Cervantes, 1547-1616년)의 작품에 등장하는 인물들이죠. 세르반테스는 1616년 4월 23일, 셰익스피어와 같은 날에 사망한 것으로도 유명합니다.

신사 계급에 속한 사람들은 모두 토지를 소유한 부유 계층이었습니다. 토지를 소유하는 것도 중요하지만, 신사가 되려면 일을 하지 않는 것이 중요합니다. 토지를 소유하더라도 직접 농사를 지으면 농민 (yeoman)이 되기 때문이죠. 이런 개념의 gentleman은 '신사'보다는 '양반'이 더 적합한 해석인 것 같습니다. 18세기가 돼서는 변호사, 의사, 성직자와 같이 토지를 소유하지 않고 도시에 사는 전문직 종자사들도

gentleman으로 불리게 됩니다.[140] 우리가 아는 '신사'의 뜻으로 사용되기 시작한 것이죠.

준남작은 나머지 셋의 신사 계급과 큰 차이점이 있습니다. 귀족 계급처럼 세습될 수 있다는 것이죠. 1818년에 출간된 제인 오스틴(Jane Austen, 1775-1817년)의 유작 소설인 〈설득(Persuasion)〉은 다음 문장으로 시작합니다. 당시 영국인들이 얼마나 혈통을 중시했는지를 재치 있게 보여주는 문장입니다.

> **Sir Walter Elliot, of Kellynch Hall, in Somersetshire, was a man who, for his own amusement, never took up any book but the Baronetage.**
> 서머싯주에 있는 켈린치 홀의 주인 월터 엘리엇 경은 자신의 즐거움을 위해 준남작 계보 외에는 어떤 책도 읽지 않았다.

위 문장을 통해 오스틴은 엘리엇 경이 시대착오적인 인물임을 암시한다고 합니다.[141] 가문의 족보만 들여다보는 것은 르네상스 시대 영국의 문장원(the College of Arms)에서나 하던 일이라고 합니다. 문장(紋章)은 '국가나 단체 또는 집안 따위를 나타내기 위하여 사용하는 상징적인 표지(標識)'를 뜻하는 말인데,[142] 전투에 나갈 때 귀족들이 들고 나가는 깃발에 문장이 그려져 있죠. 신사 계급은 '귀족 계급 아래이며 문장을 지닐 수 있는 권리를 가진 집안(all families beneath the peerage which had a specific right to bear such arms)'으로 정의할 수도 있습니다.[143]

미국의 과거 · 현재 · 미래

‘문장’을 영어로는 a coat of arms 또는 단순히 arms라고 합니다. arms는 원래 복수명사로 ‘무기’라는 뜻이죠. 영국 선술집(pub) 이름에는 Arms가 자주 들어가는데, 이 Arms도 문장을 뜻합니다. 2022년 7월, 영국은 363년 만에 여름 기온 공식 관측이 시작된 이래 처음으로 40도가 넘었습니다. 학회 참석차 영국에 있었던 저는 폭염을 뚫고 영국에서 가장 오래된 옥스퍼드 대학 앞에 있는 가장 오래된 선술집에 가 보았습니다. 이 선술집의 이름은 The King's Arms. 고풍적인 건물을 기대했던 저는 순간 당황했습니다. 건물이 분홍색이더군요. 정말 옥스퍼드에서 가장 오래된 선술집인지 의구심이 들었습니다.

마지막 르네상스 맨은
20세기 인물이었다?

르네상스는 '부활(rebirth)'이라는 뜻의 라틴어에서 유래한 단어입니다. 영어에서 사용하는 단어는 프랑스어에서 차용했기 때문에, 프랑스어 Renaissance와 철자가 같습니다. 서로마 제국이 멸망한 476년부터는 학문과 예술의 암흑시대(중세시대)가 시작되었습니다. 그리고 14세기 말부터는 고대 그리스·로마 문화를 부활시키려는 움직임이 있었는데 이 시기를 르네상스라고 하죠.

르네상스 시대에서 가장 유명한 사람은 이탈리아의 레오나르도 다 빈치(Leonardo da Vinci, 1452-1519년)입니다. 다 빈치를 아예 '르네상스 맨'이라고 하죠. 다 빈치는 '모나리자(Mona Lisa)'와 '최후의 만찬(The Last Supper)'을 그린 화가로 유명하지만, 수학자, 과학자, 공학자로도 존경받는 천재적인 인물이었습니다. 그래서 '르네상스 맨'은 다 빈치처럼 다방면으로 우수한 사람을 뜻하죠. 케임브리지 대학의 장하준 교수에 의하면 마지막 르네상스 맨은 2001년에 세상을 떠난 허버트 사이먼이라는 노벨 경제학자라고 합니다.

Herbert Simon, the winner of the 1978 Nobel Prize in economics, was arguable the last Renaissance man on earth. He started out as a political scientist and moved on to the study of public administration, writing the classic book in the field, Administrative Behaviour. Throwing in a couple of papers in physics along the way, he moved into the study of organizational behavior, business administration, economics, cognitive psychology and artificial intelligence (AI). If anyone understood how people think and organize themselves, it was Simon.[144]

1978년 노벨 경제학상을 수상한 허버트 사이먼은 지구상에서 마지막 르네상스 맨이라고 할 수 있다. 그는 정치 과학자로 시작하여 행정학 연구로 이동하여 해당 분야의 고전 책인 〈경영행동〉을 집필했다. 그 과정에서 물리학에 관한 두 편의 논문을 쓰고 조직 행동, 기업 행정, 경제학, 인지 심리학 및 인공 지능(AI)으로 옮겨 갔다. 사람들이 어떻게 생각하고 조직하는지를 이해하는 사람이 있다면 그것은 바로 사이먼이다.

그런데, 장하준 교수는 왜 르네상스 맨이 더는 나올 수 없다고 생각할까요? 앞으로 어떤 천재가 태어날지 아무도 모르는데 말이죠. 어떤 천재가 태어날지 모르는 것도 맞지만, 르네상스 맨이 더는 나올 수 없다는 주장도 타당한 주장입니다. 현대에 르네상스 맨이 되는 것이 불가능한 이유는 17, 18세기에 계몽주의를 거치면서 과학이 눈부시게 발달하

레오나르도 다 빈치

였고, 모든 학문이 세분되었기 때문입니다.

단적인 예로, 지금은 같은 언어학 박사라도 통사론 전공자는 음운론을 가르치지 못하고, 음운론 전공자는 의미론을 가르치지 못하는 시대입니다. 이렇게 학문이 세분된 시대에 르네상스 맨이 나오는 것은 불가능하죠. 다 빈치를 르네상스 맨이라고 부르는 이유는 다 빈치가 보여준 다방면의 천재성 때문이기도 하지만, 역설적으로 르네상스 시대에는 학문의 깊이가 없었다는 것을 방증합니다.

영국의 르네상스 시대는 이탈리아보다 늦습니다. 셰익스피어가 영

미국의 과거 · 현재 · 미래

국의 르네상스 시대 작가인데, 이탈리아에서는 단테를 르네상스 작가로 보니, 거의 3세기가량 늦은 것입니다. 영국의 또 다른 유명한 르네상스 시대 작가는 존 밀턴(John Milton, 1608-1674년)입니다. 〈실낙원(Paradise Lost)〉의 작가로 유명하지만, 영국 국교회에 반대하는 청교도로서 종교 개혁에 크게 이바지한 인물이기도 합니다.

밀턴은 코페르니쿠스의 지동설을 옹호해서 피렌체에서 가택연금 중이던 갈릴레이(Galilei, 1564-1642년)와도 만나서 우주관에 대해 논의했다고 합니다.[145] 르네상스 작가인 밀턴과 계몽주의의 바탕이 된 '과학혁명(the Scientific Revolution)'을 주도한 갈릴레이의 만남. 밀턴이 타임머신을 타고 미래로 간 것 같지만, 영국의 르네상스가 이탈리아보다 몇 세기 늦기 때문에 가능한 역사적인 만남입니다. 아래는 고전 고대부터 계몽주의에 이르는 각 시대를 표로 정리한 것입니다.

고전 고대 Classical Antiquity	중세시대 the Medieval Period	르네상스 the Renaissance	계몽주의 the Enlightenment
기원전 8세기~ 서기 5세기	5세기~15세기	15세기~17세기	17세기~18세기

영국인들이 홍차를 마셔서
미국이 독립했다고?

1773년, 인디언 복장을 한 미국 식민지 상인들이 동인도회사(the British East India Company) 소속 배에 있는 차 상자 342개를 보스턴 항구에 던져 버립니다. 미국 독립전쟁의 기폭제가 된 '보스턴 차 사건(the Boston Tea Party)', 영국의 세금 징수에 반발해 미국 식민지 상인들이 벌인 사건입니다. 요즘 미국인들은 주로 커피를 마시지만, 18세기에 신대륙으로 이주한 영국인들은 주로 차를 마셨습니다. 17세기부터 시작된 영국인들의 차에 대한 사랑이 미국 독립에 기여한 것이죠.

그런데 이 사건의 명칭에 왜 '파티(party)'라는 단어가 사용되었을까요? 차로 잔치를 연 것도 아니고 뭘 기념하려고 모인 것도 아닌데 말이죠. party는 '파티' 외에 '정당'을 뜻하기도 하고, '단체'를 뜻하기도 합니다. 레스토랑에 가면 "몇 명이신가요?"라는 뜻으로 "How many are

보스턴 차 사건

in your party?"라고 물어보는 것처럼, 'Boston Tea Party'에서도 party는 '단체'라는 뜻으로 쓰인 것입니다.[146] 인디언 복장을 하고 차 상자를 바다에 던져 버린 상인들을 지칭하는 단어로 사용된 것이죠. 그래서 이 사건의 정확한 번역은 '보스턴 차 단체'가 됩니다.

영국에는 오후 3~4시에 스콘, 마카롱 또는 작은 샌드위치처럼 간단히 손으로 집어 먹을 수 있는 음식과 함께 차를 마시는 전통이 있습니다. '오후의 차(afternoon tea)'라고 하죠. 영국인들이 마시는 차는 보통 홍차(紅茶)입니다. 그런데 홍차를 영어로는 black tea라고 합니다. 녹차(綠

茶)는 green tea라고 하죠. 홍차는 확실히 붉은색이 나는데 왜 영어에서는 '검은 차'라고 할까요? 정말 유럽인들에게는 홍차가 검게 보이는 것일까요?

홍차를 black tea라고 하는 이유는 산화된 찻잎의 색깔이 검기 때문입니다. 녹차와 홍차의 차이점은 찻잎의 산화 과정 유무라고 합니다. 깎아 놓은 사과가 갈색으로 변하는 이유가 산화 작용 때문이죠. 마찬가지로 찻잎을 따서 놓아 두면 산화 작용 때문에 색이 변합니다. 하지만 찻잎을 증기에 바로 찌면 산화 작용이 발생하지 않아 색이 변하지 않습니다. 이렇게 산화 작용 방지를 위해 찻잎을 증기에 찌면 녹차가 되고, 찻잎에 열을 가하거나 해서 산화 공정을 거치면 홍차가 되는 것이죠. 이런 공정의 차이로 인해 홍차는 녹차보다 카페인이 많고 더 오랜 기간 맛이 변하지 않고 보관될 수 있다고 합니다.

세계적으로 유명한 중국 고유의 차 중 하나는 우롱차(oolong tea)입니다. 찻잎을 적당히 산화시켜서 만든 차라서 녹차보다는 진하지만 홍차보다는 약한 차입니다. 기본적으로 카페인도 녹차보다는 많지만, 홍차보다는 적고 우려내는 시간도 녹차보다 1분 정도 길게, 홍차보다는 1분 정도 짧게 하는 것이 좋습니다. 전통적으로 중국인들은 녹차와 우롱차를 마셨습니다.[147] 홍차는 중국에서 발명되었지만, 유럽 수출용이었죠.

중국어로 '우롱(wūlóng)'은 '검은(烏) 용(龍)'이라는 뜻입니다. 한국식 발음으로는 '오룡'이 되죠. 이 차 이름이 왜 '검은 용'인지 여러 가지 가설이 있지만 그중 하나는 산화된 찻잎이 검은 용처럼 보이기 때문입니다. 그럼 녹차는 찻잎이 녹색이라서 녹차라고 하는 걸까요? 아니면 차의 빛깔이 녹색이라서 녹차라고 하는 걸까요? '우롱차'가 찻잎의 색깔이 검은색이라서 지어진 이름이라면 '녹차'도 찻잎의 색깔이 녹색이라서 지어진 이름 아닐까요?

Chapter 6:

미국과 신대륙

신대륙에 살던 원주민을
왜 인도인이라고 부를까?

1492년 10월 12일, 10주 전 스페인에서 서쪽으로 항해를 시작한 크리스토퍼 콜럼버스(Christopher Columbus, 1451-1506년)는 마침내 신대륙을 발견합니다. 그런데, 콜럼버스는 자기가 발견한 곳이 신대륙이라는 것을 몰랐습니다. 동인도 제도(the East Indies)라고 믿었죠. 이곳을 지금은 서인도 제도(the West Indies)라고 하는데, 콜럼버스가 동인도라고 착각한 데서 유래한 이름입니다. 서인도 제도는 카리브해 제도(the Caribbean)라고도 합니다. 우리에게는 영화 〈캐리비안의 해적(Pirates of the Caribbean)〉으로 친숙한 단어 Caribbean은 명사 Carib(카리브)의 형용사형이죠.

북미 원주민을 Indian(인도인, 인디언)이라고 하는 이유도 콜럼버스가 신대륙을 인도라고 착각했기 때문입니다. 요즘에는 Indian은 인도 사람을 가리킬 때 사용하고, 신대륙에 살던 원주민은 Native American 이라고 합니다. 한 사람의 착각으로 전혀 관계가 없는 신대륙의 원주민 과 인도 사람들이 똑같은 단어로 불리게 된 것입니다. 인도와는 전혀 관 계가 없는 섬들도 서인도 제도로 불리게 되었죠.

미국 연방정부의 행정수도는 Washington D.C.인데 D.C.는 the District of Columbia(컬럼비아 특별구)의 약자입니다. 그런데 왜 미국 의 수도를 Washington D.C.라고 할까요? Washington은 미국 초 대 대통령인 조지 워싱턴(George Washington, 1732-1799년)을 뜻합니다. Columbia는 미국의 별명인데, 이 단어는 Columbus의 여성형입니다. 콜럼버스는 신대륙을 발견한 훌륭한 탐험가로 칭송을 받지만, 사실은 고집이 무척 세고 어리석은 면도 있었습니다. 죽을 때까지 자신이 발견 한 곳이 인도라고 믿었죠. 결국은 신대륙의 명칭도 이탈리아의 다른 탐 험가인 아메리고 베스푸치(Amerigo Vespucci, 1451-1512년)에게 빼앗깁니 다. America는 Amerigo의 여성형입니다.

1453년, 콘스탄티노플이 오스만 제국에 멸망하고 아시아로 가는 육 로인 비단길이 막힙니다. 그러자, 유럽 국가들은 아시아로 가는 바닷 길을 찾아 나섰고, 포르투갈이 1488년에 아프리카 남단의 희망봉(the Cape of Good Hope)을 돌아 아시아로 가는 해로를 개척하였죠.

1492년 스페인의 여왕인 이사벨라 1세(Isabella I, 1451-1504년)에게 원조를 받기 전, 콜럼버스는 포르투갈의 왕에게 먼저 도움을 요청했습니다. 아시아는 서쪽으로 약 5,680킬로 떨어져 있고, 대략 5주 만에 대서양을 가로질러 아시아에 도착할 수 있다고 포르투갈의 왕에게 설명하였죠. 물론 터무니없는 얘기였습니다. 포르투갈의 학자들은 이미 잘 알고 있었습니다. 콜럼버스의 주장보다 아시아가 최소 3배 이상 멀리 떨어져 있다는 것을.

이탈리아 제노바 출신에 교육도 제대로 받지 못한 평민 콜럼버스는 호기심이 많아 독학으로 많은 책을 읽었다고 합니다. 서쪽으로 항해를 시작해 5주 만에 아시아에 도착할 수 있다는 주장도 독학에서 나온 것이죠. 포르투갈의 귀족 학자들에게 자신의 주장이 터무니없는 소리라는 놀림을 받았을 때, 콜럼버스가 자신의 무지를 깨닫고 공부나 더 열심히 해야겠다고 생각했다면 그는 신대륙을 발견할 수 없었을 것입니다.

2005년 미국 스탠퍼드 대학의 졸업식에서 스티브 잡스(Steve Jobs)는 자신이 어렸을 때 즐겨 읽던 잡지인 〈전 지구 일람표(The Whole Earth Catalog)〉의 마지막 호에 실린 문구로 졸업 축하 연설을 마칩니다.

Stay hungry. Stay foolish.
굶주리고 어리석은 상태로 머무르라.

크리스토퍼 콜럼버스

불굴의 의지로 결국은 스페인 여왕의 후원을 받았지만, 자신이 예상했던 5주가 지나, 6주, 7주, 8주, 9주가 될 때까지 육지를 발견하지 못했을 때 콜럼버스가 느꼈던 좌절감은 어땠을까요? 식량은 떨어지고, 선원들이 언제 반란을 일으킬지 모르는 불안감에 하루하루 피폐해져 가는 모습이 눈에 선합니다. 박식한 포르투갈 귀족의 말을 듣지 않았던 무지한 자신을 원망도 했겠죠. 그러나 결국은 무지하고 무모했던 콜럼버스가 아무도 몰랐던 신대륙을 발견하게 됩니다. 이런 기적은 정말 어리석지만, 끝까지 포기하지 않는 사람에게만 일어나는 것 같습니다.

신대륙 원주민들에게 필요했던 것은
KF94 마스크

콜럼버스가 신대륙을 발견한 날은 원주민들에게는 재앙의 시작이었습니다. 그 후 500년이 조금 넘은 현재 신대륙에서 원주민의 문화는 찾아보기 어렵고, 공식적으로 사용되는 언어는 모두 유럽 정복자들의 언어입니다. 그런데, 두 달 이상 망망대해를 가로질러 가야 도착할 수 있는 곳을 유럽인들은 어떻게 정복할 수 있었을까요?

바다 건너 있는 남의 땅을 정복하는 일은 결코 쉬운 일이 아닙니다. 영국과 프랑스를 나누는 좁고 긴 바다 영국 해협(the English Channel)은 사람이 헤엄쳐 건널 수 있을 정도로 좁은 곳이 있습니다. 가장 넓은 곳은 240km 정도 되지만 가장 좁은 곳인 도버 해협(the Strait of Dover)은 30km 정도밖에 되지 않죠. 이곳을 1875년에 처음으로 영국에서 프랑스로 22시간을 수영해서 건너간 사람이 있다고 합니다.[148]

이런 좁은 바다 때문에 천하의 시저도 영국을 정복하지 못했습니다. 시저는 기원전 44년에 죽고, 그 후 80년이 지나서야 로마가 영국을 지배하게 되죠. 스페인 무적함대(the Spanish Armada)도 1588년에 영국 정복을 위해 도버 해협 건너편 프랑스의 항구 도시인 칼레(Calais)에 집결하였지만, 결국 이 좁은 해협을 건너지 못하고 영국 함대에 패전하고 맙니다. 이 사건으로 영국 엘리자베스 여왕의 왕권이 더욱 강화되었고, 영국은 해상무역권을 장악하게 됩니다.

30km 정도의 바다를 건너 남의 땅을 정복하기도 쉽지 않은데 6,000km가 넘는 대서양을 가로질러 신대륙을 정복하는 것은 정말 쉬운 일이 아니겠죠. 유럽인들에게는 총이 있어서 신대륙을 정복할 수 있었다고 생각할 수 있는데, 정말 총과 무기만으로 그 많은 사람과 싸워서 이길 수 있었을까요? 1492년 8월 3일, 콜럼버스는 90명의 선원을 세 척의 범선(帆船)에 나눠 태우고 항해를 시작했다고 합니다. 한자어인 '범선'이라고 하니 뭐 좀 좋은 배를 타고 간 것 같은데, 범선을 우리말로 하면 돛단배입니다. '범(帆)'이 돛이라는 뜻이죠. 세 척의 배 중 콜럼버스가 탄 산타 마리아호가 가장 컸다고 하는데, 이마저도 테니스장 정도의 크기였다고 합니다. 테니스장 크기의 배 한 척과 그보다 작은 배 두 척에 과연 얼마나 많은 무기와 화약을 실을 수 있었을까요?

물론, 콜럼버스는 신대륙을 발견했지만 정복한 것은 아니므로 콜럼

미국의 과거 · 현재 · 미래

버스가 얼마만큼의 무기를 가지고 신대륙에 다다랐는지는 중요하지 않습니다. 하지만 대륙을 정복할 수 있는 만큼의 무기를 배에 싣고 대서양을 건너는 것은 절대 불가능하다는 것을 짐작해 볼 수는 있죠. 미국 UCLA 대학의 지리학 교수 재러드 다이아몬드(Jared Diamond)는 1997년에 출판된 그의 저서 〈총, 균, 쇠(Guns, Germs, and Steel)〉에서 이렇게 설명합니다. 유럽인들의 총과 강철 무기로 인해 죽임을 당한 원주민보다 유럽인들의 세균에 의해 죽임을 당한 원주민이 훨씬 많다고.[149]

콜럼버스가 신대륙을 발견하기 150년 전쯤 유럽에서는 공포 영화에서나 나올 법한 무시무시한 팬데믹이 유행하였습니다. 유럽 전체 인구의 절반가량이 이 병으로 목숨을 잃었고, 죽은 사람들의 얼굴과 손발이 검은색으로 변해 이 병을 흑사병(the Black Death)이라 불렸습니다. 흑사병을 우리말로는 페스트(pest), 영어로는 the Plague 또는 the Pestilence라고 합니다. pest, plague, pestilence 모두 '전염병'이라는 뜻이 있지만, pest는 주로 '해충'이라는 뜻으로 사용됩니다.

이런 엄청난 역병에서 생존한 유럽인들과 청정지역의 원주민들이 교류를 시작하였으니 결과는 불을 보듯 뻔합니다. 유럽인들이 총을 꺼내 들기도 전에 숨을 한 번 내쉬면 주위에 있는 원주민들이 그냥 쓰러졌다고 합니다. 세균으로 신대륙을 정복한 것이죠. 1620년, 영국 플리머스에서 종교의 자유를 찾아 메이플라워호를 타고 신대륙으로 향한 영

신대륙을 발견한 콜럼버스 일행

국의 청교도인들은 2개월이 넘는 험난한 여정 끝에 현재 미국의 매사
추세츠주에 상륙합니다. 이때는 이미 그곳의 원주민들이 다양한 전염
병으로 목숨을 잃고 난 후였습니다. 정확한 기록은 없지만 적게는 원주
민 인구의 3분의 1, 많게는 90%까지 전염병으로 목숨을 잃었다고 합니
다.[150] 만약 원주민들이 KF94 마스크를 쓰고 있었다면 어땠을까요? 유
럽인들의 신대륙 정복은 불가능했을지도 모릅니다.

미국의 과거 · 현재 · 미래

'캔자스'는 영어,
'아칸소'는 프랑스 발음이라고?

1999년 영화 〈매트릭스(The Matrix)〉에서 사이퍼(Cypher)는 빨간 알약을 먹고 곧 매트릭스로부터 깨어나려는 네오(Neo)에게 다음과 같이 말합니다.

It means buckle your seatbelt, Dorothy, 'cause Kansas is going bye-bye.
안전벨트를 매라는 뜻이야, 도로시, 캔자스주와 작별하기 때문이지.

캔자스는 미국 중부에 있는 주입니다. 미국 지도를 보면 가장 가운데에 있죠. 위 문장에서 캔자스는 '익숙하고 편안한 곳'을 뜻합니다. 1939년 영화 〈오즈의 마법사(The Wizard of Oz)〉에서 도로시는 강아지 토토와 함께 회오리바람에 휩쓸려 오즈라는 신비한 곳에 도착한 뒤 다음과 같은 말을 합니다.

Toto, I've a feeling we're not in Kansas anymore.
토토, 우리가 더는 캔자스주에 있는 게 아니라는 느낌이 들어.

캔자스(Kansas)는 이 지역에 살고 있던 원주민 부족인 캔자(the Kansa tribe)에서 유래한 명칭입니다. 여기에서 유래한 주의 명칭이 하나 더 있는데, 캔자스 남동쪽에 위치한 아칸소(Arkansas)입니다.[151] 그런데 두 주 명칭의 발음이 다릅니다. Kansas[ˈkænzəs]에서는 마지막 s가 발음되는데, 왜 Arkansas[ˈɑrkənˌsɔ]에서는 발음이 안 될까요?

그 이유는 캔자스는 영어식 발음이고 아칸소는 프랑스어식 발음이기 때문입니다. 프랑스어에서는 기본적으로 마지막 자음을 발음하지 않죠. 그런데 왜 미국에서 프랑스어식 발음을 사용할까요? 이 질문에 관한 힌트는 다음 문장에서 찾을 수 있습니다. 이 문장으로 1992년 영화 〈라스트 모히칸(The Last of the Mohicans)〉이 시작하죠.

1757. The American Colonies. It is the 3rd year of the war between England and France for the possession of the continent.
1757년. 아메리카 식민지. 영국과 프랑스가 대륙을 차지하기 위해 벌인 전쟁의 3년째 해이다.

위 문장에서 '전쟁'은 1754년에 시작하여 1763년에 끝난 프렌치 인디언 전쟁(the French and Indian War)을 뜻합니다. 1776년에 미국 독립선언문이 공포되었으므로 아직 미국이 생기기 전 이야기입니다. 1534년

미국의 과거 · 현재 · 미래

에 시작된 신대륙의 프랑스 식민지(New France)는 이 전쟁을 끝으로 사라지게 됩니다.

프랑스 식민지보다 영토는 작았지만 1620년에 시작된 영국 식민지에는 훨씬 많은 정착민이 살고 있었습니다. 프랑스 영토에는 6만 명의 정착민이 살고 있었고, 영국 영토에는 2백만 명이 살고 있었죠.[152] 수의 열세를 극복하기 위해 프랑스인들은 원주민들(Indians)과 손을 잡았습니다. 그래서 프렌치 인디언 전쟁으로 불리게 된 것입니다. 그런데 영국과 유럽에서는 이 전쟁을 7년 전쟁(the Seven Years' War)이라고 합니다. 영국이 프랑스에 정식 선전포고를 한 1756년부터 전쟁이 시작되어 1763년에 끝이 났다고 해서 붙여진 명칭이죠.

Arkansas(아칸소)가 프랑스어식으로 발음되는 이유도 이 지역이 프랑스의 식민지였기 때문입니다. 아칸소주 북쪽에 있는 Illinois[ˌiləˈnɔi](일리노이주)에서도 마지막 s가 발음되지 않습니다. 아칸소주와 마찬가지로 일리노이주도 프랑스 식민지였기 때문이죠. 물론 프랑스 식민지에 있던 지명이 모두 프랑스어식으로 발음되는 것은 아닙니다. 자동차 공업 도시로 유명한 미시간주의 Detoit(디트로이트)와 메이저리그 야구팀으로 유명한 도시인 미주리주의 St. Louis(세인트 루이스)처럼 영어식으로 발음되기도 하고, 아칸소주의 주도인 Little Rock(리틀 록)처럼 프랑스어(La Petite Roche)를 아예 영어로 바꾸기도 하죠.

'라틴아메리카'는
무슨 뜻이지?

미대륙은 지역에 따라 북미(North America), 중미(Central America), 남미(South America)로 나누기도 하지만, 언어와 문화에 따라 앵글로아메리카(Anglo-America) 또는 라틴아메리카(Latin America)로 나누기도 합니다. 바하마 또는 쿠바와 같이 카리브해의 섬나라를 제외하면, 북미대륙에는 미국, 캐나다, 멕시코의 세 개 나라가 있습니다.

이 세 개의 나라가 1994년에 맺은 자유무역협정을 '북미자유무역협정(the North American Free Trade Agreement, NAFTA)'이라고 합니다. 미국 트럼프 대통령은 이 무역협정 때문에 인건비가 낮은 멕시코로 미국의 일자리를 빼앗긴다고 주장하였고, 그 결과 2020년에 '미국·멕시코·캐나다 협정(the U.S.-Mexico-Canada Agreement, USMCA)'이 북미자유무역협정을 대체합니다.

남미대륙에는 12개의 나라가 있는데 대표적인 나라로는 아르헨티나, 브라질, 칠레, 페루 등이 있습니다. 중미는 멕시코와 남미대륙 사이를 뜻합니다. 이곳에는 코스타리카, 과테말라, 파나마 등 7개의 나라가 있습니다. 지구는 7개의 대륙이 있습니다. 아시아, 유럽, 아프리카, 북아메리카, 남아메리카, 오스트레일리아와 남극. 따라서 북미와 남미는 대륙이지만, 중미는 대륙이 아니죠. 지구를 대륙으로 나누면 중미는 북아메리카로 분류됩니다.

북미의 세 나라, 중미의 일곱 나라, 남미의 열두 나라를 합치면 스물둘입니다. 섬나라들을 제외하고 최소 22개의 나라가 모두 아메리카에 있는 것이죠. 이 사실을 고려하면 다음 문장은 정말 비논리적입니다.

I am an American.
나는 아메리칸(미국인)이야.

미국에서 스페인어를 배울 때 교수님께서 그러시더군요. 미국인들은 아주 건방지다고. 아무 생각 없이 American을 '미국인'으로 받아들였던 제가 부끄러웠습니다. 스페인어 교수님은 멕시코인이셨습니다. 멕시코에서는 스페인어를 사용하죠. 중미와 남미의 거의 모든 나라는 스페인어를 사용하고, 브라질에서만 포르투갈어를 사용합니다. 스페인어와 포르투갈어는 모두 라틴어에서 유래한 언어입니다. '라틴아메리카'는 라틴어에서 유래한 이들 언어를 사용하는 국가를 뜻합니다. 따라서 멕시코는 라틴아메리카의 나라로 분류됩니다. 영어를 사용하는 미국과 캐나다는 '앵글로아메리카'라고 하죠.

미국 동부 보스턴시에서 차를 타고 북쪽으로 5시간 정도 가면 캐나다의 몬트리올시가 나옵니다. 여기서는 어떤 가게를 들어가도 모두 프랑스어로 말한다고 합니다. 몬트리올에는 영어를 모국어로 사용하는 사람보다 프랑스어를 모국어로 사용하는 사람들이 훨씬 더 많습니다. 몬트리올이 있는 퀘벡주의 공식 언어도 영어가 아니고 프랑스어죠. 이곳에 프랑스어를 모국어로 사용하는 사람이 많은 이유는 퀘벡주가 원래는 프랑스 식민지였기 때문입니다.

프랑스 식민지였던 아칸소주는 미국의 남부, 일리노이주는 미국의 중서부(the Midwest)에 있습니다. 그런데 좀 이상합니다. 일리노이주는 미국 중부에 있는 캔자스주의 동쪽에 있기 때문이죠. 그럼 미국 중동부에 있다고 해야 할 것 같은데, 왜 중서부에 있다고 할까요? 이런 비논리적인 명칭이 생긴 이유는 '중서부'가 미국의 서부 개척이 완성되기 전인 1800년대에 생긴 단어이기 때문입니다.

만약 영국이 프렌치 인디언 전쟁(1754-1763년)에서 패했더라면 어땠을까요? 영국 식민지가 없어지고 프랑스인들이 계속 이주해 왔겠죠. 그러면 아메리카 대륙을 앵글로아메리카와 라틴아메리카로 나눌 필요

라틴아메리카의 지도

가 없었을 것입니다. 프랑스어도 라틴어에서 유래한 언어이기 때문에 아메리카는 모두 라틴아메리카가 되는 것이죠. 참고로, 라틴어에서 유래한 언어들을 Romance languages(로망스어)라고 하는데, Romance는 중세시대에 사용되던 라틴어 구어체의 한 종류를 지칭하는 단어인 Romanicus에서 유래했습니다.[153]

구원과 행복 중
무엇을 추구하나요?

영국은 프렌치 인디언 전쟁(1754-1763년)에서 프랑스에게 승리를 거두지만, 재정에 어려움을 겪습니다. 전쟁에 든 비용을 회수하기 위해 영국은 아메리카 식민지 정착민들에게 과도한 세금을 부과하기 시작했습니다. 신대륙에서 전쟁을 했으니 신대륙에 사는 정착민들에게 비용 청구를 한다고 생각한 것이죠. 하지만 정착민들 생각은 달랐습니다. 영국군을 돕기 위해 자기 가족을 지키지 못한 사람도 있고, 의회에는 식민지 정착민들을 대변해 주는 의원도 없는데 왜 세금을 내야 하는지 이해할 수 없었죠. 결국은 13개의 식민지가 힘을 합쳐 영국에 대항해 독립전쟁 (the American Revolutionary War, 1775-1783년)을 시작합니다.

독립전쟁이 시작된 1775년 4월, 식민지에는 군대도 없었고, 각 지역에 민병대만 있었습니다. 독립전쟁이 처음 시작된 곳은 매사추세츠주

미국의 과거 · 현재 · 미래

의 렉싱턴과 콩코드라는 마을인데, 콩코드에는 독립전쟁을 기념하는 The Minute Man이라는 동상이 있습니다. 생업에 종사하다 1분 안(at a minute's notice)에 전투지로 출동하는 민병을 minuteman이라고 했기 때문입니다. 전쟁 시작 2개월 후에야 군대가 성립되고, 후에 미국 초대 대통령으로 추대되는 조지 워싱턴이 총사령관으로 임명됩니다.

전쟁이 한창이던 1776년 7월 4일, 미국 독립선언문이 공표됩니다. 미국에서는 이날을 독립기념일로 지정해 매년 7월 4일에 기념하죠. 미국 독립선언문에는 다음과 같은 문장이 있습니다.

> We hold these truths to be self-evident, that all men are created equal, that they are endowed by their Creator with certain unalienable Rights, that among these are Life, Liberty and the pursuit of Happiness.
> 우리는 다음과 같은 것들을 자명한 진리로 믿는 바, 즉 모든 사람은 평등하게 창조된다는 것, 그들은 창조주로부터 양도할 수 없는 일정한 권리를 부여받는다는 것, 그리고 이에는 삶, 자유 및 행복의 추구 등이 포함된다는 것.

여기서 눈여겨봐야 할 문구는 the pursuit of Happiness(행복의 추구)입니다. 인간이 행복을 추구할 권리가 있다는 것이 지금은 당연하지만, 이때까지만 해도 대부분의 유럽인은 구원(salvation)을 추구하고 살았습니다. 1700년대는 르네상스 시대를 거쳐 계몽주의 사상이 꽃을 피우던 시대인데, 이 사상을 바탕으로 건국된 최초의 나라가 미국이죠. 미국의 독립선언문은 계몽주의의 정치 사상을 잘 반영하고 있다는 평가를 받는데, 그 이유는 개인의 자유와 평등을 중요시하는 것은 물론이고 개인의 구원이 아닌 행복을 추구할 권리를 명시하고 있기 때문입니다.

전쟁 시작 8년 만에 미국은 독립혁명에 성공하고, 1789년, 워싱턴이 미국 초대 대통령으로 취임합니다. 같은 해, 미국인들에 고무된 프랑스인들은 프랑스 혁명을 감행합니다.[154] 그 해에 프랑스에서 공표된 〈인간과 시민의 권리선언(the Declaration of the Rights of Man and of the Citizen)〉도 미국 독립선언문의 영향을 많이 받았다고 합니다.

독립전쟁 초기, 수세에 몰렸던 미국을 도와준 나라는 프랑스였습니다. 프렌치 인디언 전쟁에서 영국에 패배한 것을 복수할 기회로 본 것이죠. 미국을 도와주며 발생한 재정적 부담은 결국 프랑스인들의 높은 세금으로 이어집니다. 사치스러운 생활을 일삼는 프랑스의 왕 루이 16세와 왕비 마리 앙투아네트에 대한 대중의 불만도 폭발 직전이었죠. 결국 루이 16세는 1793년 1월에 처형당하고, 마리 앙투아네트도 10월에 같은 종말을 맞이합니다. 앙투아네트는 빵이 없어 굶주리는 농민들이 많다는 얘기를 듣고 다음과 같은 말을 했다고 잘 알려져 있죠.

If they have no bread, let them eat cake.
빵이 없으면 케이크를 먹게 하라.

미국의 과거 · 현재 · 미래

바람과 함께
사라진 남부

1992년 영화 〈라스트 모히칸〉은 미국 독립의 단초를 제공한 프렌치 인디언 전쟁을 배경으로 합니다. 이 영화에서 영국인 배우 다니엘 데이 루이스(Daniel Day-Lewis)는 어려서 부모를 잃고 모히칸족의 추장에게 키워진 백인 주인공으로 등장합니다. 그리고 30년 후, 데이 루이스는 2012년 영화 〈링컨(Lincoln)〉에서 미국 16대 대통령 아브라함 링컨(1809-1865년)역을 맡아 다시 명연기를 펼칩니다. 〈링컨〉에서의 명연기로 데이 루이스는 전무후무한 미국 아카데미 시상식 남우주연상을 세 번째 수상하게 되죠.

링컨 대통령은 미국 독립전쟁(1775-1783년)을 승리로 이끈 초대 대통령 워싱턴과 함께 미국에서 가장 존경받는 대통령입니다. 그 이유는 링컨 대통령이 노예 문제로 인해 분단의 위기에 처한 미국을 구해냈기 때문입니다. 영화 〈링컨〉은 1865년 1월부터 링컨 대통령이 암살을 당하는 같은 해 4월까지 약 3개월 동안의 이야기를 담고 있습니다.

1865년 1월, 4년 가까이 지속된 남북전쟁(the American Civil War, 1861-1865년)에서 링컨이 이끄는 북부는 승리를 눈앞에 두고 있습니다. 그러나 링컨에게는 아직 큰 걱정거리가 남아 있습니다. 남북전쟁이 한창이던 1863년 1월 1일, 대통령 명령(executive order)으로 공포한 '노예 해방 선언(the Emancipation Proclamation)'이 전쟁 종료 후 법원에 의해 파기될지도 모르기 때문입니다.

이를 막기 위해서는 노예 제도를 법적으로 폐지하는 헌법 수정 제13조를 전쟁 종료 전까지 하원에서 통과시켜야 합니다. 전쟁 후 노예 제도를 찬성하는 남부의 주들이 반대하면 수정 헌법 제13조가 의회를 통과하지 못할 가능성이 있기 때문이죠. 상원에서는 전년도에 이미 통과되었습니다. 결국 링컨 대통령은 수정 헌법 제13조를 통과시켜 노예 제도를 폐지하는 데 성공하지만, 이에 대한 대가를 목숨으로 치르게 됩니다.

19세기 미국은 상공업이 발달한 북부와 대규모 농원이 발달한 남부로 나뉘었습니다. 따라서 남부에서는 대규모 농원을 운영하기 위해 노예가 꼭 필요했지만, 북부에서는 노예의 노동력에 의존할 필요가 상대적으로 적었습니다. 1860년, 노예 제도에 반대하는 링컨이 대통령에 당선되자, 남부의 주들은 미연방에서 탈퇴하기 시작했습니다. 1861년 2월, 남부의 7개 주는 미연방에서 탈퇴한 뒤 남부 연합(the Confederacy)이라는 나라를 세웁니다. 그리고 4월 남부 연합의 공격으로 미국의 운명을 결정할 남북전쟁이 시작됩니다.

미연방은 남부 연합을 나라로 인정하지 않았기 때문에 남부가 먼저 공격하지 않았더라도 북부 연방(the Union)이 남부 연합을 무력으로 해체하려고 했을 가능성도 있습니다. 하지만, 남부 연합이 먼저 공격한 사실로 미루어 볼 때 자신들이 전쟁에서 승리할 것이라고 믿었던 것 같습니다. 그러나 전쟁은 북부 연방의 승리로 끝나고 남부 연합의 많은 곳이 폐허가 되었습니다. 전쟁 대부분이 남부에서 벌어졌기 때문이죠.

antebellum은 '전쟁 전의'라는 뜻의 영어 단어입니다. 어떤 전쟁이건 관계없지만, 보통은 미국 남북전쟁 전을 지칭하죠. 그리고 이 단어는 아래 문장에서처럼 주로 South(남부)와 함께 사용됩니다.

The movie *Gone with the Wind* glorifies the antebellum South.
영화 〈바람과 함께 사라지다〉는 남북전쟁 전의 미국 남부를 미화한다.

치열했던 남부 연합과 북부 연방의 싸움은 1863년 7월 1일에서 3일까지 전개된 남북전쟁 최대의 격전인 게티즈버그 전투에서 북부 연방

남북 전쟁

이 승리를 거두며 북부 쪽으로 추가 기울기 시작했습니다. 링컨 대통령
이 노예 해방 선언을 공포한 지 6개월 만에 거둔 값진 승리였습니다. 남
북전쟁은 1865년 4월, 남부 연합의 총사령관인 로버트 리(Robert E. Lee)
장군이 북부 연방의 총사령관인 율리시스 그랜트(Ulysses S. Grant) 장군
에게 항복하면서 막을 내립니다.

미국의 과거 · 현재 · 미래

링컨을 대통령으로
만든 사건

2017년 3월 6일, TV 카메라 앞에서 한 백인 남성이 160년 전에 있었던 일에 대한 사과문을 발표합니다. 미국 대법원장이었던 고조할아버지가 흑인은 미국 시민으로 인정받지 못한다는 판결문을 작성했기 때문입니다. 1857년 당시 미국은 노예 제도가 합법이었던 남부(slave states)와 노예 제도가 불법이었던 북부(free states)로 나뉘었습니다. 그래서 남부의 흑인 노예들이 자유를 찾아 북부로 탈출하곤 했죠.

드레드 스콧(Dred Scott)이라는 한 노예는 주인을 따라 북부에 가서 살게 되었습니다. 그리고 그는 노예 제도가 불법인 북부에 살고 있으므로 자기는 더 이상 노예가 아니라 자유 시민이라고 주장하였죠. 하지만 미국 대법원은 노예이건 자유인이건 흑인은 절대 미국 시민으로 인정될 수 없다는 판결을 내립니다. 흑인 인권을 존중한 링컨은 이에 분노하여 대통령 선거에 출마하기로 합니다. 링컨은 1861년 3월 1일 제16대 미국 대통령으로 취임한 뒤, 1863년 1월 1일 '노예 해방 선언'을 공포하죠. 그런데 링컨은 왜 취임 후 거의 2년이나 지나 노예를 해방했을까요?

링컨이 당선되자, 남부 연합은 미연방에서 탈퇴를 선언하고 새로운 대통령을 선출합니다. 자연히 링컨의 최대 관심사는 남부의 탈퇴를 막는 것이었고, 이를 위해 노예 문제의 근본적인 대책을 고민하기 시작했습니다. 흑인들이 미국에 존재하는 한 남부와 북부의 갈등은 없어지지 않으리라 생각했기 때문이죠. 링컨 대통령이 처음 고안해 낸 대책은 좀 황당합니다. 미국의 모든 흑인을 중남미로 이주시키는 것이었죠.

1863년에 링컨이 노예를 해방하게 된 결정적인 계기 중 하나는 남북전쟁에서 북부가 수세에 몰렸기 때문입니다. 링컨 대통령의 노예 해방 선언으로 자유를 얻는 사람들은 모두 남부의 노예들입니다. 북부에는 노예가 불법이었기 때문이죠. 자유를 얻은 흑인들은 자신들을 노예로 만들었던 남부 백인들과 싸우기 위해 북부 연방군에 가입하기 시작합니다. 그리고 북부가 승리할 수 있었던 원동력이 됩니다.

1865년, 남북전쟁이 북부 연방의 승리로 끝나자 링컨은 북부 연방군으로 참전했던 흑인들에게 투표권을 부여해야 한다고 연설합니다. 이 연설을 듣던 배우 존 윌크스 부스(John Wilkes Booth)는 친구에게 이렇게 말합니다. "저게 그가 하게 될 마지막 연설이야(That is the last speech he will ever make)."[155] 그리고 3일 후 포드 극장에서 링컨을 암살하죠.

남북전쟁이 종결되고 미국에서 노예 제도를 법적으로 폐지하는 수정 헌법 제13조도 의회를 통과함으로써 흑인들은 모두 자유인이 됩니다. 그러나, 남부에 사는 흑인들의 고통은 멈추지 않았습니다. 전쟁이 끝난 후 남부 여러 주에서는 '흑인 단속법(the Black Codes)'을 만들어 흑인들을 노예와 다름없이 취급했죠. 헌법 수정 제13조가 노예를 자유인으로 만들어 줬지만, 백인과 공평하게 취급받을 수 있는 미국 시민으로 만들어 주지는 않았기 때문입니다. 이 문제를 해결하기 위해 아래 문장으로 시작하는 헌법 수정 제14조가 만들어집니다.

All persons born or naturalized in the United States, and subject to the jurisdiction thereof, are citizens of the United States and of the State wherein they reside.
미국에서 태어나거나 귀화한 자와 그 사법권에 속하는 사람 모두가 미국 시민이며 그들이 사는 주의 시민이다.

위 문장으로 인해 모든 흑인은 백인과 동일한 자격의 시민권을 갖게 됩니다. 흑인은 미국 시민이 될 수 없다는 1857년 미국 대법원의 판결도 무효가 되었죠. 헌법 수정 제14조는 흑인들의 인권 문제를 해결하기 위해 만들어진 조항이면서, 미국의 역사를 바꾸는 계기가 됩니다. 이 조항으로 이민자들도 시민권을 받을 수 있는 자격이 생겼기 때문입니다.

나에게는
꿈이 있습니다

Five score years ago, a great American, in whose symbolic
shadow we stand today, signed the Emancipation
Proclamation. This momentous decree came as a great
beacon of hope to millions of Negro slaves, who had been
seared in the flames of withering injustice. It came as a
joyous daybreak to end the long night of their captivity.

백 년 전, 오늘 우리가 그의 상징적 그늘 안에 서 있는 한 위대한 미국인이 노예
해방 선언에 서명했습니다. 이 중대한 선언은 불의의 불길에 시들어가고 있던
수백만 흑인 노예들에게 희망의 횃불로 다가왔습니다. 그 선언은 오랜 노예
생활에 마침표를 찍는 행복한 날의 시작으로 다가왔습니다.

1963년 8월 28일, 미국 시민 평등권 운동가인 마틴 루터 킹(Martin
Luther King Jr., 1929-1968년) 목사는 미국의 수도 워싱턴 D.C.에 있는 링
컨 기념관 앞에서 역사에 길이 남을 연설을 시작합니다. 제목은 "I Have
a Dream(나에게는 꿈이 있습니다)." 흑인 인권 신장을 위해 25만 명이 넘게

미국의 과거 · 현재 · 미래

모인 군중들에게 간단한 인사를 한 뒤 위 문장으로 연설을 시작합니다.

그런데 이 명연설은 'Five score years ago'라는 좀 낯선 표현으로 시작됩니다. score는 보통 '점수'라는 뜻으로 사용되는데, 이 표현에서 score는 '정확히 20'을 뜻합니다. 20에 5를 곱하면 100이 되죠. 숫자를 나타내는 또 하나의 단어는 dozen입니다. 12를 뜻하죠. dozen은 지금도 '정확히 12'를 뜻하는 단어로 ①-1처럼 사용됩니다.

①-1 I bought a dozen bagels. (O)
①-2 I bought a dozen of bagels. (X)
난 베이글 12개를 샀어.

베이글 12개를 a dozen of bagels라고 말할 수 없습니다. 흔한 오류죠. 베이글 100개를 a hundred of bagels라고 말할 수 없는 것과 같은 이치입니다.

②-1 I bought a hundred bagels. (O)
②-2 I bought a hundred of bagels. (X)
난 베이글 100개를 샀어.

미국에서는 베이글 전문점에서 베이글을 12개 사면 보통 하나를 더 줍니다. 이걸 a baker's dozen(빵 장수의 1다스=13개)이라고 하죠. dozen과 달리 score는 '정확히 20'을 뜻하는 단어로, 이제 거의 사용되지 않습니다. 그냥 20 bagels라고 하지 ③-1처럼 말하는 사람은 없죠.

③-1 I bought a score bagels. (?)
③-2 I bought a score of bagels. (O)
　　　난 베이글 <u>20여 개</u>를 샀어.

③-2에서처럼 a score of라는 표현으로 사용될 때는 score는 '20여 개'를 뜻합니다. ④-2에서 a couple of가 '두어 개'를 뜻하는 것과 마찬가지입니다.

④-1 I bought a couple bagels. (?)
④-2 I bought a couple of bagels. (O).
　　　난 베이글 <u>두어 개</u>를 샀어.

④-1에서처럼 couple 뒤에 of가 없으면 '정확히 두 개'라는 뜻이 되는데, 그런 뜻으로 couple을 사용하는 사람은 거의 없습니다. 그냥 two bagels라고 하죠.

그럼 마틴 루터 킹 목사는 왜 백 년 전을 100 years ago라고 하지 않고 Five score years ago라고 했을까요? 링컨 대통령의 불멸의 명연설이 비슷한 표현으로 시작하기 때문입니다. Four score and seven years ago(87년 전). 1963년의 백 년 전인 1863년에 노예 해방 선언에 서명한 사람은 다름 아닌 링컨 대통령이죠.

국민의, 국민에 의한,
국민을 위한 정부

1863년 1월 1일, 링컨 대통령은 노예 해방 선언을 공포합니다. 그리고 정확히 6개월 후인 7월 1일, 펜실베이니아주의 게티즈버그에서 남북전쟁의 운명을 좌우하는 전투가 벌어집니다. 3일간의 치열했던 전투가 벌어졌던 이곳을 11월의 어느 오후에 링컨 대통령이 방문합니다. 이 격전지에서 전사한 군인들을 기념하는 국립묘지(the Soldiers' National Cemetery)의 봉헌식에 참석하기 위해서였습니다. 링컨 대통령의 게티즈버그 연설은 다음 문장으로 시작합니다.

<u>Four score and seven years ago</u> our fathers brought forth on this continent, a new nation, conceived in Liberty, and dedicated to the proposition that all men are created equal.
<u>87년 전</u> 우리의 선조들은 이 대륙에서 자유 속에 잉태되고, 만인은 모두 평등하게 창조되었다는 명제에 봉헌된 새로운 나라를 탄생시켰습니다.

그리고 불후의 명언으로 2분이 채 되지 않는 짧은 연설을 마칩니다.

government of the people, by the people, for the people,
shall not perish from the earth
국민의, 국민에 의한, 국민을 위한 정부는 지상에서 멸망하지 않을 것입니다

Four score and seven years ago는 '87년 전'을 뜻한다고 했습니
다. 1863년의 87년 전은 1776년입니다. 미국 독립선언문이 공포된 해
이죠. 그런데, 링컨 대통령은 왜 굳이 Eighty-seven years ago 대신
복잡한 계산을 요구하는 표현을 사용했을까요? 그 이유는 성경책에 비
슷한 표현이 나오기 때문입니다.[156]

The days of our lives are threescore years and ten; and if
by reason of strength they are fourscore years, yet is their
strength labour and sorrow; for it is soon cut off, and we fly
away. (Psalm 90:10)
우리의 연수가 칠십이요 강건하면 팔십이라도 그 연수의 자랑은 수고와
슬픔뿐이요 신속히 가니 우리가 날아가나이다. (시편 90편 10절)

위 성경 구절은 링컨 대통령 시대의 사람들이 읽었던 〈킹제임스성
경〉에서 발췌한 것입니다. 제가 가지고 있는 성경책에는 threescore
years and ten과 fourscore years 대신 seventy years와 eighty
years로 나옵니다. 링컨 대통령은 성경책에 나오는 표현으로 연설을 시
작해 국립묘지 봉헌식의 엄숙한 분위기를 대변하려고 했던 것이죠.

미국의 과거 · 현재 · 미래

그 후 100년이 지나 마틴 루터 킹 목사는 거대한 링컨 조각상 앞에서 'I Have a Dream(나에게는 꿈이 있습니다)'이라는 제목의 연설을 합니다. 링컨 대통령의 게티즈버그 연설을 연상시키는 Five score years ago(백 년 전)로 시작한 이 연설은, 아직도 핍박 받고 있는 흑인들의 삶을 묘사하는 문장으로 이어집니다.

But one hundred years later, the Negro is still not free.
One hundred years later, the life of the Negro is still sadly crippled by the manacles of segregation and the chains of discrimination.
그러나 그로부터 백 년이 지난 오늘, 우리는 흑인들이 여전히 자유롭지 못하다는 비극적인 사실을 직시해야 합니다. 백 년 후에도 흑인들은 여전히 인종 차별이라는 속박과 굴레 속에서 비참하고 불우하게 살아가고 있습니다.

그런데 100년 전에 노예 제도에서 해방되고, 몇 년 후 헌법 수정 제14조에 의해 백인들과 동일한 시민의 자격을 부여 받은 흑인들이 왜 아직 자유롭지도 못하고 인종 차별도 받는 것일까요? '분리되었지만 평등한(separate but equal)'이라는 어불성설의 '짐 크로우 법(Jim Crow laws)'이 존재했기 때문입니다.

인종 차별을 정당화한
짐 크로우 법

2016년 영화 〈레이스(Race)〉는 1936년 베를린 올림픽에서 4개의 금메달을 획득한 흑인 육상 선수 제시 오원스(Jesse Owens)의 이야기를 담고 있습니다. race는 '경주'라는 뜻도 있지만, '인종'이라는 뜻도 있죠. 영화의 끝부분에는 1936년 당시 흑인들이 받았던 인종 차별을 적나라하게 보여주는 장면이 나옵니다. 자신의 금의환향을 축하하는 자리에 초대받은 오원스는 건물 정문에서 저지당합니다. 흑인이 사용할 수 있는 문은 건물의 뒤편에 따로 있었기 때문입니다.

제91회 아카데미 시상식 작품상을 받은 2018년 영화 〈그린 북 (Green Book)〉은 흑인 피아니스트 돈 셜리(Don Shirley)가 1962년에 미국의 남부 각지에서 공연하며 겪는 이야기를 담고 있습니다. 이 영화의 제목은 *The Negro Motorist Green Book*(흑인 운전사 녹색 책)을 줄인 것입니다. 1936년부터 1966년까지 미국에서 발간된 책인데, 흑인들이 남부에서 안전하게 여행할 수 있는 곳을 알려주는 안내 책자였습니다. 저자의 성이 Green이었고, 책 표지도 녹색이었죠.

셜리는 흑인 차별이 심한 남부에서 자신의 경호를 위해 술집 경비원으로 일하던 백인을 운전사로 고용합니다. 〈그린 북〉은 이 두 명의 우정이 성숙해져 가는 과정을 그린 영화죠. 이 영화에서도 상식을 벗어나는 인종 차별 장면이 나옵니다. 셜리가 공연을 하러 간 고급 식당에서 공연 전에 식사를 하려고 하자, 식당 매니저는 그에게 나가라고 합니다. 백인들만이 식사할 수 있는 공간이라고 말하죠.

미국의 의회는 상원과 하원로 나뉘어 있습니다. 미국의 헌법을 수정하려면 수정 조항이 먼저 상원과 하원에서 모두 3분의 2 이상의 표로 통과되어야 합니다. 그 후 4분의 3 이상의 주가 수정 조항을 비준해야(ratify) 합니다.[157] 이런 어려운 과정을 통해 1865년에는 노예를 해방하는 헌법 수정 제13조가 비준되었고, 1868년에는 흑인에게도 시민 자격을 부여하는 헌법 수정 제14조가 비준되었으며, 1870년에는 흑인에게 투표권을 부여하는 헌법 수정 제15조가 비준되었습니다. 이 세 수정 조항을 '재건 수정 조항(Reconstruction Amendments)'이라고 합니다. 남북 전쟁 후 미국을 재건하는 동안 비준된 헌법 수정 조항들이기 때문이죠.

흑인의 인권 보호에 필요한 세 개의 헌법 수정 조항이 불과 5년 사이 모두 비준되었지만, 흑인들의 삶은 크게 향상되지 않았습니다. 1870년대 후반부터 남부의 여러 주가 흑인을 차별하는 짐 크로우 법을 만들었기 때문입니다. 1936년에 오웬스가 정문을 사용하지 못하고, 1962년에 셜리가 백인 운전사와 함께 식사하지 못했던 이유가 모두 짐 크로우 법 때문입니다.

짐 크로우(Jim Crow)는 1830년대에 유행하던 노래하며 춤추는 공연물에 나오는 흑인 노예입니다. 백인이 흑인 분장을 하고 우스꽝스럽고 어리석은 흑인 노예로 나오는 공연물이었죠. crow(까마귀)는 흑인을 비하하는 표현으로 사용되는 단어였다고 합니다. 1896년 미국 대법원은 짐 크로우 법이 백인과 흑인에게 '분리되었지만 평등한' 시설을 제공하면 불법이 아니라는 판결을 내립니다.

짐 크로우 법이 생긴 후 흑인에 대한 폭력은 더욱 심해졌습니다. 노예 제도가 폐지되기 전에는 백인이 노예를 죽이는 경우가 거의 없었습니다. 노예는 소유주의 재산이었기 때문이죠. 하지만 노예 제도가 폐지된 후에는 백인이 흑인의 목숨을 앗아가는 사건이 끊이지 않았습니다. 정당한 사법절차를 거치지 않고 군중이 흑인에게 잔인한 폭력을 가한 뒤 나무에 목을 매어 죽이는 사건이 남부 전역에서 발생하였습니다. 이런 사건을 '린칭(lynching)'이라고 하죠.

lynching은 미국 독립전쟁 때, 미국 독립을 반대하는 국왕파 (Loyalists)를 권한도 없이 감금한 버지니아주의 판사였던 찰스 린치 (Charles Lynch)의 이름에서 유래한 단어라고 합니다. 남부에서 자행된 린칭의 잔혹함은 상상을 초월합니다. 나무에 목매어 죽은 흑인 아래 백인 남녀노소가 모여 웃고 있는 끔찍한 사진들도 많습니다. 이런 끔찍한 범죄를 저지르고도 처벌을 받은 백인은 거의 없었다고 합니다. 남부 여러 주의 배심원들은 거의 모두 백인들이었기 때문이죠.

대통령의 목숨으로 얻어낸
흑인 평등

마틴 루터 킹 목사가 링컨 기념관 앞에서 '나에게는 꿈이 있습니다' 연설을 한 지 10개월이 지나, 짐 크로우 법은 '1964년의 민권법(the Civil Rights Act of 1964)'에 의해 폐지됩니다. 이 민권법을 처음 제안한 사람은 미국의 제35대 대통령인 존 케네디(John F. Kennedy, 1917-1963년)입니다.

1963년 6월 11일, 두 명의 흑인 학생이 앨라배마 대학교에 등록하려고 하자, 주지사가 주방위군(the Alabama National Guard)과 함께 캠퍼스에 나타났습니다. 1954년 미국 대법원에서 학교를 인종으로 분리하는 것은 위헌이라는 판결이 내려졌지만, 앨라배마 대학교는 흑인 학생들의 입학을 계속 거부해 왔습니다.

결국 법원에 의해 흑인 학생의 입학이 결정되자, 주지사가 직접 군대

미국의 과거 · 현재 · 미래

를 이끌고 학생들의 등록을 막으려고 한 것입니다. 주지사는 대통령의 요청에도 불구하고 캠퍼스에서 물러나지 않았습니다. 그러자 케네디는 '대통령 명령(Executive Order)'을 통해 앨라배마 주방위군을 연방군에 편입시켰고, 불과 몇 시간 전까지도 자기의 부하였던 군인들에 의해 주지사는 캠퍼스에서 쫓겨나게 되었습니다.

대법원의 판결에 불복하고 연방정부에 대항하는 앨라배마 주지사에 충격을 받은 케네디 대통령은, 시민 평등권 운동(the Civil Rights Movement)의 중요성을 깨닫고 바로 그날 저녁에 전 국민에게 TV 연설을 합니다.[158]

One hundred years of delay have passed since President Lincoln freed the slaves, yet their heirs, their grandsons, are not fully free. They are not yet freed from the bonds of injustice. They are not yet freed from social and economic oppression. And this Nation, for all its hopes and all its boasts, will not be fully free until all its citizens are free.

링컨 대통령이 노예 해방을 선언한 이후로 1백 년 동안이나 기다려 왔지만, 그 노예들의 후손, 그 손자들은 아직도 완전히 자유롭지 못합니다. 그들은 불공평한 사슬에서 아직 해방되지 못했습니다. 그들은 사회 경제적인 억압에서 아직 해방되지 못했습니다. 그리고 모든 시민이 자유로워지기 전까지 이 나라는 그 모든 희망과 자랑에도 불구하고 완전한 자유 국가가 될 수 없습니다.

링컨이 1861년에 제16대 대통령으로 취임한 뒤 정확히 100년 후에 제35대 대통령으로 취임한 케네디는 흑인들의 열렬한 지지를 받고 당선되었습니다. 흑인들은 케네디 대통령이 흑인 인권 문제를 곧바로 해결해 주리라 믿었지만, 현실은 그렇지 않았습니다. 케네디 행정부는 소련과의 냉전에 온 힘을 쏟고 있었죠. 취임한 지 2년이 지난 1963년, 링컨이 100년 전에 노예 해방을 선언한 것처럼 케네디는 흑인 차별을 없앨 것을 선언합니다.

I am, therefore, asking the Congress to enact legislation giving all Americans the right to be served in facilities which are open to the public—hotels, restaurants, theaters, retail stores, and similar establishments. This seems to me to be an elementary right. Its denial is an arbitrary indignity that no American in 1963 should have to endure, but many do.

그러므로 저는 호텔, 레스토랑, 극장, 소매점 및 그와 유사한 모든 공중 시설을 이용할 권리를 모든 미국인에게 부여하는 법률을 제정해 줄 것을 의회에 요구합니다. 저는 이것이 기본권이라고 생각합니다. 1963년 현재 어떤 미국인도 이러한 기본권을 부정하는 고의적인 모욕을 참아야 할 이유가 없지만, 많은 이들이 그렇게 하고 있습니다.

이 역사적인 TV 연설을 마친 5개월 후, 케네디 대통령은 텍사스주 댈러스에서 암살을 당합니다. 케네디가 제안했던 법안은 1963년에는 의회를 통과하지 못합니다. 그러나 대통령이 암살된 후 그의 법안에 반대했던 의원들도 마음을 바꾸기 시작하고, 케네디의 민권법은 마침내 1964년 7월 2일에 의회를 통과해 법으로 제정됩니다.

미국에 월세가 많은 이유

2020년 3월 11일, 세계보건기구는 코로나바이러스감염증-19
(COVID-19)를 팬데믹으로 선포합니다. 2015년 여름에 발생한 치명적
이었지만 짧았던 메르스(MERS) 코로나바이러스처럼, 코로나19 사태도
몇 달 후에 종식될 것이라 기대했지만 모두의 예상은 빗나갑니다. 코로
나19는 전 세계 공통으로 퍼져 나갔고, 각 나라가 팬데믹에 대응하는
방식도 달랐습니다. 한국 문화와 미국 문화의 차이점은 마스크 착용에
서 잘 드러났습니다. 공동체 정신을 중시하는 한국인들에게 마스크 착
용은 당연한 것이었지만, 개인의 자유를 중시하는 미국인들에게 마스
크 착용은 논란의 대상이었습니다.

2022년 1월, 3년 만에 L.A.를 찾은 저는 충격적인 광경을 목격했습
니다. L.A. 시내를 관통하는 고속도로 양옆 비스듬한 언덕에 쳐진 수많

은 텐트 때문입니다. 치솟는 월세를 감당하지 못해 거리로 내몰린 노숙자들의 텐트였죠. 캘리포니아는 원래 날씨가 따뜻해 미국 전역에서 노숙자가 몰리는 곳이기는 했지만, 제가 30년 넘게 알고 있던 L.A.와는 전혀 다른 모습이었습니다. 노숙자 문제를 악화시킨 것은 물론 팬데믹이었습니다. 그런데 뭔가 좀 이상하지 않나요? 한국에서는 팬데믹 때문에 직장을 잃거나 몇 개월 월급을 못 받더라도 노숙자가 되는 경우는 별로 없습니다. 그런데 왜 미국에서는 그런 일이 발생할까요?

한국과 달리 미국에는 전세가 없습니다. 모두 월세입니다. 참고로 미국에서는 공동 주택에서 월세를 살면 아파트(apartment)라고 하고, 공동 주택을 소유하고 있으면 콘도(condo)라고 하고 합니다. 한국하고는 완전히 개념이 다르죠. 미국 통계국(the US Census Bureau)의 2022년 4월 자료에 의하면 미국 국민의 3분의 2 정도가 집을 소유하고 있고, 나머지 3분의 1 정도는 월세를 살고 있다고 합니다.[159] 월급을 받아서 매달 월세를 내는 사람이 한국보다 훨씬 많으니 미국에서는 팬데믹이 주거지 문제로 직결되었던 것입니다. 심지어 미국 연방정부는 이 문제를 해결하기 위해 팬데믹으로 직장을 잃고 월세를 내지 못하는 사람들의 강제 추방을 금지하기까지 하였습니다.[160]

미국에서 월세 비율이 높은 이유 중 하나는 주택 재산세가 높기 때문입니다. 한 채만 있어도 적게는 1%에서 많게는 2% 재산세를 매년 내야 하죠. 10억짜리 집에 살면 매년 1천만 원에서 2천만 원 사이의 재산세를 내야 합니다. 주택 유지비까지 고려하면 경기가 좋지 않을 때는 차라리 아파트에서 월세를 내며 사는 것이 나을 수도 있습니다. 하지만 주택 시장 경기가 좋고, 대출 금리가 낮을 때는 집을 사서 몇 년 후에 되파는 방법으로 재테크를 할 수 있습니다. 문제는 언제까지 주택 가격이 계속 상승할지 예측할 수 없다는 것이죠.

2007년 미국 서브프라임 모기지(subprime mortgage) 사태에 관한 영화 〈빅쇼트(The Big Short)〉에는 다음과 같은 장면이 나옵니다. 뉴욕의 한 펀드매니저가 활활 타고 있는 미국의 주택 시장이 곧 붕괴할 것이라는 믿기 어려운 정보를 입수합니다. 그리고, 이 정보의 진위를 파악하기 위해 플로리다주로 향합니다. 그곳에서 은행에 압류된 집들을 두 눈으로 목격한 후에야 공매도를 시작하죠.

서브프라임 모기지는 우리말로 '비우량 주택 담보 대출'이라고 합니다. 말 그대로 품질이 좋지 않은 주택 담보 대출인데, 대출 상환 능력이 되지 않는 사람들에게 높은 이자로 주택 담보 대출을 해주는 것입니다. 이미 집을 한 채 소유하고 있는 사람들도 투자 목적으로 집을 추가 구매할 때 비우량 주택 담보 대출을 이용하기도 합니다. 주택 시장 경기가 좋을 때는 대출 금리가 몇 프로 높은 것보다 몇 년 후 집을 팔아서 남는 이익이 훨씬 크기 때문이죠.

서브프라임 모기지 사태가 발생하기 전에는 총금액의 5%만 계약금 (down payment)으로 지불하고 집을 구매하는 경우가 많았습니다. 2003년에 제가 미국에서 집을 구매할 때도 5% 계약금만 지불하고 95%는 주택 담보 대출을 받았죠. 대출을 두 개 받았는데, 대출 80% 금액의 금리는 4.5%였고 나머지 15% 금액의 금리는 7.5%였습니다. 첫 번째 대출이 프라임, 두 번째 대출이 서브프라임이었습니다.

2007년 미국 주택 시장이 침체하면서 비우량 주택 담보 대출을 받은 사람들이 대출도 상환하지 못하고 집도 팔지 못하는 상황이 발생하였습니다. 급기야 2008년 9월에는 리먼 브러더스(Lehman Brothers)라는 미국 투자은행이 파산 보호를 신청하면서, 미국은 물론이며 전 세계 금융시장을 뒤흔들어 놓았습니다. 서브프라임 모기지 사태가 미국의 대침체 (the Great Recession)로 이어진 이유는 비우량 주택 담보 대출이 펀드와 파생금융상품으로 구성되어 투자자들에게 판매되었기 때문입니다.

1929년부터 1939년까지 10년간 지속된 대공황(the Great Depression)과 비교하면 대침체는 불과 2년밖에 지속되지 않았습니다. 하지만, 많은 미국인의 은퇴 자금이 몰려 있던 펀드를 하루아침에 휴짓조각으로 만든 이 엄청난 사건으로 인해, 미국의 자본시장은 큰 혼란을 맞이합니다. 더 큰 문제는 이런 상황이 또 발생할 수도 있다는 것입니다. 이런 암울한 미래를 예고하면서 영화 〈빅쇼트〉는 다음 자막으로 끝이 납니다.

In 2015, several large banks began selling billions in something called a "bespoke tranche opportunity." Which, according to Bloomberg News, is just another name for a CDO.

2015년에 몇몇 대형 은행은 수십억 달러의 "맞춤형 트랑쉐 기회"라고 불리는 것을 판매하기 시작했다. 블룸버그 통신에 따르면 이는 CDO(파생 금융 상품)의 또 다른 이름일 뿐이다.

Chapter 7:

4차 산업혁명 시대

4차 산업혁명과
3차 산업혁명

    우리는 현재 4차 산업혁명 시대에 살고 있습니다. '4차 산업혁명'이라는 말은 2016년 1월, 매년 스위스 다보스(Davos)라는 산간 휴양지에서 열리는 세계 경제 포럼(the World Economic Forum)에서 이 포럼의 창립자인 독일의 경제학자 클라우스 슈바프(Klaus Schwab) 교수가 이 용어를 사용하면서 널리 알려졌습니다.

    4차 산업혁명 시대의 특징은 빅데이터와 클라우드를 기반으로 하는 인공지능과 사물인터넷(the Internet of Things)입니다.[161] 공상과학 영화에서만 보던 장면이 현실에서 일어나고 있습니다. 스마트폰에게 "아침 7시에 깨워 줘."라고 말하면, 7시에 내가 가장 좋아하는 음악이 나오고, 침대에서 일어나면 저절로 불이 켜지며, 커피 메이커가 알아서 커피를 만드는 시대. 모든 사물이 인터넷으로 연결되어 자동화되는 사물인터넷 시대가 오고 있습니다.

물론 이 모든 것은 3차 산업혁명의 특징인 개인 컴퓨터와 인터넷의 발전 없이는 불가능합니다. 불과 몇십 년 만에 눈부시게 발전한 인터넷이 우리 인생에 미치는 영향은 나열할 수가 없을 정도입니다. 삐삐(pager)를 차고 다니던 시절이 엊그제 같은데, 지금은 휴대용 컴퓨터와 같은 스마트폰을 들고 다닙니다. 인터넷에서 수집된 방대한 양의 데이터(빅데이터)는 어디서나 볼 수 있는 구름같이 어느 기기에서나 접속 가능한 공간(클라우드)에 저장되죠.

이 세상 누구와도 빠르게 연락이 가능한 소셜 네트워킹 서비스(SNS)는 역사적인 순간을 만들기도 합니다. 일례로, 2019년 6월 30일, 미국 트럼프 대통령과 북한 김정은 국무위원장의 깜짝 만남이 판문점에서 이뤄졌습니다. 남북한을 나누는 경계선에서 만난 두 사람. 김정은 국무위원장이 트럼프 대통령에게 이렇게 말합니다.

It's good to see you again. I never expected to meet you at this place. One step forward and you will be the first U.S. President to cross the border.[162]
다시 뵙게 되어 반갑습니다. 이곳에서 당신을 만날 줄은 꿈에도 몰랐습니다. 한 걸음 더 나아가면 당신은 국경을 넘는 최초의 미국 대통령이 될 것입니다.

미국의 과거 · 현재 · 미래

트럼프 대통령은 재임 기간 북한 땅을 밟은 최초의 미국 대통령이 됩니다. 이 역사적인 만남은 트럼프 대통령이 트위터(Twitter)에 아랫글을 올리면서 성사되었습니다.

While there, if Chairman Kim of North Korea sees this, I would meet him at the Border/DMZ just to shake his hand and say Hello.
그곳(한국)에 있는 동안, 북한의 김 위원장이 이것을 본다면, 나는 그와 악수를 하고 인사하기만을 위해 판문점에서 그를 만날 것이다.

예정에 없던 두 적대국 정상의 만남을 목격하며 저는 인터넷 정보통신의 위대함을 느꼈습니다. 그리고 이런 상상을 해 보았습니다. 만약 미국의 케네디 대통령과 소련의 흐루쇼프(Khrushchev, 1894-1971년) 수상이 트위터로 연락을 했다면 어땠을까?

1962년 가을, 소련은 미국 플로리다주와 불과 700km도 떨어지지 않은 쿠바에 핵미사일을 설치합니다. 전 세계를 멸망시킬 수도 있는 핵전쟁 발생 위기 상황. 2001년에 개봉 영화 〈D-13(Thirteen Days)〉은 미국 케네디 대통령이 이 쿠바 미사일 위기(the Cuban Missile Crisis)에 대처했던 상황을 묘사합니다.

누구도 핵전쟁을 원하지 않는 상황, 소련의 흐루쇼프 수상은 정보원을 통해 케네디 대통령에게 위기 해결을 위해 타협할 의사를 전달하지

만, 백악관은 이 정보의 진위를 파악하지 못해 쉽게 행동을 취하지 못합
니다. 만약 흐루쇼프가 케네디에게 트위터로 연락했다면 이 위기는 쉽
게 해결되지 않았을까요?

2차 산업혁명과
1차 산업혁명

2019년 영화 〈커런트 워(The Current War)〉는 다음과 같은 배경 설명으로 시작합니다. 마블의 슈퍼히어로 닥터 스트레인지 역으로 유명한 베네딕트 컴버배치(Benedict Cumberbatch)가 토머스 에디슨(Thomas Edison) 역을 맡았죠. 전기 자동차 회사 테슬라로 유명해진 발명가 니콜라 테슬라(Nikola Tesla)는 조연으로 나옵니다.

1880. The world is lit by fire. Machines are moved by hand, foot, or <u>steam</u>. The engineer George Westinghouse has risen to immense wealth through his invention of the railway air brake. He has invested his fortune in natural gas, believing it to be the future of light and industry. The inventor <u>Thomas Edison</u>, world-famous but cash-poor, has been working night and day on a superior alternative: <u>electricity</u>.

They are about to enter a race to create the modern world.
<u>1880년</u>. 세상은 불로 밝혀졌다. 기계는 손, 발, 또는 증기로 움직였다. 공학자 조지 웨스팅하우스는 철도 공기 제동기의 발명으로 막대한 부를 쌓았다. 그는 천연가스가 조명과 공업의 미래가 될 것이라 믿고 그의 재산을 천연가스에 투자했다. 세계적으로 유명했지만, 현금이 없었던 발명가 토머스 에디슨은 '<u>전기</u>'라는 우월한 대체 에너지 연구에 몰두했다. 이들은 현대 세계를 창조하는 경주의 출발선에 서 있었다.

1880년, 에디슨은 2차 산업혁명 시대에 살고 있었습니다. 현대 시대에서 하루도 없이는 살기 힘든 전기 에너지가 이때 발명되었습니다. 그리고 중요한 운송 수단인 철도도 이 시기에 미국 전역으로 퍼지게 되었습니다. 철도에 사용되는 강철을 저렴하게 대량 생산하는 방법이 개발되었기 때문이죠. 얼마나 많은 철도가 이 시기에 놓였는지는 다음 문장에서 가늠할 수 있습니다.

If a Western Rip Van Winkle had fallen asleep in 1869 and awakened in 1896, he would not have recognized the lands that the railroads had touched.[163]
서부 립 밴 윙클이 1869년에 잠들었다가 1896년에 깨어났다면 철도가 닿은 땅을 알아보지 못했을 것입니다.

립 밴 윙클은 미국 작가 워싱턴 어빙(Washington Irving)이 1819년에 발표한 단편 소설에 나오는 이름입니다. 술에 취해 낮잠을 자고 일어났더니 20년이 지난 뒤에 깨어난 인물로 유명하죠. 웨스팅하우스의 공기 제동기는 철도 산업에 혁명을 일으켰다고 합니다. 공기 제동기가 1869년에 발명되기 전에는 제동기가 고장나서 열차가 폭주하는 사고가 자

미국의 과거 · 현재 · 미래

주 발생했습니다. 공기 제동기가 발명된 후에야 안전한 제동이 가능했고, 기차를 빠른 속도로 운행할 수 있게 되었죠.[164]

철도 산업을 가능하게 한 인물 중 하나는 1차 산업혁명을 주도한 스코틀랜드의 발명가 제임스 와트(James Watt)입니다. 토머스 뉴커먼(Thomas Newcomen)이 발명한 증기기관(the steam engine)을 향상해 더욱 효율적인 증기기관을 만들었죠. 와트가 증기기관을 발명했다고 잘못 아는 분들이 많은데, 와트가 증기기관을 발명하지 않은 것은 확실합니다. 1698년에 토머스 세이버리(Thomas Savery)가 만든 것이 첫 증기기관이라고도 하고, 1712년에 뉴커먼이 만든 것이 첫 증기기관이라고도 하죠.[165] 뉴커먼의 증기기관을 개선한 와트의 증기기관은 공기 제동기가 발명되기 100년 전인 1769년에 특허를 받았습니다.[166] 바야흐로 증기로 움직이는 기계의 시대를 연 것이죠. 1차~4차 산업혁명을 간단히 표로 정리하면 아래와 같습니다.[167]

1차 산업혁명 (18세기)	2차 산업혁명 (19~20세기 초)	3차 산업혁명 (20세기 후반)	4차 산업혁명 (21세기 초반 ~)
증기기관 기반의 기계화 혁명	전기 에너지 기반의 대량생산 혁명	컴퓨터와 인터넷 기반의 지식정보 혁명	지능정보기술 (인공지능, 사물 인터넷, 빅데이터, 클라우드)

신기술을 반대하는 사람을
왜 '러다이트'라고 부를까?

1769년에 특허를 받은 제임스 와트의 증기기관과 함께 1차 산업혁명을 주도한 또 하나의 발명품도 같은 해에 특허를 받았습니다. 영국의 발명가 리처드 아크라이트(Richard Arkwright)가 발명한 '수력 방적기(the water frame)'이죠.[168] 증기기관이 더 유명하지만, 대중의 생활에 더 큰 영향을 미친 것은 수력 방적기입니다. 18세기 영국에서 가장 많은 사람이 종사하던 산업은 면으로 직물을 만드는 방직업(the textile industry)이었기 때문입니다.

'방적(紡績)'은 섬유질로 실(yarn)을 만드는 일이고, '방직(紡織)'은 실로 천(fabric)을 만드는 일입니다. 방적을 영어로는 spinning, 방직은 weaving이라고 하죠. 수력 방적기가 발명되기 전에는 실보다 천을 만드는 것이 쉬웠는데, 그 이유는 1733년에 발명된 '플라잉 셔틀(flying shuttle)'이라는 북(날실의 틈으로 왔다 갔다 하면서 씨실을 푸는 기구)이 방직의 생산성을 높였기 때문입니다. 수력 방적기가 발명되면서 튼튼한 실도 쉽게 생산할 수 있게 되자, 방직업이 급성장할 수 있게 되었죠.

수력 방적기의 발명으로 인해 방직업이 가내(家內) 공업에서 공장제도(the factory system)로 바뀌게 되고, 공장의 기계화도 급물살을 타게 되었습니다. 그런데 한땀 한땀 장인이 정성스럽게 만들던 것을 공장에서 대량 생산을 하니 장인들이 설 곳은 차츰 사라져 갔습니다. 여러 사람이 하던 일을 기계 한 대가 다 하니 일자리를 잃은 사람들도 많아졌죠. 급기야 1800년대 초에는 공장을 돌아다니며 방적기를 부수는 사람들이 나타났는데, 이런 사람들을 '러다이트(Luddite)'라고 불렀습니다. 네드 러드(Ned Ludd)라는 사람이 처음으로 공장에서 기계를 부쉈고, 그의 이름을 본떠 러다이트라는 단어가 생겼다고 합니다.[169]

요즘 4차 산업혁명으로 인해 미래에 어떤 직업이 없어질지 논의가 한창입니다. 전 세계의 노동자 3분의 1이 4차 산업혁명으로 인해 직장에서 쫓겨날 수 있다고도 합니다.[170] 하지만 종합적으로 보면 지난 세 차례의 산업혁명으로 인해 일자리 수는 항상 늘어났습니다. 1차 산업혁명 때 방직업에 종사하던 사람들이 일자리를 잃었지만, 방직업의 발달로 관련 산업들이 부흥기를 맞으며 많은 일자리를 창출하였습니다. 물론 이런 사실이 일자리를 잃은 러다이트들에게는 위로가 되지 않겠죠.

인공지능(AI)의 발달로 꼭 사람이 해야 할 것 같았던 의사, 변호사, 교사 등이 사라질 것이라는 예측도 있고, AI 통번역의 발달로 영어 관련 교수, 교사, 통번역사 직업이 급감할 것이라는 주장도 쉽게 찾아볼 수 있습니다.[171] 하지만 사람은 사회적 동물이기 때문에 단순 노동을 제외한 어떤 직업을 기계가 대체할지 예측하기 어렵습니다. 홈비디오가 발명되었을 때도 영화관이 없어지지 않았던 것처럼 말이죠.

어떤 직업이 사라질지는 몰라도, 절대 사라지지 않을 직업은 알 수 있습니다. 바로 운동 선수입니다. 아무리 기계가 발전해도 운동 선수를 대체할 일은 없을 것입니다. 물론 2011년 영화 〈리얼 스틸(Real Steel)〉처럼 로봇끼리 경쟁하는 스포츠가 생길 수는 있습니다. 하지만 인간이 기계와 경합하는 운동은 상상할 수 없죠. 그리고 현재에 약물을 금지하는 것처럼, 미래에는 운동 능력을 향상하는 부속품을 금지할 것입니다.

'러다이트'는 이제 '신기술을 반대하는 사람'을 일컫는 단어로도 사용됩니다. 러다이트가 되지 않으려면 변화에 잘 적응해야 합니다. 아래와 같은 말을 듣지 않으려면 SNS 같이 막을 수 없는 변화는 빨리 수용하는 것이 좋겠죠.

Please, don't be a Luddite!
제발 러다이트는 되지 마세요!

스탠퍼드와 MIT가
아이비리그에 끼지 못하는 이유

아이언맨은 어느 대학을 나왔을까요? 세계에서 가장 좋은 공대로 알려진 MIT(Massachusetts Institute of Technology) 대학을 졸업했습니다. 그럼 스파이더맨은 어느 대학을 나왔을까요? 2021년 12월에 개봉한 〈스파이더맨: 노 웨이 홈(Spider-Man: No Way Home)〉에서 피터 파커는 MIT에 합격하기 위해 안간힘을 쓰지만 결국 실패합니다. 후속편에서 MIT에 합격할지도 모른다는 기대감은 버리는 것이 좋습니다. 2004년에 개봉한 〈스파이더맨 2〉에서 피터 파커가 이미 컬럼비아 대학을 다니고 있었던 것을 보면, 결국은 컬럼비아 대학에 진학할 것입니다.

미국에서 가장 좋은 대학들은 아이비리그(the Ivy League)에 속해 있다고 알려져 있습니다. 그럼 MIT도 아이비리그 학교일까요? 아닙니다. 아이비리그 학교는 모두 일류 대학이 맞지만, 모든 일류 대학이 아이비리그에 속하지는 않기 때문입니다. 아이비리그에는 8개의 대학이 있습니다. 하버드(Harvard University), 예일(Yale University), 프린스턴(Princeton University), 컬럼비아(Columbia University), 펜실베이니아(the University of Pennsylvania), 브라운(Brown University), 다트머스(Dartmouth College), 코넬(Cornell University). ivy는 '담쟁이덩굴'인데, 이 대학들 건물에 담쟁이 덩굴이 많아서 아이비리그라는 이름이 붙여졌다고 합니다.[172]

아이비리그는 미국 대학 운동 협회(NCAA)에 소속된 여러 연맹 중 하나입니다. NCAA(the National Collegiate Athletic Association)는 보통 'N-C-double-A'로 읽습니다. NCAA는 디비전 I, II, III로 나뉩니다. 큰 학교들이 디비전 I, 작은 학교들이 디비전 II와 III에 속합니다. 아이비리그는 디비전 I에 속해 있죠. 미국에서 대학 미식축구와 대학 농구의 인기는 어마어마합니다. 앨라배마주와 미시시피주같이 프로 미식축구(NFL)팀이 없는 주에서는 대학 미식축구가 가장 인기 있는 운동 종목입니다. 대학 농구의 챔피언을 가리는 68강 토너먼트 '3월의 광란(March Madness)'은 미국 프로 농구(NBA)보다도 시청률이 높습니다.

아이비리그 대학들은 모두 미국의 북동부에 자리 잡고 있습니다. 서부의 캘리포니아주에 사는 학생이 아이비리그 대학에 진학하면 다음과 같은 말을 합니다.

I'm going to college back East.
나는 동부로 대학을 가.

back East라고 하면 동부 출신 사람이 다시 돌아간다는 뜻 같은데, 동부에 한 번도 가지 않았던 사람도 동부에 간다고 할 때 back East라고 합니다. 반면에 서부는 out West라고 하죠. 물론 동부에는 아이비리그 대학만 있는 것이 아니므로 아이비리그에 속하지 않은 대학에 갈 때도 위 문장을 사용할 수 있죠. 하지만 보통은 아이비리그 대학에 갈 때 사용하기 때문에 잘못하면 오해가 생길 수도 있습니다.

미국 서부에서 유명한 대학들로는 스탠퍼드(Standford University), UC버클리(the University of California, Berkeley), UCLA(the University of California, Los Angeles)가 있습니다. 이들은 모두 팩-12(Pac-12) 연맹에 속해 있죠. Pac은 태평양을 지칭하는 Pacific을 줄인 것입니다. (2024년부터 UCLA는 빅텐(Big Ten)으로 연맹을 옮긴다고 합니다.) 하버드 대학이 미국 최고의 대학으로 평가 받는 이유 중 하나는 1636년에 설립되어 미국에서 역사가 가장 깊은 대학이기 때문입니다. 이에 반해 UCLA는 1919년에 설립되어 빠른 속도로 세계적으로 유명해졌습니다. 짧은 역사에도 불구하고 UCLA가 세계적으로 유명해진 이유는 1966년부터 1973년까지 전무후무한 대학 농구 7연패의 위업을 달성했기 때문입니다.

마이클 조던이
고등학교 농구팀에서 탈락했다고?

미국 프로 농구(NBA) 6회 우승. 마이클 조던(Michael Jordan)보다 우승 횟수가 더 많은 선수는 있어도 NBA 결승전에 6회 진출하여 6회 모두 우승한 조던의 기록은 앞으로도 깨지지 않을 기록이 분명합니다. 제가 조던의 영상을 처음 본 것은 1990년 5월. 미국으로 이민을 간 지 한 달이 채 지나지 않아 영어 한 마디 못 하던 저에게 목공(Wood) 수업 선생님은 수업 시간에 조던의 비디오를 보여주셨습니다. 영어를 못 알아듣고 목공을 따라 하면 다칠 위험이 있으니 남자 고등학생이 좋아할 만한 영상을 보여주신 것 같습니다. 한국에서 허재 선수의 농구를 보던 저에게 조던의 농구는 말 그대로 신세계였습니다.

농구 역사상 가장 위대한 선수(GOAT, the Greatest of All Time)로 평가되는 조던도 승승장구하지 못하던 시절이 있었습니다. 조던은 10학년

미국의 과거·현재·미래

때 리로이 스미스(Leroy Smith)라는 친구와 함께 레이니 고등학교(Laney High School) 농구팀 선발전에 참여합니다. 하지만 리로이만 선발되고 조던은 탈락하죠. 역사상 가장 위대한 농구선수가 고등학교 대표팀에도 선발되지 못하다니, 믿기지 않습니다. 하지만 어린 조던은 포기하지 않고 누구보다 더 열심히 연습했다고 합니다.

조던이 탈락한 가장 큰 이유는 키가 작아서였습니다. 10학년 당시 조던은 175cm밖에 되지 않았지만, 리로이는 2미터가 넘었다고 합니다. 그런데 1년 사이 조던은 15cm 넘게 급성장해 190cm가 넘었다고 합니다.[173] 마이클 조던에게는 래리(Larry)라는 5살 많은 형이 있었습니다. 173cm로 키는 작았지만 엄청난 탄력으로 덩크 슛도 잘했고, 조던이 어렸을 때 형과의 1대1 대결에서 한 번도 이긴 적이 없다고 합니다. 레이니 고등학교 농구팀의 헤링(Herring) 감독에 의하면 래리의 키가 185cm 정도만 됐었어도 그가 '조던의 형'으로 기억되지 않고, 조던이 '래리의 동생'으로 알려졌을지도 모른다고 합니다.[174]

고등학교 졸업 전, 조던은 디비전 II 대학에 진학할 것으로 예상했다고 합니다.[175] 이유는 레이니 고등학교 출신 중 디비전 I 대학에 진학한 운동선수는 없었기 때문이죠. 의외로 조던은 디비전 I 대학인 노스캐롤라이나 대학(the University of Carolina at Chapel Hill)에 진학하고, 1학년이던 1982년 NCAA 결승전에서 15초를 남기고 우승을 결정짓는 점프 슛을

성공합니다.

"It all started," he said, chuckling, "when Coach Herring cut me."[176]

"헤링 감독님이 저를 탈락시켰을 때 모든 것이 시작되었습니다."라고 조던이 웃으며 말했다.

1991년 여름, 첫 번째 NBA 우승을 차지한 조던이 그의 고향에서 열린 환영식에서 한 말입니다. 10여 년 전 조던을 누르고 팀에 선발되었던 그의 친구는 누구도 들어보지 못한 농구선수가 되었고, 조던은 모두가 아는 농구선수가 되었습니다.

미국의 과거 · 현재 · 미래

최고인 적이 없었던
역사상 최고의 투수

선구자(先驅者, 앞에서 말을 모는 사람)는 '어떤 일이나 사상에서 다른 사람보다 앞선 사람'을 뜻하는 말입니다. 선구자를 영어로는 pioneer, pathfinder, trailblazer이라고 합니다. '보병(foot soldier)'이라는 뜻의 프랑스어에서 유래한 pioneer가 가장 먼저 16세기부터 사용되었고, 그다음 '길(path)을 찾는(to find) 사람'이라는 뜻인 pathfinder가 19세기부터 사용되었습니다. '산길(trail)을 활활 태우는(to blaze) 사람'이라는 뜻인 trailblazer는 20세기 초부터 사용되었죠. pioneer 또는 pathfinder보다 훨씬 생생한 장면을 연상시키는 단어입니다.

대한민국 야구계의 trailblazer는 단연 박찬호 선수입니다. 한국인 최초로 미국 메이저리그에 진출한 선수이자 메이저리그 동양인 최다승(124승)에 빛나는 자랑스러운 한국인이죠. 박찬호 선수는 1994년에 LA

다저스에 입단해 마이너리그를 거치지 않고 메이저리그로 직행하였습니다. 1903년에 시작된 메이저리그 역사에서 마이너리그를 거치지 않고 직행한 선수는 박찬호 선수를 포함해 단 17명 밖에 없었습니다. 시즌 개막 후 성적 부진으로 곧 마이너리그로 강등되었지만, 2년 후 메이저리그에 복귀하여 메이저리그를 대표하는 투수로 거듭납니다.

그런데 재밌는 사실이 있습니다. 대한민국 야구 역사상 최고의 투수로 평가받는 박찬호 선수가 한국에서는 한 번도 최고였던 적이 없다는 것입니다. 박찬호 선수가 한양대 재학 시절, 한국에는 동갑내기 선수 두 명이 아마추어 야구를 호령하고 있었습니다. 연세대의 임선동 선수와 고려대의 조성민 선수. 신체 조건도 두 선수가 더 좋았습니다. 박찬호 선수보다 임선동 선수는 2cm가 더 컸고 조성민 선수는 무려 9cm가 더 컸습니다.

조성민 선수는 1991년 신일고 시절 봉황대기 전국고교야구대회 8강전에서 선발 맞대결을 벌인 휘문고 임선동 선수를 꺾고 우승까지 했고, 같은 해 황금사자기 전국고교야구대회에서도 우승을 차지합니다. 신일고 선수들은 볼이 빠르고 제구력도 좋았던 임선동 선수를 상대하기 위해 마운드 앞에 나와서 던지는 공을 치는 연습도 했다고 합니다.[177]

조성민 선수의 화려한 경력에 비해 박찬호 선수의 고등학교 경력은 초라합니다. 공주고등학교 재학 시절, 고등학교 최고 투수는커녕 같은 학교의 후배보다 못 던졌다고 합니다. 박찬호 선수가 공주고 3학년이 던 당시 신문 기사에는 다음과 같은 내용이 실려 있습니다. "예선 통과를 못해 그늘에 가려 있지만 '임선동(휘문고 3년)에 뒤질 것이 없다'는 평가를 받고 있는 대어... 팀의 투수층이 두터워 1루수로도 나서며 4, 5번을 맡고 있는 방망이도 수준급이다."[178] 훗날 메이저리그에서 동양인 최다승 기록을 세운 대한민국 역사상 가장 우수한 투수가 고등학교 때에는 '투수층이 두터워' 1루수로 경기를 뛰었다고 합니다.

그럼 이런 선수가 어떻게 메이저리그에 진출할 수 있었을까요? 박찬호 선수의 강속구 때문이었습니다. 조성민, 임선동 선수의 평균 구속은 140km 초·중반인 것에 반해 박찬호 선수는 150km가 넘는 공을 쉽게 뿌렸습니다. 참고로 고등학생 선수들은 130km 중반의 공을 던져도 제구가 잘 되고 변화구를 잘 던지면 좋은 성적을 낼 수 있습니다. 한국 프로야구에서는 140km대 공을 던지면 투수로 성공할 수 있죠.

하지만 메이저리그에서는 150km가 넘는 강속구를 던져야 성공할 수 있습니다. 한국에서 박찬호 선수는 제구가 되지 않아 최고의 투수가 되지 못했지만, 강속구가 필수인 메이저리그로 스카우트됩니다. 그리고 한국 야구를 넘어 동양인 야구 역사상 최고의 투수 한 명이 됩니다. 고등학교 3학년 시절, 학교에서 '투수층이 두터워' 1루수로 경기를 뛰던 학생이 과연 이런 미래를 상상할 수 있었을까요?

신이 나를 승리자로 보므로
나는 승리자이다

1886년에 출간된 소설 〈지킬 박사와 하이드 씨(The Strange Case of Dr. Jekyll and Mr. Hyde)〉는 인간의 양면성을 잘 드러내 주는 작품입니다. 지킬 박사는 외면으로는 자상하고 박식한 의사로 존경받지만, 내면으로는 욕구대로 살고 싶은 마음과 싸우며 살아갑니다. 이 악한 마음을 없애기 위해 지킬 박사는 묘약(potion)을 만들어 마십니다. 그런데 오히려 괴물 같은 하이드 씨로 변하고 말죠. 이 소설은 〈보물섬(Treasure Island)〉으로도 유명한 스코틀랜드 작가 로버트 루이스 스티븐슨(Robert Louis Stevenson)의 또 다른 명작입니다.

1994년 3월 7일, 뉴욕 메츠와의 시범 경기에서 박찬호 선수는 성공적인 메이저리그 데뷔를 합니다. 만 20세의 나이로 LA 다저스와 정식 계약을 맺은 지 2개월이 채 안 돼 거둔 쾌거입니다. 당시 3월 8일 자 뉴

욕 타임즈 신문에는 다음의 제목으로 관련 기사가 실렸습니다.[179]

1 Is the Fastball, 2 Is the Curve, 3 Is a Nice Bow
첫째는 강속구, 둘째는 커브, 셋째는 좋은 인사

1, 2, 3은 투수가 타자를 세 번의 스트라이크로 아웃을 잡는 것을 뜻합니다. 강속구와 낙차 큰 커브는 박찬호 선수의 주 무기였죠. 박찬호 선수의 데뷔는 미국에서도 관심이 많았습니다. 대한민국 최초의 메이저리그 선수였기 때문이죠. 그런데 실력도 실력이지만 첫 타석에 들어가기 전에 한국에서 하던 습관대로 심판에게 모자를 벗고 인사를 한 것으로 더 관심을 받았습니다. 메이저리그에서는 볼 수 없는 진풍경을 연출한 것이죠. 이후 박찬호 선수는 실력도 좋은데다 성품도 좋은 선수로 알려졌습니다.

그런데 5년 후, 성품 좋던 박찬호 선수가 갑자기 하이드 씨로 돌변합니다. 1999년 6월 5일, 애너하임 에인절스와의 경기 중 상대 팀 투수에게 이단옆차기를 합니다. 번트를 대고 1루로 달려가던 박찬호 선수를 상대 팀 투수가 박찬호 선수의 명치에 강하게 태그한 것이 언쟁으로 번졌고, 급기야 상대 선수의 욕을 참지 못한 박찬호 선수가 폭력을 사용한 것이죠. 6월 9일 MBC 뉴스에 따르면 박찬호 선수는 "마이너리그부터 시작해서 정말 많은 설움을 겪어 왔는데 그런 욕을 듣는 순간만큼은 참을 수 없었다."라고 말했다고 합니다.[180]

야구에서 종종 싸움이 일어나지만, 선발 투수끼리 싸우는 일은 거의 볼 수 없습니다. 그리고 싸울 때 발을 사용하는 것은 불문율로 금지되어 있다고 합니다. 야구화 스파이크에 잘못 맞으면 큰 부상으로 이어질 수 있기 때문이죠. 박찬호 선수는 이단옆차기 사건 이후 심리적으로 많은 고통을 겪었다고 합니다. 심지어는 같은 구단의 선수들도 박찬호 선수를 멀리하는 듯한 느낌을 받았다고 합니다.

박찬호 선수는 시범 경기에서 성공적인 데뷔를 하지만, 시즌 개막 이후 단 두 번의 등판 이후 바로 4월에 마이너리그로 강등당합니다. 기대가 컸던 만큼 상실감도 컸을 것입니다. 그 후 메이저리그 첫 승을 달성하기까지 걸린 시간은 무려 2년. 언어도 통하지 않는 낯선 땅에서 20대 초반 청년이 2년 동안 겪었을 설움과 미래에 대한 불확실. 상상하기도 어렵습니다. 1994년, 박찬호 선수의 방에는 다음의 문구가 적힌 포스터가 걸려 있었다고 합니다.[181]

Because God sees me as a winner, I am.
신이 나를 승리자로 보므로 나는 승리자이다.

실패를 경험했을 때마다 이 포스터를 보고 다시 일어서는 젊은 청년의 모습을 상상해 봅니다.

미국의 과거 · 현재 · 미래

느리고 꾸준한 자가
이긴다

2022년 3월 6일, 싱가포르에서 열린 HSBC 위민스 월드 챔피언십 최종 4라운드에서 세계 1위 고진영 선수는 LPGA 신기록 15라운드 연속 60대 타수에 도전합니다. 전반 9개 홀에서 보기 없이 버디 두 개를 잡았지만, 12번 홀에서 보기를 범합니다. 남은 6홀에서 최소 버디 두 개를 잡아야 신기록을 달성할 수 있는 절체절명의 상황. 고진영 선수는 지난해 이미 신기록 수립에 실패한 뼈아픈 경험이 있습니다.

심리적 압박감이 가장 강했을 순간에 고진영 선수는 거짓말같이 13번 홀부터 16번 홀까지 4개 홀 연속 버디를 기록합니다. 18번 홀에서도 버디로 마무리하며 시즌 첫 승과 함께 골프여제 안니카 소렌스탐(Annika Sörenstam)의 두 가지 기록을 경신합니다. 14라운드 연속 60대 타수와 29라운드 연속 언더파 라운드.

1995년생인 고진영 선수는 2013년 KLPGA의 3부 투어에서 뛰고 있었습니다. 같은 해 KLPGA 1부 투어에서는 동갑내기 선수가 활약하고 있었죠. 골프 천재 소녀라는 수식어가 따라다니고, 그해 KLPGA 신인상을 받은 김효주 선수입니다. 2014년 고진영 선수가 KLPGA 1부 투어에 데뷔했을 때 신인상은 다른 동갑내기 백규정 선수가 차지했죠.

　　한국에만 본인보다 잘하는 동갑내기가 두 명이나 있는 선수 입장에서, 10년 후 세계 1위를 넘어 역사에 남을 선수가 될 것이라는 자신감이 있었을 리 만무합니다. 많은 사람들이 성공한 사람은 항상 자신감에 차 있을 것이라고 생각하지만, 성공한 사람들도 보통 사람들과 같이 불확실한 미래에 불안해하며 삽니다. 마이클 조던도 그랬고, 박찬호 선수도 그랬습니다. 단지 보통 사람은 지쳐서 포기할 때, 성공한 사람은 불안감을 떨치기 위해 쉬지 않고 노력한다는 차이가 있을 뿐입니다.

　　고진영 선수는 2016년 KLPGA 대상을 수상하고 2017년에는 LPGA 출전 자격을 획득하는데, 미국 진출을 쉽게 결정하지 못합니다. 2년 전 먼저 LPGA에 진출한 동갑내기 백규정 선수가 적응에 실패하고 KLPGA로 돌아온 것을 보고 또 한 번 불확실에 휩싸였을 것입니다. 그렇지만 다시 한번 불안감을 떨쳐내고 2018년 LPGA에 도전한 고진영 선수는 데뷔전에서 우승을 합니다. LPGA 역사상 두 번째, 67년 만에 나온 진기록이었죠. 고진영 선수는 그해 올해의 신인상을 받고 바로 다음

해인 2019년과 2021년에 LPGA 올해의 선수상도 수상합니다.

2020년에는 고진영 선수의 또 다른 동갑내기 한국 선수가 세계를 깜짝 놀라게 합니다. US여자오픈에 초청선수로 출전한 김아림 선수가 깜짝 우승을 하죠. 2015년, 김효주, 백규정 선수는 이미 LPGA에 진출했었고, 고진영 선수는 KLPGA 1부 투어에서 3승을 거두고 있을 때 김아림 선수는 아직 2부 투어에서 뛰고 있었습니다. 다른 동갑내기 선수들과 비교해 한참 뒤처졌던 선수가 제일 먼저 LPGA 최고 권위의 메이저 대회에서 우승하리라 누가 예상했을까요?

공재불사(功在不舍), '성공은 버리지(포기하지) 않음에 있다'라는 뜻의 사자성어입니다. 영어에는 다음과 같은 비슷한 격언이 있습니다.

Slow and steady wins the race.
느리고 꾸준한 자가 이긴다.

미래에 확신이 있는 사람은 아무도 없습니다. 확신이 없어도 멈추지 않고 목표를 향해 꾸준히 정진하는 사람만 있을 뿐입니다.

수많은 목격자가 있었음에도
왜 여성은 죽어갔을까?[182]

1964년 3월 13일 새벽 3시, 뉴욕시에서 28세 여성이 퇴근길에 강도의 습격을 당합니다. 칼에 찔린 여성은 비명을 지르며 소리쳤습니다.

Oh, my god! He stabbed me! Please help me! Please help me![183]
세상에! 그가 나를 찔렀어요! 도와주세요! 도와주세요!

새벽의 정적을 깨는 비명에 놀란 이웃들이 창가로 모여들었고, 아파트 불들이 켜지기 시작했습니다. 7층에서 한 이웃이 소리를 칩니다. "Let the girl alone!(그녀를 내버려 둬!)"[184] 놀란 강도는 공격을 멈추고 도망갔지만, 곧 돌아와 다시 이 여성을 칼로 공격하기 시작했습니다. 이 여성의 비명을 들은 이웃은 38명. 이 중 한 명도 여성을 도와주려 하지 않았고, 바로 경찰에 신고도 하지 않았습니다. 30분이 지난 후에야 경

미국의 과거 · 현재 · 미래

찰이 현장에 도착했지만, 싸늘하게 식어가는 시체 한 구만 발견합니다.

이 뉴스를 접한 미국인들은 모두 경악했습니다. "그 많은 사람이 봤는데 어떻게 한 명도 도와주지 않았을까? 왜 경찰에 신고도 하지 않았지?" 뉴욕 시민의 무관심(apathy)에 대해 신문과 뉴스들은 참담한 어조로 보도했습니다. 하지만 사회심리학자들의 생각은 달랐습니다. 무관심 때문에 도와주지 않은 것이 아니고, 도와주고 싶었지만 상황적인 요소로 인해 하지 못한 것이라고 설명했죠.

긴급한 상황에서 목격자가 할 수 있는 일은 많지 않습니다. 어떻게 대처해야 할지 모르는 경우가 많기 때문이죠. 위 사건에서도 30명이 넘는 목격자 중에 한 명도 바로 경찰에 신고하지 않았다는 것은 충격적인 사실입니다. 그런데 역설적이게도 아무도 경찰에 신고하지 않은 이유는 목격자가 많았기 때문입니다. 많은 아파트에 불이 켜져 있는 것을 보고 이미 다른 사람이 경찰에 신고했을 것으로 생각한 것이죠. 이런 현상을 사회심리학에서는 '방관자 효과(the bystander effect)'라고 합니다.[185]

소도시보다 대도시에서 방관자 효과가 자주 발생하는 이유는 대도시에 사는 사람들이 소도시에 사는 사람들보다 무관심해서가 아니라, 사람이 많기 때문입니다. 내가 아닌 누군가가 신고를 하거나 도움을 줄 것이라고 생각하는 것입니다. 긴급 상황에서 피해자가 도움을 받을 확률은 목격자가 적을수록 높아집니다. 따라서 목격자가 많을 때 피해자가 도움을 받으려면 한 명을 딱 집어서 도움을 요청해야 합니다.

목격자가 많으면 목격자들은 우선 서로의 행동을 관찰합니다. 목격하고 있는 상황이 긴급 상황인지를 파악하기 위해서이죠. 이렇게 서로의 행동을 관찰하면서 아무 행동도 취하지 않는 상황을 '다원적 무지(pluralistic ignorance)'라고 합니다.[186] 그렇게 서로를 관찰하는 동안 모두가 긴급 상황이 아니라고 판단하고 있다고 착각하는 것입니다.

다원적 무지는 여러 실험에서도 증명되었는데, 가장 흥미로운 실험은 연기가 가득 찬 방에서 대학생들이 어떻게 행동하는지를 연구한 실험입니다. 연구에 참여한 학생들에게는 단순히 방에서 설문지에 답만하면 된다고 설명합니다. 하지만 곧 방문 밑으로 뿌연 연기가 들어오죠. 한 명이 방에 있을 때는 75%가 곧 방에서 나옵니다. 세 명이 한 방에 있을 때는 38%만 방에서 나옵니다. 만약 세 명 중 두 명에게 연기가 나더라도 가만히 있으라고 미리 말한다면, 나머지 한 명이 방에서 나올 확률은 10%밖에 되지 않습니다.[187] 눈이 매워서 비비고 기침이 계속 나와도 꿋꿋이 방 안에서 설문지에 답을 합니다.[188]

산업혁명으로 인해 기술이 발달하고 대도시가 늘어나면서 사람들이 점점 서로에게 무관심해진다고 생각하게 됩니다. 그리고 이런 생각으

미국의 과거 · 현재 · 미래

로 인해 대인 관계를 소홀히 하게 되죠. 저는 교수입니다. 교수인 저에게 가장 필요한 것은 지식, 지성도 아닌 저의 학생들입니다. 학생과 교수라는 관계가 존재하는 사회 안에서 비로소 교수가 될 수 있죠. 사회 없이는 관계가 형성될 수 없고, 관계를 맺고 있는 상대방에게 관심이 없으면 그 관계는 유지될 수 없습니다. 인간을 사회적 동물이라고 하는 이유는 '나'라는 존재가 남들과의 관계로 정의되기 때문입니다.

마약과 소프트웨어의
공통점

어떤 행동을 목격하면 우리는 왜 그 사람이 그런 행동을 했는지 이유를 찾습니다. 똑같은 안 좋은 행동이라도 남이 하면 그가 원래 그런 사람이라서(a dispositional factor) 그렇고, 내가 하면 상황 때문에(a situational factor) 어쩔 수 없었다고 생각합니다. 사회심리학에서는 이런 현상을 '기본적 귀인 오류(the fundamental attribution error)'라고 합니다.[189] 예를 들면, 친구의 책상이 더러우면 걔는 원래 더러운 애라서 그렇고, 내 책상이 더러우면 나는 요즘 바빠서 그런 거라고 생각하는 것이죠.

2005년 영화 〈모짜르트와 고래(Mozart and the Whale)〉의 두 주인공 도널드와 이사벨은 아스퍼거 증후군(Asperger's syndrome)이라는 자폐증 비슷한 장애를 가지고 있습니다. 자폐증 환자들은 상대방의 마음을 이해하는 '마음 이론(theory of mind)'이 결핍되어 정상적인 대화를 할 수

미국의 과거 · 현재 · 미래

없고, 대인관계도 불가능합니다. 아스퍼거 증후군은 자폐증처럼 심한 장애는 아니라서 대화는 가능하지만, 한 번 말을 시작하면 상대방 눈치를 보지 않고 계속 떠들어대고 무례한 말도 서슴없이 합니다.

자폐증을 영어로는 autism이라고 합니다. 그런데 자폐의 종류와 정도가 매우 다양해서 좀 더 정확한 표현으로는 'autism spectrum disorder(자폐 범주성 장애)'이라는 진단명을 사용합니다.[190] spectrum은 '(변동하는 것의) 범위'라는 뜻이죠. 자폐증 증상이 있는 사람을 영어로는 다음과 같이 표현합니다.

He is on the spectrum.
그는 자폐증 증상이 있어.

도널드와 이사벨은 결혼을 하지만, 정상적인 직장 생활을 이어가는 도널드와 그렇지 못한 이사벨은 갈등을 겪습니다. 결국 이사벨은 집을 나가 자살을 기도하고, 도널드는 의사의 충고에 따라 그녀에게 연락하고 싶은 마음을 억누릅니다. 마침내 만난 두 사람. 왜 그동안 연락하지 않았느냐고 이사벨이 묻자 도널드는 연락하고 싶었지만, 당신이 내 전화를 받기 싫어할 수도 있다는 생각에 연락하지 않았다고 합니다. 연락을 하지 않아 당신을 미워했다는 이사벨의 말에, 도널드는 이렇게 답하죠. "그럼 집에 가 있어. 내가 전화할게(So go home, I'll call you.)"

사람과의 관계는 맺기도 어렵지만 유지하기도 어렵습니다. 좋은 관계를 유지하는 데 필수 요인은 상대방에 관한 관심과 배려입니다. 하지만 이 관심과 배려를 상대방의 행동으로만 판단할 수 있다는 생각은 잘못된 생각입니다. 도널드는 상황적인 요인인 의사의 충고에 따라 연락하지 않았지만, 이사벨은 도널드가 무관심한 사람이라서 연락하지 않았다고 오해합니다. 기본적 귀인 오류를 범한 것이죠.

상황적인 요인을 고려하지 않고 기본적 귀인 오류를 범하는 또 하나의 예는 미국 정치의 분극화(political polarization)에서 찾아볼 수 있습니다. 최근 미국에는 극단주의자가 급증하였습니다. 알고리듬이 SNS 사용자의 정치 성향에 맞는 콘텐츠만 보여주기 때문이죠. 알고리듬이 우리 생활에 미치는 영향에 대해 깊게 생각해 보지 않은 분은 넷플릭스의 〈소셜 딜레마(The Social Dilemma)〉라는 다큐멘터리를 꼭 보시기 바랍니다. 시작하고 30분이 지나서 다음과 같은 인용문이 나옵니다.

There are only two industries that call their customers "users": illegal drugs and software.
고객을 '사용자'라고 부르는 산업은 단 두 종류가 있다. 마약과 소프트웨어.

에드워드 터프티(Edward Tufte)라는 미국 예일대 명예교수가 한 말이라는데 정말 섬뜩합니다. 30분 정도 후에는 다음 두 문장이 나옵니다.

미국의 과거 · 현재 · 미래

Fake news on Twitter spreads six times faster than true news.

트위터에서는 가짜 뉴스가 진짜 뉴스보다 6배 빨리 퍼집니다.

False information makes the companies more money than the truth: the truth is boring.

거짓 정보가 진실보다 회사에 더 많은 이익을 줍니다. 진실은 지루하죠.

다큐멘터리가 마무리될 무렵, 인터뷰 진행자가 핀터레스트(Pinterest) 의 전직 회장에게 "What are you most worried about?(무엇이 가장 걱 정되나요?)"라고 묻습니다. 그러자 진지하게 다음과 같이 대답하더군요. "Civil war(내전이요)." 미국의 제2차 남북전쟁을 막기 위해서는 모든 극 단주의자가 자신들이 알고리듬을 통해 가짜 뉴스와 편향된 정보에 조 종당하고 있다는 것을 깨달아야 합니다.

Part 3

언어와 문화

Chapter 8:

창의력과 언어학

틀 밖에서
생각하기

4차 산업혁명의 도래와 함께 창의력의 중요성이 더욱 주목 받고 있습니다. 창의력에 관련된 영어 표현은 'think ouside the box(틀 밖에서 생각하다=새로운 사고를 하다)'입니다. 위키피디아에 이 표현을 검색하면 다음과 같은 설명이 나옵니다.

Thinking outside the box is a metaphor that means to <u>think differently</u>, unconventionally, or from a new perspective.[191]
틀 밖에서 생각한다는 것은 <u>다르게</u>, 자유롭게, 또는 새로운 관점에서 생각하는 것을 의미하는 은유입니다.

틀 밖에서 생각하는 것은 의외로 어렵지 않습니다. 행동으로 옮기는 것이 어렵죠. 스티브 잡스는 애플의 표어를 'Think differently'가 아닌 'Think different'로 정했습니다. 동사를 부사가 아닌 형용사로 꾸며주는 것은 누구나 쉽게 생각해 낼 수 있지만, 회사의 공식 표어를 문법에 맞지 않는 문장으로 채택하는 결정은 쉽지 않았을 것입니다.

언어학의 역사를 바꾼 창의적인 학자는 두 명이 있습니다. 놈 촘스키 와 페르디낭 드 소쉬르(Ferdinand de Saussure, 1857-1913년)입니다. 촘스키가 주장한 보편 문법(Universal Grammar)은 아이들의 언어를 조금만 관심을 두고 관찰해 보면 어렵지 않게 유추할 수 있습니다. 누구에게도 배우지 않은 말을 하는 경우가 적지 않으니까요. 그리고 모든 언어가 같은 문법을 가지고 있다는 주장은 13세기부터 존재했다고 합니다.[192]

1950년대, 갓 박사학위를 마친 촘스키가 대학원 과정도 없는 공대 MIT에서 가르치고 있을 때, 지하철로 두 정거장 떨어진 하버드 대학에는 벌허스 프레더릭 스키너(Burrhus Frederic Skinner, 1904-1990년)라는 세계적인 행동심리학(behaviorism) 교수가 있었습니다. 1957년, 스키너 교수는 〈언어의 행동(Verbal Behavior)〉이라는 저서를 통해 아이들은 언어를 부모에게 배운다고 주장합니다. 2년 후, 촘스키 교수는 이 책의 논평에서 스키너 교수의 주장을 반박하고 아이들은 언어(보편 문법)를 이미 갖고 태어난다고 주장하죠. 1959년은 행동주의가 만연하던 사회 과학의 패러다임이 바뀌는 역사적 해입니다. 촘스키 교수는 1961년에 종신 재직권을 받고 정교수로 승진하는데, 풍문에 의하면 촘스키가 하버드 언어학과로 이직하는 것을 스키너가 필사적으로 막았다고 하네요.

언어를 연구하는 방법은 기본적으로 두 가지가 있습니다. 통시적(通時的, diachronic) 분석과 공시적(共時的, synchronic) 분석입니다. 통시적 분석은 언어 변화를 역사적 관점에서 분석하는 것입니다. 통시는 '시간을 통과'한다는 뜻이죠. 반면 공시적 분석은 언어의 구조를 현재 시점에서 분석하는 것입니다. 공시는 '같은 시간'이라는 뜻인데, 언어 변화와 관계 없이 분석하는 시간에 보이는 그대로 언어를 분석한다는 뜻입니다.

1916년 언어학자 소쉬르의 〈일반 언어학 강의(Course in General Linguistics)〉가 출간되기 전까지 모든 언어학 분석은 통시적으로 이뤄졌습니다. 하나의 언어(Proto-Indo-European, 인도·유럽 어족의 조상이 되는 언어)가 여러 개로 나뉘기까지 소리가 어떻게 변하는지를 연구하는 것이 중요했죠. 그런데 소쉬르는 생각이 달랐습니다. 진정한 언어학 연구는 현재의 언어 구조를 체계적으로 분석하는 것이 더 중요하다고 생각했죠.

소쉬르는 언어학이 체스 게임과 비슷하다고 했습니다. 체스 게임에서 말이 언제 어떻게 움직여서 현재 상황이 되었는지는 중요하지 않습니다. 각 말이 다른 말과 어떻게 다른 위치에 있는지를 분석해서 다음에 어디로 갈지를 파악하는 것이 중요하죠. 너무 당연한 말 같지 않나요? 이렇게 틀 밖에서 생각하는 것은 어렵지 않습니다. 이 생각을 행동으로 옮기는 것이 어려울 뿐이죠.

하나를 두 개로 보는
창의력

저는 응용언어학자입니다. 언어학의 이론을 응용해서 언어 교육에 접목하는 학자이죠. 만약 소쉬르가 없었다면 아마 응용언어학이라는 학문도 생기지 않았을 것입니다. 언어의 변화에 관한 연구를 언어 교육에 접목하기는 쉽지 않으니까요.

소쉬르에 관한 재밌는 사실이 하나 있습니다. 〈일반 언어학 강의〉는 소쉬르가 세상을 떠난 뒤 학생들이 강의 노트를 모아서 출판했다는 것입니다. 쉬운 일이 아닌데 정말 대단한 명강의였나 봅니다. 이 책의 출간 이후 소쉬르가 창시한 학문은 '구조주의(Structuralism)'로 불리게 되고, 구조주의는 언어학을 넘어 사회 과학 전반에 걸쳐 엄청난 영향력을 미칩니다. 소쉬르의 위대함은 아래 문장에서 가늠할 수 있죠.

언어와 문화

The publication of the Cours [Cours de linguistique générale] has been likened to a 'Copernican revolution' in the subject.[193]

〈일반 언어학 강의〉의 출간은 (지동설을 주장한) '코페르니쿠스 혁명'에 비교되었다.

틀 밖에서 생각하는 방법 중 하나는 보통 사람들이 하나로 보는 것을 두 개로 보는 것입니다. 소쉬르가 그랬죠. 그는 단어가 '개념(concept)'과 '소리 심상(sound-image)'으로 구성되어 있다고 주장했습니다. 하나의 단어는 곰곰이 생각해 보면 두 개의 성분으로 이뤄져 있습니다. 예를 들어, '나무'라는 단어는 창밖으로 보이는 사물과 그 사물의 이름이 합쳐진 것이라고 볼 수 있죠. 그런데 여기서 문제는, 나무의 종류와 크기가 너무도 다양한데, 그 많은 것들을 하나의 이름으로 부른다는 것이 좀 이상하죠. 그래서 소쉬르는 단어란, '나무'라는 소리 심상을 듣고 '🌲'같은 개념을 머리에 떠올리는 것이라고 말했습니다.[194]

그리고 개념과 소리 심상이 결합해 하나의 단어를 이루는 것은 매우 자의적이라고 했습니다. 예를 들어, 나무를 영어로는 tree, 라틴어로는 arbor이라고 하는데, 이 소리 심상들이 🌲를 나타낼 이유가 없다는 것이죠. 소쉬르는 단어를 '언어적 기호(linguistic sign)'라고 불렀고, 모든 기호는 '기의(記意, signified, concept)'와 '기표(記標, signifier, sound-image)'로 구성되어 있다고 했습니다. 단어의 기의는 '개념'이고, 기표는 '소리 심상'이 되겠죠. 이 이론은 '기호학(Semiotics)'이라고 합니다. 그런데 왜

'소리'가 아니라 '소리 심상'이라고 했을까요?

제가 학부 때 수강한 심리언어학 수업 첫 시간에, 교수님께서 학생들에게 눈을 감고 아무거나 원하는 것에 대해 생각해 보라고 하셨습니다. 몇 분 후, 눈을 뜨고 나서 생각을 그림으로 했는지 아니면 언어로 했는지를 물으셨죠. 저는 눈을 감고 이런 생각을 했습니다. "왜 이런 걸 하라고 하지?"

우리가 소리를 내지 않고도 언어로 생각할 수 있는 이유는 단어가 소리 심상으로 구성되어 있기 때문입니다. 실체가 있는 소리와 달리, 소리 심상은 '소리의 정신적 각인(the psychological imprint of the sound)'[195] 또는 '소리에 관한 청자의 심리적 인상(the hearer's psychological impression of a sound)'[196]을 뜻합니다. '소리 심상'이라는 우리말 단어가 생소하게 들리는 것처럼, sound-image라는 영어 단어도 직관적으로 이해되는 단어는 아닙니다. 프랑스어 image acoustique를 직역한 것이죠. sound pattern이라고 번역하기도 하는데,[197] 어렵기는 마찬가지입니다.

하지만 '소리 심상', 'sound-image'는 들리기에 참 멋있는 말이지 않나요? 보통 사람들이 하나로 보는 것을 두 개로 나눠서 이런 새로운 말을 만들어 내는 것이 진정한 창의력이죠.

언어와 문화

파닉스부터 배워서
영어를 못하는 거라고?

외국어를 습득하는 방법은 사실 아주 간단합니다. 만 12세 미만의 아이들의 경우에는 더욱 그렇죠. 이미 모국어를 습득하였으므로 어떻게 모국어를 습득했는지 생각해 보고, 외국어도 그대로 하면 됩니다. 10년이 넘게 영어를 공부했는데도 못한다면 그 이유는 파닉스(phonics) 부터 공부했기 때문입니다.

모든 언어는 듣기, 말하기, 읽기, 쓰기 이렇게 네 가지 기능으로 이루어져 있습니다. 이 중 가장 기본적인 기능은 '듣기'입니다. 아이가 태어나서 1년 정도는 듣기만 합니다. 1살을 전후해 말하기 시작하고, 만 5~6세가 돼서야 읽기를 배우고, 마지막으로 쓰기를 배우죠. 아무리 교육열이 높아도 말 못 하는 아기에게 읽기를 가르치는 부모는 보지 못했습니다. 그런데 이런 황당한 상황이 영어 교육에서 벌어지고 있습니다.

파닉스는 어떤 교육이라고 생각하시나요? 발음 교육이라고 생각하는 분이 많은데, 사실 파닉스는 읽기 교육입니다. 'phonics'를 네이버 사전에서 찾아보면 '발음 중심 어학 교수법'이라고 나옵니다. 여기서 '발음 중심'은 '말을 할 수 있는 원어민 아이들에게 알파벳을 발음하면서 읽을 수 있게 가르치는'이라는 뜻입니다. 한국에서 아이들이 책을 읽기 위해 한글을 배우는 것처럼, 영어 원어민들이 책을 읽기 위해 알파벳 읽는 법을 배우는 것이 파닉스입니다. 듣기, 말하기가 이미 되므로 읽기를 배우는 것이죠. 그런데 듣기, 말하기가 되지 않는 한국 아이들이 파닉스(읽기)부터 배우니 영어를 잘할 리가 없습니다.

그럼 읽기 교육은 언제 하는 것이 좋을까요? 아이마다 차이가 있겠지만 만 5세 이전에는 하지 않는 것이 좋습니다. 유럽 3개국의 언어를 연구한 결과에 따르면, 5세에 읽기를 시작한 아이들이 7세에 시작한 아이보다 읽기 성취도가 낮았다고 합니다.[198] 읽기를 습득하려면 시각과 청각을 통합하는 뇌 기능이 발달해야 합니다. 그런데 5세 이전에는 이 뇌 기능이 활성화되지 않은 경우가 많습니다. 이때는 읽기 교육이 오히려 뇌 발달에 악영향을 줄 수 있죠.

그리고 만 3세에 읽기와 쓰기를 배운 아이들은 정서적으로 결핍되고 창의력이 미흡하다는 연구 결과도 있습니다.[199] 부모나 선생님이 동화를 읽어 줄 때 그림을 보며 상상력을 키워야 할 나이에 글씨를 읽으려

언어와 문화

고 노력하고 있으니 창의력이 떨어질 수밖에 없죠. 추상적인 논리적 사고가 가능한 만 11세 이전에 문법을 가르치면 역효과가 날 수 있는 것처럼, 준비되지 않은 아이에게 읽기 교육을 하는 것도 좋지 않습니다.

영어는 초등학교 3학년 때부터 배워도 늦지 않습니다. 아직 만 12세가 되지 않았기 때문이죠. 그런데 영어 교육에 큰 관심이 없던 부모들도 아이가 3학년이 되면 긴장하기 시작합니다. 영어를 잘하는 또래 아이를 보고 우리 아이도 빨리 영어를 가르쳐야겠다는 생각이 앞서죠. 그리고 아이들을 학원에 보내면, 한 달 후에 기적이 일어납니다. 영어 한 마디 못 하던 아이가 파닉스를 배운 후 책을 읽기 시작하는 것입니다. 그것도 엄마, 아빠에게 익숙한 구수한 발음으로 말이죠.

요즘은 어린이집에서도 영어를 가르칩니다. 하루는 어린이집을 다니는 5살짜리 아이가 집에 와서 엄마에게 물어봅니다. "엄마, 사과가 영어로 뭔지 알아?" "아니, 모르는데." 기대감에 부푼 엄마가 웃으며 시치미를 뗍니다. "애쁘, 사과는 영어로 애쁘야." 순간 엄마의 얼굴이 실망으로 가득 찹니다. "따라해. 애플!"

파닉스를 배우지 않은 아이들은 apple을 '애쁘'라고 발음합니다. 원어민이 그렇게 발음하기 때문이죠. 하지만, 파닉스를 배운 아이들은 '애플'로 발음합니다. 파닉스에서는 p가 항상 '프'로 발음된다고 가르치기 때문입니다. apple에서처럼 p가 강세 없는 음절에 있을 때는 'ㅃ'로 발음된다고 가르치지 않습니다. 하지만 원어민들에게는 p가 항상 'ㅍ'로 발음된다고 가르쳐도 됩니다. 원어민들은 강세가 없는 음절에서 자연스럽게 힘이 빠지기 때문에 p가 저절로 'ㅃ'로 발음되기 때문입니다.

그럼 힘을 빼면 왜 'ㅍ'가 'ㅃ'로 바뀔까요? 입을 손으로 가리고 'ㅍ'와 'ㅃ'를 번갈아 가며 말해 보세요. 'ㅍ'를 발음할 때 바람(aspiration)이 훨씬 더 많이 나오는 것을 느낄 수 있습니다. 이 바람 소리를 내려면 힘이 들어가야 하는데 강세가 없는 음절에서는 힘이 들어가지 않으니 'ㅍ'가 'ㅃ'로 저절로 바뀌는 것입니다.

1977년, 미국에서 '총체적 언어 교수법(the whole language approach)'이라는 새로운 읽기 지도법이 처음 소개되었습니다.[200] 읽기도 듣기와 말하기처럼 자연스럽게 습득될 수 있다는 생각에, 파닉스를 가르치지 않고 책을 많이 읽어 주면 아이들이 저절로 읽기를 습득할 수 있다고 주장하였죠. 하지만 이 교수법으로 책을 읽지 못하는 아이들이 늘어나서 지금은 파닉스를 배우지 않는 원어민이 거의 없습니다. 파닉스는 원어민과 비원어민 모두 배워야 합니다. 많은 한국인이 영어를 못하는 이유는 파닉스'를' 배워서가 아니고 파닉스'부터' 배웠기 때문입니다.

인간이 다른 동물과 다른 점
두 가지는?

인간은 다른 동물들과 다른 점이 많습니다. 그중 정말 다른 두 가지
는 무엇일까요? 첫째는 똑바로 서서 두 발로 걸어 다니는 것이고, 둘째
는 언어를 사용해서 의사소통을 한다는 것입니다. 인류의 진화를 봐도
도구를 먼저 사용한 뒤 직립보행을 시작했고, 마지막으로 언어를 사용
하기 시작했다는 것을 알 수 있습니다. 사람 속(屬, Homo)이 진화한 순서
는 크게 다음 세 가지로 나뉩니다.[201]

호모 하빌리스 (Homo habilis)	호모 에렉투스 (Homo erectus)	호모 사피엔스 (Homo sapiens)
손재주가 있는 사람 (도구를 사용하는 사람)	**꼿꼿이 선 사람** (직립보행하는 사람)	**현명한 사람** (언어를 사용하는 사람)

오스트랄로피테쿠스(Australopithecus)에서 진화하여 탄생한 인간은

호모 하빌리스입니다. habilis는 라틴어로 '손재주가 있는', erectus는 '꼿꼿이 선', sapiens는 '현명한'이라는 뜻입니다. 세계적인 베스트셀러 〈사피엔스(Sapiens)〉의 후속작인 〈호모 데우스(Homo Deus)〉에서 유발 하라리(Yuval Harari) 교수는 인류 진화의 다음 행선지는 '신(神) 인간'이라고 했습니다. deus는 라틴어로 '신(god)'이라는 뜻이고, 영어에서는 deity(신)가 이 단어에서 유래한 것입니다.

직립보행과 언어는 모든 인간이 갖고 태어나는 본능입니다. 말 그대로 '본능'이므로 저절로 습득되죠. 어떤 교육도 필요 없습니다. 걷는다는 것이 보통 어려운 일이 아닙니다. 지금은 뛰는 로봇도 잘 만들지만, 일본 혼다 사에서는 아시모(ASIMO)라는 세계 최초의 걷는 로봇을 만들기 위해 1986년부터 연구를 시작한 끝에 2000년이 돼서야 첫 모델을 완성했습니다.[202] 2012년 미국 디즈니랜드에서 계단을 걸어 올라가는 아시모를 보고 신기해하던 기억이 아직도 생생합니다. (10년 후에 다시 가봤더니 피자 파는 곳으로 바뀌었더군요.)

이렇게 어려운 능력을 아이들이 습득하려면 부모는 어떻게 해야 할까요? 정답은 '아무것도 할 필요 없다'입니다. 두 발로 걷는 것은 본능이기 때문이죠. 도와주려는 것이 오히려 해가 될 수도 있습니다.

둘째 근욱이가 걸음마를 시작할 때 보행기(baby walker)를 사러 마트

언어와 문화

에 갔습니다. 6년 전 첫째의 보행기를 그곳에서 샀었는데, 아무리 찾아봐도 없었습니다. 아이들에게 좋지 않아서 더는 판매하지 않는다고 하더군요. 예상하지 못한 날벼락이었습니다. "보행기에 아이를 태워야 편한데…."

의사들이 보행기를 권하지 않는 이유는 두 가지입니다. 첫째는 보행기를 타고 다니며 아이들이 다치는 경우가 많고, 둘째는 보행기를 타면 아이가 오히려 걸음마를 늦게 배우기 때문입니다.[203] 부모는 아이가 보행기로 걷는 연습을 할 수 있다고 생각하는데, 아이에게 필요한 것은 걷는 연습이 아니라 넘어지지 않는 능력을 습득하는 것입니다. 그런데 보행기가 이 중요한 능력을 습득할 기회를 박탈하는 것입니다.

그럼 인간의 또 다른 본능인 언어 또한 부모가 아무것도 안 해도 아이가 저절로 습득할 수 있을까요? 네, 그렇습니다.

인간은 태어날 때부터
문법을 알고 있다고?

〈The Language Instinct(언어 본능)〉는 하버드 대학 심리학과 스티븐 핑커(Steven Pinker) 교수가 저술한 책 제목입니다. 1994년에 출간돼, 지금까지 대중을 위한 언어학 서적으로 가장 훌륭하다는 평가를 받는 책입니다. 이 책에 의하면 모든 인간은 '언어 본능'을 가지고 태어납니다.[204] 모든 인간은 태어날 때부터 공통된 문법을 가지고 태어난다고 주장하고 있죠. 어처구니없지 않나요? 모든 인간의 두뇌에 태어날 때부터 같은 문법이 존재한다면 왜 각 나라 언어의 문법이 다를까요?

이런 말도 안 되는 것 같은 주장은 1960년대에 언어학의 혁명을 일으킨 촘스키 교수가 했습니다. 모든 언어는 보편 문법이라는 공통된 문법을 가지고 있다고 주장하였죠. 크기, 색깔 등은 달라도 모든 인간이 두 개의 눈을 가진 것처럼, 모든 언어의 문법에는 공통점이 있으며 이

언어와 문화

공통점(보편 문법)은 태어날 때부터 두뇌에 존재한다는 주장입니다. 촘스키가 이런 주장을 한 이유는 당시 학자들이 언어는 학습되는 것으로 생각했기 때문입니다. 아기는 모국어를 부모에게 배운다고 생각했죠.

아기가 부모에게 말을 배우는 것이 당연한 것 같은데, 조금만 생각해 보면 그렇지 않다는 것을 알 수 있습니다. 아이들은 부모가 하지 않는 말도 하기 때문이죠. 예를 들어, 아이들은 종종 "저 어제 영화 <u>봤다요</u>." 라고 하는데, 이렇게 말하는 어른은 본 적이 없습니다. 미국 아이들도 "I <u>goed</u> to school yesterday."처럼 어른이 전혀 하지 않는 말을 하죠.

더욱 불가사의한 것은, 아이들은 정말 빠른 시간에 너무 쉽게 언어를 습득한다는 것입니다. 모국어는 물론이고, 외국어도 주위에서 사용하는 사람이 있으면 두, 세 개의 언어를 아주 쉽게 습득합니다. 보편 문법을 상정하지 않고 이런 현상을 이해하는 것은 불가능합니다.

언어를 습득하는 데 필요한 것은 단순 노출입니다. 이미 큰 틀(보편 문법)은 갖고 태어났으니 부모의 말을 듣고 각 모국어의 미미한 차이점만 나타내면 되는 것이죠. 쉽게 말하면, 모든 언어는 열 개의 스위치로 이루어져 있는데, 어떤 스위치를 켜느냐에 따라 다른 언어가 된다는 것입니다. 모든 아이는 태어날 때 동일한 열 개의 스위치(보편 문법)를 갖고 태어나고, 부모의 말을 듣고 어떤 스위치를 켤지 결정한다는 얘기죠. 촘스키 교수는 이렇게 설명합니다. 각 언어의 문법 차이는 너무 미미해서 화성인에게는 지구의 모든 언어가 같은 언어로 들릴 것이라고 말이죠.

> **The Martian scientist might reasonably conclude that there is a single human language, with differences only at the margins.**[205]
> 화성의 과학자는 사소한 차이가 있는 하나의 인간 언어가 있다고 합리적으로 결론을 내릴 것이다.

아이들이 걸음마를 배우기 위해 부모가 할 일은 없다고 상술했는데, 사실 한 가지 있습니다. 걸음마를 연습할 수 있는 공간을 제공해 주는 것이죠. 마찬가지로 아이가 모국어를 습득하기 위해 부모가 할 일은 모국어를 습득할 수 있는 환경을 조성해 주는 것입니다. 어떤 문화에서는 아이가 말을 시작하기까지 부모들이 아이에게 말을 하지 않는다고 합니다.[206] 그래도 모국어를 습득하는 데 전혀 문제가 되지 않습니다.

그런데 왜 성인이 되어서는 자연스러운 노출에 의한 언어 습득이 불가능할까요? 언어 본능이 어느 순간이 되면 저절로 사라지기 때문입니다. 이 시기를 '결정적 시기'라고 합니다. 언어 본능이 있다는 것도 신기한데, 이 본능이 어느 순간 사라진다는 것은 더 신기합니다. 그리고 참 아쉽습니다. 결정적 시기만 없었다면 성인도 모든 언어를 쉽게 습득할 수 있었을 테니까요.

언어와 문화

언어를 배우는 데
'결정적 시기'가 있다?[207]

1970년 11월, 부모에게 학대를 받고 자란 14세 소녀가 미국 로스앤젤레스시에서 발견됩니다. 이 아이는 발달 장애가 없는데도 불구하고 말을 하지 못했는데, 그 이유는 생후 18개월부터 발견될 때까지 작고 어두운 방에서 누구와의 교류도 없이 의자 또는 침대에 묶여 지냈기 때문입니다. 이 소녀의 이름은 지니(Genie)입니다.

지니는 전문가들에게 5년이 넘게 영어를 배웠지만, 결국 영어를 모국어처럼 습득하지 못했습니다. 언어를 자연스럽게 습득할 수 있는 결정적 시기를 지나서 배우기 시작했기 때문입니다. 언어의 결정적 시기는 만 12~13세라고 알려져 있는데, 이 시기 전까지 모국어를 습득하지 못하면 어떤 노력을 해도 완벽히 습득할 수 없습니다. 학자들은 이것을 '결정적 시기 가설(the critical period hypothesis)'이라고 하죠.[208]

인간의 또 하나의 본능인 직립보행에도 결정적 시기가 있습니다. 직립보행의 결정적 시기는 만 5세 전후로 알려져 있습니다. 아이들은 보통 1살 전후로 걷기 시작하는데, 문화에 따라 차이가 나기도 합니다. 우간다의 캄팔라 지역 아이들은 9개월 때부터 걷기 시작하고, 걸음마를 연습할 기회가 없는 이란의 고아들은 4세부터 시작한다고 합니다.[209]

언어와 직립보행에 관한 결정적 시기 가설이 '법칙'으로 발전하지 못하는 이유는 이 가설을 증명할 수 있는 실험을 할 수 없기 때문입니다. 실험에 참여한 아이들이 평생 말을 못 하게 되거나 걷지 못하게 될 수 있는 실험을 할 수는 없겠죠. 그렇다고 동물로 실험을 할 수도 없습니다. 언어와 직립보행은 인간만이 가진 본능이기 때문입니다.

결정적 시기에 관해 가장 활발한 연구가 진행된 분야 중 하나는 시력 발달(visual development)입니다. 이 연구는 갓 태어난 고양이를 실험 대상으로 하는 경우가 많은데, 고양이의 한쪽 눈을 안대로 가리고 언제까지 눈을 가리고 있으면 시력 발달에 문제가 되는지를 실험하죠. 관련 동영상을 보면서 참 잔인하다고 생각했습니다. 인간의 정상적인 시력이 발달될 수 있는 결정적인 시기는 만 7세 전후로 알려져 있습니다. 7세 전까지 정상적인 시력을 갖지 못한 아이들은 수술을 통해 눈의 질환은 고칠 수 있어도, 평생 정상적인 시력은 갖지 못한다고 합니다.[210]

언어와 문화

결정적 시기 가설은 외국어 습득에도 적용됩니다. 12세 이전에는 모국어처럼 자연스러운 노출만으로 외국어 습득이 가능하지만, 12세가 넘으면 노출만으로는 외국어를 습득할 수 없습니다.[211] 12세 전후로 영어 학습 방법이 달라져야 하는 이유입니다.

아직 모국어를 못하는 아이에게 외국어를 들려주면 아이에게 혼란을 줘서 좋지 않다고 주장하는 사람도 있는데, 근거 없는 주장입니다. 외국어에 대한 노출은 빠를수록 좋습니다. 어렸을 때 들은 언어는 성인이 되어 그 언어를 배울 때 발음 습득에 도움이 된다는 연구도 있습니다.[212] 언어의 결정적 시기는 만 12세라고 했는데, 사실은 6개월부터 진행이 됩니다. 그리고 많은 연구 결과가 어린아이들의 이중 언어 또는 다중 언어 교육에 대한 장점을 입증하고 있습니다.[213]

UCLA에서 저와 함께 박사과정을 거친 제 백인 친구의 아들은 영어, 독일어, 일본어 3개 국어를 구사합니다. 제 친구가 독일어를 원어민처럼 구사하고(친구의 어머니가 독일분이었습니다.) 그의 아내는 일본인입니다. 아이가 6살일 때 그 친구 집을 방문한 적이 있습니다. 저녁 식사를 하는데 엄마는 아이에게 일본어, 아빠는 아이에게 독일어만 사용하더군요. 저한테는 영어를 사용했지만 아이에게는 절대 영어를 사용하지 않았습니다. 밥을 어떻게 먹었는지 모를 정도로 정신이 하나도 없었습니다.

Chapter 9:

발음

mighta와 would of는
무슨 뜻일까?[214]

이혼 후 어린 딸아이와 어렵게 살아가는 엄마가 있었습니다. 대학에서 불문학과 고전학을 전공한 후 특별한 직업 없이 정부 보조금을 받고 근근이 살아가던 엄마가 우울증과 싸워가며 소설책 한 권을 완성하죠. 이 책을 출판하기 위해 출판사 12곳에 원고를 보내지만, 모두 퇴짜를 맞습니다. 결국 작은 출판사에 250만 원이 채 안 되는 계약금을 받고 원고를 넘깁니다.[215] 소설 〈해리 포터(Harry Potter)〉 시리즈의 작가 조앤 롤링(Joanne K. Rowling)의 이야기입니다.

이 책의 1권에는 다음과 같은 문장이 나옵니다. 악의 마법사 볼드모트(Voldemort)에게 공격을 당한 해리를 구하기 위해 갑자기 나타난 거인 해그리드(Hagrid)가 해리에게 생일 케이크를 건네주며 하는 말이죠.

I <u>mighta</u> sat on it at some point, but it'll taste all right.[216]
내가 언젠가 깔고 앉은 적이 있는 것 같은데, 맛은 괜찮을 거야.

위 문장에서 mighta는 무엇을 줄인 말일까요? 문법적으로 가능한 것은 might have밖에 없습니다. 가능성 낮은 추측을 표현할 때는 'might have+p.p.(과거분사)'를 사용합니다. 따라서 might have sat on it은 '깔고 앉은 적이 있는 것 같다'가 됩니다. 그런데 왜 might have를 줄여서 mighta로 적었을까요? 이유는 원어민들이 그렇게 발음하기 때문입니다. 다음은 원어민을 위한 영문법을 한국어로 번역한 책에 나온 내용인데,[217] 읽는 사람의 머리를 갸우뚱하게 만듭니다.

실전 문법: 다음 문장은 어떤 곳이 잘못되었을까?
I would of liked an ice cream.

옳지! of라는 전치사를 쓴 게 잘못이다. would of라는 동사는 아예 없는 말이다. 올바른 문장으로 고쳐 보자.
I <u>would have</u> liked an ice cream.

"would of를 쓰는 사람이 없는데 왜 이런 게 영문법 책에 있지?"라는 생각이 들수 있죠. 이런 내용이 원어민을 위한 문법책에 있는 이유는, 원어민들이 이런 오류를 범하기 때문입니다. 실례로, 아래 메일은 제가 미국 원어민에게 받은 메일입니다.

언어와 문화

Hi Everyone,

You <u>might of</u> received an email like the one below. Please delete it.

Thank you.

XXX

위 메일을 보낸 사람은 대학 교육을 받고 MIT에서 행정 직원으로 근무하는 원어민이었습니다. 이런 사람도 might have 대신 might of라고 쓰니, 원어민을 위한 문법책에 would of를 언급한 것도 당연하게 보입니다. 이런 오류는 너무 흔해서 미국 대학입시 시험 SAT 문제에도 자주 등장합니다. 만약 이런 문제가 수능에 나오면 출제위원들은 아마 문제를 엉망으로 냈다는 여론의 뭇매를 맞을 것입니다.

그런데 원어민들은 왜 이런 어처구니없는 오류를 범할까요? 그들은 of와 have를 똑같이 발음하기 때문입니다. 둘 다 모두 '어'로 발음하죠. 그래서 might have가 mighta가 된 것입니다. have가 '어'로 발음되는 이유는 영어가 '강세 박자 언어'이기 때문입니다.

영어는 강세로
박자를 맞춰야 한다고?

영어에서 가장 자주 사용되는 모음 소리는 무엇일까요? '어'입니다.[218] 정확히 말하면 '슈와(schwa)'라는 모음인데, 이 모음의 발음기호는 [ə]입니다. 한국어에서 가장 가까운 소리는 '어'이죠. 영어에서 슈와가 가장 자주 사용되는 이유는, 강세가 없는 음절 대부분이 슈와로 발음되기 때문입니다. 미국 원어민들은 Adam과 Atom을 모두 '애럼'으로 발음합니다. 강세가 첫 음절에 있으므로 강세가 없는 두 번째 음절의 모음이 모두 '어'로 되기 때문입니다. 미국 영어에서는 t와 d가 모음 사이에 오면 모두 'ㄹ'로 발음됩니다. item, Adam, Atom 모두 두 번째 음절은 똑같이 '럼'으로 발음되죠.

그럼 강세가 없는 음절에서는 왜 모음이 '어'로 발음될까요? 한번 '아, 에, 이, 오, 우'를 발음해 보세요. 이 모음들을 발음하기 위해서는 혀,

언어와 문화

턱, 입술 중 최소한 하나는 움직여야 합니다. 반면에 '어'를 발음할 때는 어떤 것도 움직이지 않습니다. 그만큼 힘이 들어가지 않는 발음이죠.

강세 없는 음절의 모음이 '어'가 되는 이유는 영어가 '강세 박자 언어 (stress-timed language)'이기 때문입니다.[219] 반면 한국어는 '음절 박자 언어(syllable-timed language)'입니다. 특이한 것은 강세가 있는 언어 중에는 강세 박자 언어가 아닌 경우도 많다는 것입니다. 스페인어와 프랑스어가 그렇죠. 이들 언어에서는 슈와 발음이 없습니다. 어원과 뜻이 같은 영어와 프랑스어의 단어를 비교해볼까요? 모두 '단체'라는 뜻입니다.

영어	프랑스어
organization [ˌɔrgənəˈzeiʃn]	organisation [ɔʁɡanizasjɔ̃]

위 두 단어는 모두 다섯 음절로 구성되어 있고, 두 번째와 세 번째 음절인 'gani'에는 강세가 없습니다. 영어에서는 'gani'의 모음이 모두 슈와(ə)로 바뀌지만, 프랑스어에서는 정확히 '아'와 '이'로 발음되죠.

프랑스어는 기본적으로 단어의 마지막 모음에 강세가 오는데, 만약 마지막 모음이 슈와이면 마지막에서 두 번째 모음에 강세가 옵니다.[220] 반면에 영어 단어에서 어떤 음절에 강세가 있는지를 찾아내는 것은 거의 불가능합니다. 음운론 시간에 배우는 규칙들은 너무 복잡해서 영어를 공부하는 일반인들에게는 도움이 되지 않습니다. 사전에서 찾아 보는 것이 가장 좋은 방법이죠. 외워 두면 도움이 되는 규칙 중 하나는 organization에서처럼 '-ion'으로 끝나는 단어에서는 마지막에서 두 번째 음절에 강세가 온다는 것입니다.

단어 강세와 달리 문장 강세는 정해져 있습니다. 문장의 의미에 중요 한 역할을 하는 '명사, 형용사, 본동사, 부사, 부정어'에는 강세가 있지 만, 나머지 단어에는 강세가 없습니다. 따라서, ①과 ②는 음절의 숫자 는 달라도 문장 강세의 숫자는 같습니다. ②에서 관사인 A와 조동사인 can에는 강세가 없기 때문이죠.

① <u>Balls float</u>. (2음절/2강세)
② A <u>ball</u> can <u>float</u>. (4음절/2강세)

강세 박자 언어는 말 그대로 박자를 강세로 맞추는 언어이고, 음절 박자 언어는 음절로 박자를 맞추는 언어입니다. 영어는 강세 박자 언어 이므로 ①과 ②를 같은 시간에 말해야 합니다. 2음절 문장과 4음절 문 장을 같은 시간에 말하려면 강세가 없는 단어는 빨리 말해야 합니다. 따 라서 can은 '큰'으로 발음됩니다. n 앞에 있는 모음은 슈와(ə)보다 더 줄 어들어 '으'가 되죠.

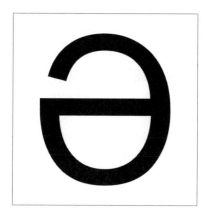

슈와의 발음기호

만약 영어가 음절 박자 언어였다면 ②를 말할 때 걸리는 시간이 ①을 말할 때 걸리는 시간의 두 배여야 합니다. 하지만 영어는 강세로 박자를 맞추는 언어이므로 음절 숫자와 박자는 관계가 없습니다. 반면에, 음절 박자 언어인 한국어에서는 ③보다 ④를 말할 때 두 배의 시간이 걸립니다. ③은 3음절, ④는 6음절이기 때문이죠.

③ 공은 떠. (3음절)
④ 공은 뜰 수 있어. (6음절)

발음도 문법처럼
공부해야 하는 사람들

강세 박자 언어와 음절 박자 언어의 차이점을 이해했으니, 이제 원어민들이 왜 of와 have를 똑같이 발음하는지 자세히 알아보겠습니다. ① 에서 have는 본동사로 사용되었으므로 [hæv]로 발음됩니다.

① I will <u>have</u> a cookie. 쿠키를 먹을 거야.
　　　　　 본동사

그런데 ②에서는 have가 조동사로 사용되어서 강세가 없습니다. 강세가 없으면 h는 사라지고 모음은 [ə]로 바뀝니다.

② I would <u>have</u> liked a cookie. 쿠키를 먹었다면 좋았을 거야.
　　　　　 조동사

언어와 문화

h는 아주 약한 소리입니다. 강세가 없으면 아예 사라지죠. 제 이름 '원호'도 자연스럽게 발음하면 'ㅎ' 소리가 없어지고 '워노'가 됩니다. 조동사 have에서 h가 없어지고 모음이 [ə]로 바뀌면 have의 발음은 of 와 똑같은 [əv]가 됩니다. 왜 원어민들이 would have 대신 would of 를 쓰는지 이해될 만도 하죠.

미국에서 커피로 유명한 도시는 시애틀입니다. 스타벅스 본사도 시애틀에 있죠. 뉴욕은 피자와 베이글로 유명한데, 뉴욕에 본사가 있는 재밌는 이름의 커피가 있습니다. Chock full o'Nuts입니다. chock full은 '가득 찬'이라는 뜻의 형용사입니다. o'Nuts에서 o 뒤에 붙은 아포스트로피(apostrophe)는 생략을 나타내는 부호인데, 여기서 생략된 것은 f입니다. 그럼 왜 of를 줄여서 o'라고 했을까요? of 뒤에 자음으로 시작하는 단어가 오면 of는 f가 생략되고 [ə]로 발음되기 때문입니다.

of와 마찬가지로 조동사 have도 자음으로 시작하는 단어 앞에서는 [ə]로 발음됩니다. 자음을 연속해서 발음하기가 쉽지 않기 때문이죠. 그래서 would와 [ə] 소리를 합쳐 woulda라고 쓰기도 합니다. shoulda, coulda, mighta도 모두 같은 과정을 거쳐 만들어진 단어입니다. 물론 모두 구어체를 나타낼 때만 사용되죠.

결정적 시기인 만 12세가 지난 영어 학습자는 발음도 이런 식으로 문법처럼 공부해야 합니다. 더는 모국어처럼 듣기만 해서 외국어를 습득할 수 없기 때문이죠. 영어를 10년 이상 공부했는데 아직도 듣기가 되지 않는다면, 발음을 꼭 공부해야 합니다. 반면, 초등학생 때 꾸준히 영어를 듣는다면 would have가 woulda로 발음된다는 것을 자연스럽게 습득할 수 있습니다.

1997년 이전까지 한국에서는 중학교 1학년부터 영어를 배웠습니다. 결정적 시기가 지나자마자 영어를 배우기 시작한 것이지요. 그런 사람들의 발음이 좋지 않은 것은 어쩔 수 없습니다. 아무리 열심히 들어도 발음 공부를 하지 않으면 발음이 좋아지지 않는데, 발음을 체계적으로 못 배웠기 때문입니다. 하지만 초등학생 때부터 영어를 배운 사람은 발음이 좋지 않을 이유가 없습니다. 들리는 대로 따라 하면 되기 때문이죠. 그럼에도 발음이 좋지 않은 경우는 듣지는 않고 파닉스를 배워서 읽기만 했기 때문입니다.

Chock full o'Nuts 커피 공식 홈페이지에 가 보면 다음과 같은 재밌는 글이 나옵니다. 저렴한 가격에 양질의 커피를 제공한다는 내용을 재치 있게 표현한 글이죠.

You deserve perfectly roasted coffee for not a ton of money. And people who do pay way too much? Well, they simply

deserve to be roasted.[221]

당신은 많은 돈을 내지 않고 완벽하게 로스팅된 커피를 마실 자격이 있습니다. 그리고 너무 많은 돈을 내는 사람들은? 글쎄요, 그들은 단순히 로스팅될 자격이 있습니다.

재밌는 동영상을 보며 자연스럽게 영어를 배울 수 있는 초등학생 자녀에게 영어책 읽기를 강요하는 부모님들. 이 글에서 말하는 커피 한잔에 돈을 너무 많이 내는 사람들과 비슷하다고 느껴지네요.

카페 모카의
반대말은?

겨울에 따뜻하게 마시는 코코아를 영어로는 hot cocoa라고 합니다. 그런데 요즘에는 hot cocoa 대신 주로 hot chocolate이라고 하죠.[222] 전문가들은 이 두 가지를 구분하기도 합니다. 물 또는 우유에 코코아가 루를 탄 것은 hot cocoa, 초콜릿을 녹여서 만든 것은 hot chocolate처럼요. 그런데 사실 코코아가루와 초콜릿 모두 카카오(cacao)라는 열매의 종자(種子)를 가공해서 만든 것입니다.

카카오 종자(cacao bean)를 갈아서 반죽을 만들면 지방층이 적은 것과 많은 것으로 나눌 수 있는데, 지방이 적은 것은 코코아 케이크, 많은 것은 코코아 버터라고 합니다. 코코아 가루는 코코아 케이크를 빻아서 만들고, 초콜릿은 코코아 버터로 만듭니다. 코코아 버터는 유통되는 가장 비싼 지방으로, 주름을 없애는 화장품에도 사용된다고 하네요.[223]

언어와 문화

'코코아(cocoa)'와 '카카오(cacao)'는 사실 같은 단어입니다. cacao 가 먼저 16세기에 스페인어에서 유래하였고,[224] cocoa는 18세기에 cacao가 변형된 것이죠.[225] 엄밀히 말하자면 카카오는 열매를 지칭하고 코코아는 종자를 가공해 만든 가루를 지칭하지만, 혼용되기도 합니다. 그래서 cacao bean을 cocoa bean이라고 하기도 하고, 초콜릿 포장에 보면 cacao가 들어 있다고 하기도, cocoa가 들어 있다고 하기도 하죠.

그런데 cocoa와 cacao의 영어 발음은 완전히 다릅니다. cocoa의 발음이 충격적인데, '코코아'가 아니고 '코우코우/'koukou/'처럼 발음됩니다. coa가 '코우'로 발음되는 이유는, coat의 발음과 비교해 보면 바로 이해됩니다. 반면에 cacao는 '커카우/kə'kau/'로 발음이 됩니다. cao의 발음은 cow와 같습니다. cocoa의 발음을 좀 더 정확히 하면 '코우꼬우'가 됩니다. 영어는 강세가 있거나 단어의 첫소리에서만 'ㅍ, ㅌ, ㅋ' 소리가 나기 때문입니다.

여기서 재미 교포 아재 개그 한 번 하겠습니다. 다음 질문의 답은 무엇일까요?

What's the name of the place that coffee can't go to?
커피가 가지 못하는 곳은?

정답은 '카페 모카(caffè mocha)'입니다. 이해가 안 된다고요? mocha를 '모우까'로 발음해 보세요. '카페 못 가'와 발음이 같죠? 이제 웃음을 참기가 쉽지 않을 것입니다. mocha의 본토 발음이 '모우까'가 되는 이유도 cocoa처럼 강세가 첫 음절에 있어서 '카'가 '까'로 바뀌기 때문입니다. 하나 더 해 볼까요?

What's the antonym of caffè mocha?
카페 모카의 반댓말은?

정답은 '카페 올레(café au lait)'입니다. caffè는 이탈리아어이고, café는 프랑스어입니다. 모두 coffee를 뜻하는데, 프랑스어 café는 '커피숍'을 뜻하기도 합니다. au lait는 '우유와 함께(with milk)'라는 뜻입니다. 에스프레소로 만드는 라테와 달리 카페 올레는 원두커피에 뜨거운 우유를 넣어서 만듭니다.

마지막으로 언어학적인 질문을 하나 하겠습니다. I like him을 소리나는 대로 적으면 어떻게 될까요? '알 라이 껌'이 됩니다. him은 대명사라서 강세를 받지 않습니다. 강세가 없는 단어 앞에 오는 h는 발음되지 않죠. 그리고 모음은 '어[ə]'로 바뀝니다. 그래서 him이 '엄'으로 발음되죠. 마지막으로 like의 종성 자음 소리인 'ㅋ'가 '엄'과 연음되고, 강세가 없으므로 'ㅋ'가 'ㄲ'로 변해서 '껌'이 되죠.

언어와 문화

재밌는 사실은 '알 라이 껨'이 I like 'em(them)도 된다는 것입니다. 그런데 강세가 없는 단어의 초성에서 탈락할 수 있는 소리는 h밖에 없습니다. 따라서 'em은 hem이지 them이 아닙니다. 그럼 도대체 hem이 뭘까요? hem은 중세영어에서 them 대신 사용되었던 대명사입니다.[226] 철자는 them으로 바뀌었지만, 일상 대화에서는 아직 중세영어의 발음을 쓰고 있는 것이죠.

Busan행 열차를 타면
Pusan대에 갈 수 있나?

좀비 영화 좋아하시나요? 서강대에 처음 부임했을 때, 학생들에게 z 발음을 알려주기 위해 예로 zombie를 들었더니, 학생들이 모두 깜짝 놀라더군요. 좀비가 영어인지 몰랐다고 말이죠. 저도 깜짝 놀랐습니다.

미국 영화 단골 소재였던 좀비가 2016년 영화 〈부산행〉을 통해 본격적으로 한국 영화의 소재가 되었습니다. 미국 영화에서는 좀처럼 볼 수 없는 감동적인 이야기로 대성공을 거두었죠. 부산에는 부산대학교가 있습니다. 한국 사람들은 부산행 열차를 타고 부산대에 가는 것이 당연하다고 느껴지겠지만, 외국인들은 그렇게 생각하지 않을지도 모릅니다. 〈부산행〉의 영어 제목은 Train to Busan인데, 부산대학교의 영어 명칭은 Pusan National University입니다. 외국인이라면 "Busan행 열차를 타고 Pusan대에 갈 수 있나?"라는 의문이 들지 않을까요?

언어와 문화

부산의 공식 영어 명칭은 원래 Pusan이었습니다. 2000년에 국어의 로마자 표기법이 개정되면서 Busan으로 바뀌었죠. 부산대는 1946년에 개교했으니 당시의 로마자 표기법을 따라서 Pusan으로 쓴 것입니다. '부'와 '푸'는 엄연히 다른 소리인데, 왜 처음부터 Busan으로 하지 않았을까요? 그 이유는 '부'와 '푸'가 외국인에게는 모두 '푸'로 들리기 때문입니다. Pusan은 외국인에게 들리는 대로 표기한 것이죠.

외국인들이 왜 '부'와 '푸'를 모두 '푸'로 듣는지를 이해하려면 언어학에서 다루는 개념인 '이음(allophone)'을 이해해야 합니다. 아래는 네이버 사전에 나오는 '이음'의 정의입니다.[227] '감기'의 첫 번째 'ㄱ'은 [k]로, 두 번째는 [g]로 발음된다고 설명하고 있죠.

이음(異音): 같은 음소에 포괄되는 몇 개의 구체적인 음이 서로 구별되는 음의 특징을 지니고 있을 때의 음. 예를 들어, '감기'의 두 'ㄱ' 소리는 같은 문자로 표기하나, 실제로는 앞의 ㄱ은 [k], 뒤의 것은 [g]와 같이 서로 다른 음가를 가지는데, 한 음운으로 묶인 서로 다른 둘 이상의 음성을 그 음운에 상대하여 이른다.

'감기'를 한번 발음해 보세요. 사전의 설명대로 처음 'ㄱ'과 두 번째 'ㄱ'이 다르게 발음된다고 느껴지나요? 그렇지 않을 겁니다. 한국어 원어민이기 때문입니다. 모든 언어의 소리는 음소(音素, phoneme)와 이음으로 이뤄져 있습니다.[228] 음소는 단어의 뜻을 바꾸는 소리이고, 이음은 소리는 다르지만 단어의 뜻이 변하지 않는 소리입니다.

원어민은 자기 언어의 음소는 들려도 이음은 잘 들리지 않습니다. 예를 들어, 한국어에서 'ㅍ'와 'ㅃ'는 음소입니다. 그래서 '풀'과 '뿔'이 뜻이 다른 단어가 되죠. 반면 영어에서 'ㅍ'와 'ㅃ'는 이음입니다. 하나의 음소인 /p/가 강세가 있을 때는 'ㅍ'로 발음되고, 강세가 없을 때는 'ㅃ'로 발음되죠. 그래서 Papa에는 두 번째 음절에 강세가 없기 때문에 '파빠'로 발음합니다. cocoa가 '코우꼬우', mocha가 '모우까'로 발음되는 것도 같은 이치입니다. 한국어에서는 'ㅍ'와 'ㅃ'가 음소이므로 우리는 Papa의 첫 번째 p와 두 번째 p의 발음을 다르게 듣습니다. 하지만 영어 원어민은 자신이 p를 다르게 발음한다는 사실을 인지하지 못합니다. 이음은 잘 들리지 않기 때문이죠.

한국어에서 'ㅂ, ㄷ, ㄱ'은 모두 두 개의 이음이 있습니다. 단어 처음에 올 때는 [p, t, k]로 발음되고 유성음 사이에 올 때는 [b, d, g]로 발음되죠. 그래서 '감기'의 처음 'ㄱ'은 [k]로, 두 번째는 'ㄱ'은 [g]로 발음되는 것입니다. 외국인들은 이 두 소리를 다르게 듣겠지만, 우리는 이 두 소리가 다르게 들리지 않습니다. '부산'의 'ㅂ'도 단어 처음에 왔으므로 [p]로 발음됩니다. 그래서 부산을 Pusan으로 썼던 것입니다.

왜 외국인들은 자꾸
"캄사합니다"라고 하지?

국적을 막론하고 모든 외국인은 '감사합니다'를 '캄사합니다'로 발음합니다. 외국인들에게는 '감사'가 '캄사'로 들리기 때문이죠. 김씨 성을 Kim으로 표기하는 이유도 외국인들에게는 '김'이 '킴'으로 들리기 때문입니다. 하지만 'ㄱ'과 'ㅋ'은 엄연히 다른 소리입니다. 같다면 다르게 표기하지 않겠죠. 그럼 한국인들은 이 둘을 어떻게 구별할까요?

'공'과 '콩'을 번갈아 말해 보세요. '공'보다 '콩'이 높지 않나요? 이 높이의 차이로 우리는 '공'과 '콩'의 차이를 인지합니다. 충격적이죠. 언어학적으로 너무 신기한 현상이라서 미국 대학교에서 사용하는 언어학 원서에도 이 내용이 항상 포함되어 있습니다. 'ㅂ, ㄷ, ㄱ'이 단어 첫소리에서는 모두 'ㅍ, ㅌ, ㅋ'으로 들린다고 생각해 보세요. 끔찍합니다. '비'가 올 때는 어떡하나요?

미국에 이민 간 지 얼마 안 돼 Berendo라는 길에 산 적이 있었습니다. 제가 Berendo의 스펠링을 말하면 미국인들이 항상 '비'는 P로, '디'는 T로 알아듣더군요. 정말 답답했는데, 그 이유를 언어학 개론 시간에 '음소'와 '이음'의 차이를 배운 뒤 깨달았죠. 그럼 알파벳 B와 D는 어떻게 발음해야 원어민이 제대로 알아들을 수 있을까요?

B와 P의 차이는 바람 소리입니다. 우리말 '비'는 영어 B와 달리 바람 소리가 나기 때문에 P로 들리는 것입니다. 반면에 '삐'에는 바람 소리가 없습니다. '비'와 '삐'를 번갈아 가며 발음해 보세요. '비'보다 '삐'의 소리가 높지 않나요? 영어의 B는 '삐'를 '비'처럼 낮은 소리로 발음하면 됩니다. 마찬가지로 D도 '띠'를 낮은 소리로 발음하면 되죠.

한국어를 로마자로 표기할 때는 표준 발음대로 적는 것이 원칙입니다. 국어의 로마자 표기법 제1장 제1항에 명시되어 있습니다.[229] '종로'를 Jongro가 아닌 Jongno로 적는 이유도 '종로'가 [종노]로 발음되기 때문입니다. 그럼 '부산'은 어떻게 적어야 할까요? 발음대로 적는 것이 원칙이라면 Busan보다는 Pusan이 표준 발음에 더 가까운 표기입니다. 하지만 저는 개인적으로 Busan을 더 선호합니다.

국어의 로마자를 표준 발음법에 따라 적는 이유는 외국인들의 한국어 발음을 돕기 위한 것 같습니다. 그런데, 이런 로마자 표기가 한국인

언어와 문화

들에게는 큰 혼란을 초래할 수 있습니다. 요즘 학생들이 만약 미국 신문 기사에서 Pusan National University에 관련된 기사를 본다면 이런 생각을 하지 않을까요? "푸산 국립 대학이란 곳도 있나?"

서강대의 영어 명칭도 부산대에 뒤지지 않습니다. '서강'을 Sogang 로 쓰죠. 며칠 전에도 누군가가 제 이메일 주소를 보고 Seo 아니냐고 물어보더군요. 서강대는 왜 영어 명칭을 Seogang으로 하지 않았을까요? 서강대는 1960년에 개교하였습니다. 1960년에 사용되던 로마자 표기법에 따르면 'ㅓ'는 o 위에 단음(短音) 기호(˘)를 추가한 ŏ로 표기해야 합니다. 그럼 Sŏgang이 되는데, 단음 기호를 표시하기가 쉽지 않아 Sogang이 된 것 같습니다.

2005년 미국 MIT에서 대우 교수로 영어를 가르치고 있던 저는 Sogang University에서 영어 교육 전임 교수를 뽑는다는 공고를 봤습니다. "한국에 소강대라는 대학도 있나?"라고 생각하며 무시하고 이메일을 삭제하려는 순간, 문득 Sogang University가 서강대일지도 모른다는 생각이 들었습니다. 그렇게 호기심에 링크를 클릭해 보았고, 그 결과 현재 서강대에서 강의를 하고 있죠.

시저와 카이사르가
같은 사람이야?

가이우스 율리우스 카이사르(Gaius Julius Caesar)는 로마 공화정 말기의 정치가입니다. 가이우스가 이름(praenomen)이고, 율리우스는 씨족 이름(nomen), 그리고 카이사르가 가문 이름(cognomen)입니다. 귀족들은 보통 이렇게 세 개의 이름을 썼고 평민들은 두 개의 이름을 썼는데, 그 이유는 세 번째 이름이 원래는 훌륭한 업적을 쌓은 사람에게 붙여진 별명이었기 때문입니다. 이 별명이 후손들에게 세습되면서 씨족(clan) 내의 가문을 구별하는 역할을 하게 되었죠.

'시저'는 Caesar의 영어 발음입니다. Julius도 영어로는 '줄리어스'라고 발음합니다. 셰익스피어의 〈The Tragedy of Julius Caesar(줄리어스 시저의 비극)〉를 한국어로 〈줄리어스 시저〉라고 하죠. 아마 이 작품이 아니었다면 한국어에서는 '시저'라는 발음을 사용하지 않았을지도 모

언어와 문화

릅니다. 그런데 왜 라틴어 발음과 영어 발음이 이렇게 차이가 날까요?

라틴어에서 c는 항상 /k/로 발음됩니다. 반면 영어에서 c는 /k/로도 발음되고 /s/로도 발음됩니다. 그 이유는 영어가 프랑스어의 영향을 받았기 때문입니다.[230] 1066년, 영국은 프랑스 노르만족에게 정복당합니다. 이후 영어는 왕족과 귀족들이 사용하던 프랑스어에 큰 영향을 받습니다. 다음 영어 단어도 모두 프랑스어에서 유래하였죠.

① /k/: calorie, color, cucumber   ② /s/: celery, cinema

c를 항상 /k/로 발음하는 라틴어와 달리, 프랑스어에서는 모음 a, o, u 앞의 c는 /k/로 발음하고, e와 i 앞의 c는 /s/로 발음합니다. 그래서 ②의 단어에서 c가 /s/로 발음되는 것입니다.

라틴어에서 유래한 언어들을 로망스어라고 하는데, 대표적인 로망스어는 이탈리아어, 스페인어 그리고 프랑스어입니다. 영어는 게르만어인데, 대표적인 게르만어는 독일어, 덴마크어 그리고 네덜란드어입니다. 프랑스어와 마찬가지로 스페인어에서도 c 뒤에 e와 i가 오면 /s/로 발음됩니다. 반면에, 이탈리아어에서는 c 뒤에 e와 i가 오면 /tʃ/로 발음됩니다. 그래서 cello가 '첼로'로 발음되는 것입니다.

ae는 라틴어에서는 '아이'로 발음되는데, 영어에서는 '이'로 발음됩니다. 그래서 ae를 영어에서는 e로 표기하는 경우가 많습니다. aether와 ether(에테르), mediaeval과 medieval(중세의), archaeology와 archeology(고고학)가 혼용되는 것이 대표적인 예이죠. 영어에서는 s가 is, museum에서처럼 /z/로 발음되는 경우가 많지만, 라틴어에서는 항상 /s/로 발음됩니다. 그리고 라틴어의 r은 'ㄹ'로 발음되므로 '카이사르'는 라틴어 발음에 충실한 표기입니다.

그런데 사실 '카이사르'보다는 '까이사르'가 좀 더 정확한 표기라고 할 수 있습니다. 라틴어의 c는 'ㅋ'보다는 'ㄲ'과 더 비슷한 소리이기 때문이죠.[231] 영어에서는 /k/가 calorie 또는 color처럼 단어 처음에 올 때 모두 'ㅋ'으로 발음됩니다. /k/가 'ㄲ'으로 발음되는 것은 cucumber의 두 번째 음절처럼 강세가 없을 때만 가능하죠. 따라서 영어 원어민들은 '까이사르'라는 발음을 할 수 없습니다. 우리는 이 발음이 가능한데 왜 굳이 '카이사르'라고 할까요? 다음과 같은 외래어 표기법 때문입니다.

제4항 파열음 표기에는 된소리를 쓰지 않는 것을 원칙으로 한다.[232]

/p, t, k, b, d, g/를 파열음이라고 하는데, 이상하게도 외래어 표기법은 'ㅃ, ㄸ, ㄲ'과 같은 된소리를 좋아하지 않습니다. 그래서 프랑스의 수도 Paris도 '빠리'가 아닌 '파리'로 적는 것입니다.

언어와 문화

하늘의 신은
'에테르'라고 하면 안 될까?

2013년 영화 〈토르: 다크 월드(Thor: The Dark World)〉를 네이버에서 검색하면 다음과 같은 소개 글이 나옵니다.

〈어벤져스〉의 뉴욕 사건 후, 다시 신들의 고향인 아스가르드 왕국으로 돌아간 토르와 로키. 지구를 위협한 로키는 지하 감옥에 갇히고, 토르는 아버지 오딘과 함께 우주의 질서를 재정립하기 위해 나선다. 1년 후, 지구에 혼자 남은 제인은 우연히 태초부터 존재해 왔던 어둠의 종족 다크 엘프의 무기 '에테르'를 얻게 된다. 이 사실을 안 '다크 엘프'의 리더 '말레키스'는 '에테르'를 되찾기 위해 제인과 아스가르드를 공격하고, 토르는 사랑하는 여인 제인과 아스가르드 왕국을 지키기 위해 로키에게 위험한 동맹을 제안하게 된다.[233] .

토르의 여자 친구인 제인의 몸 안으로 '에테르(the Aether)'라는 검은 물체가 들어갑니다. 그리고 제인이 주체할 수 없는 초능력을 얻게 되는데, 서양 문화에서 에테르는 항상 신비로운 물체를 뜻합니다. 신의 세계인 하늘이 에테르로 구성되어 있다고 생각했기 때문입니다.

아리스토텔레스에 의하면 인간 세계는 4개의 원소로 구성되어 있고, 하늘은 제5원소로 구성되어 있습니다. 아리스토텔레스의 제5원소는 '에테르'로 불리게 되죠. 그 이유는 Aether가 그리스 신화에서 하늘을 의인화한 신이기 때문입니다. 그런데 우리말로 하늘의 신 Aether는 '에테르'라고 하지 않습니다. '아이테르'라고 하죠. 영어에서는 '하늘의 신'과 '제5원소' 모두 [íːθər]로 발음되지만, 우리말에서 '아이테르'와 '에테르'는 엄연히 다른 것을 지칭합니다.

aether는 그리스어 aither에서 유래한 라틴어 단어입니다. 우리가 하늘의 신을 '아이테르'로 발음하는 이유는 Caesar(카이사르)처럼 라틴어에서는 ae를 '아이'로 발음하기 때문입니다. 영어에서는 ae를 주로 '이'로 발음합니다. 그래서 ae를 e로 줄인 스펠링도 함께 사용됩니다. 흔하지는 않지만 aesthetic 또는 esthetic[esθétik](미학의)에서처럼 ae와 e가 '에'로 발음되기도 합니다.

만유인력의 법칙을 발견한 천재 과학자 아이작 뉴턴(Isaac Newton, 1642-1727년)도 에테르(제5원소)가 중력의 매개체 역할을 한다고 생각한 적이 있다고 합니다. 만유인력의 법칙을 정립하는 데 20년이 넘게 걸렸다고 하니, 사과를 떨어뜨리는 신비로운 힘(중력)을 초기에는 에테르를 이용해 설명하려고 했던 것이죠. 그럼 하늘이 에테르로 구성되어 있다고 믿었던 아리스토텔레스는 중력을 어떻게 설명했을까요?

서양의 고대 원소(classical elements)에는 순서가 있습니다. 가장 아래는 흙(earth), 그다음에는 물(water)과 공기(air), 그리고 제일 위에는 불(fire)이 있죠. 바다를 상상하면 쉽게 이해됩니다. 흙 위에 물이 있고 물 위에 공기가 있죠. 아리스토텔레스는 세상의 물질들이 각 원소의 자리로 돌아가려는 성질이 있다고 생각했습니다. 손에 쥐고 있던 흙을 놓으면 땅으로 떨어지는 이유는 원소 흙이 가장 아래 있기 때문이고, 불꽃이 위로 솟는 이유는 원소 불이 가장 높은 곳에 있기 때문이라고 믿었죠.[234]

2,000년 넘게 서양 지식을 지배한 아리스토텔레스가 이런 미신 같은 생각을 했다는 것이 놀랍지 않나요? 그러고 보면 우리는 뉴턴 덕에 흙이 땅으로 떨어지는 이유가 중력 때문이라는 것을 설명할 수 있습니다. 뉴턴의 어깨에 올라 서 있으니 그의 명언이 생각이 나네요.

If I have seen further, it is by standing on the shoulders of giants.[235]
내가 더 멀리 보았다면, 그것은 내가 거인의 어깨 위에 올라 서 있기 때문이다.

차르, 카이저, 카이사르가
다 같은 말이라고?

1997년에 개봉한 〈아나스타샤(Anastasia)〉는 러시아 제국의 마지막 왕조인 로마노프(Romanov)의 넷째 공주를 소재로 한 만화 영화입니다. 역사를 왜곡한 영화라는 비판도 많았지만, 1917년 러시아 혁명이 배경이 되는 영화이므로 아이들의 역사적 호기심을 자극하기에 충분히 좋은 영화입니다. 이 만화를 통해 러시아의 황제를 '차르(tsar)'라고 부른다는 것도 알 수 있죠. 러시아의 마지막 황제 니콜라이 2세를 영어로는 Tsar Nicholas II라고 합니다.

제가 어릴 때부터 보던 마징가 제트라는 만화 영화가 2018년에 〈마징가 Z: 인피니티〉라는 작품으로 개봉을 했습니다. 마징가 제트에서 그레이트 마징가, 그리고 마징카이저로 이어지는 마징가의 계보를 유치원생 아들에게 설명해 주면서, 마징카이저의 '카이저(kaiser)'는 '카이사

언어와 문화

르'와 같은 단어라는 말도 해 주고 싶었지만, 꾹 참았습니다.

러시아 황제를 지칭하는 '차르', 독일 황제의 칭호 '카이저'는 모두 '카이사르'에서 유래한 단어입니다. 카이사르가 '황제(emperor)'를 지칭하는 단어로 사용되었다는 것은 신약성경에서 확인할 수 있습니다. 아래는 마태복음 22장 21절을 두 개의 다른 버전에서 인용한 것인데, ① 의 Caesar가 ②에는 the emperor로 되어 있습니다.

① Render therefore unto <u>Caesar</u> the things which are <u>Caesar's</u>; and unto God the things that are God's.
(Matthew 22:21, King James Version)
<u>가이사의 것은 가이사</u>에게, 하나님의 것은 하나님께 바치라.
(마태복음 22장 21절)

② Give therefore to <u>the emperor</u> the things that are <u>the emperor's</u>, and to God the things that are God's.
(Matthew 22:21, New Revised Standard Version)[236]

이 성경 구절에서 Caesar는 가이우스 율리우스 카이사르를 지칭하지 않습니다. 로마 제국의 제2대 황제인 티베리우스(Tiberius Caesar Augustus, 기원전 42-서기 37년)를 지칭한다고 알려져 있죠. 예수가 목회를 할 때 로마 황제가 티베리우스였기 때문입니다. 그런데 예수의 목회 당시 고대 유대에서 사용되던 로마 은화 데나리온(denarius)에는 티베리우스 황제의 얼굴이 아니고 초대 황제인 아우구스투스(Caesar Augustus, 기

원전 63-서기 14년)의 얼굴이 그려져 있었다고 합니다.[237]

역설적인 것은 카이사르 본인은 정작 황제가 아니었다는 사실입니다. 카이사르는 로마공화국의 1인 지배자(dictator of Rome)의 위치까지 올라갔지만, 로마 제국의 초대 황제는 카이사르의 양자인 아우구스투스였습니다. 제2대 황제인 티베리우스는 아우구스투스의 의붓아들이었죠.

아우구스투스는 카이사르 누나의 외손자였습니다. 먼 친척 같이 느껴지지만, 촌수로 따지면 4촌 관계입니다. 아우구스투스의 본명은 가이우스 옥타비우스(Gaius Octavius)입니다. 카이사르가 암살된 뒤 카이사르의 이름을 물려받아 가이우스 율리우스 카이사르 옥타비아누스(Gaius Julius Caesar Octavianus)로 개명합니다. 그리고 기원전 27년에 원로원으로부터 아우구스투스라는 칭호를 받게 됩니다. 로마공화국이 로마 제국으로 바뀌는 역사적인 순간이었죠.

Augustus는 '증가시키다'라는 뜻을 가진 단어에서 유래하였고, '장엄한(majestic)' 또는 '존귀한(venerable)'이라는 뜻으로 해석될 수 있습니다. 영어에서는 augmented reality(증강현실)에 사용되는 augment가 같은 라틴어에서 유래한 단어입니다. 그런데, 이런 훌륭한 칭호를 받고도 아우구스투스 본인은 계속 카이사르로 불리기를 원했다고 합니다. 카이사르 본인은 황제가 되지 못했지만, 후손들이 알아서 자기 이름을 물려받으니 카이사르와 황제가 동의어가 되어 버린 것이죠.

'키케로'를 영어에서는
'시서로'로 발음한다고?

1939년 9월, 아돌프 히틀러(Adolf Hitler)가 이끄는 나치 독일이 폴란드를 침공하며 제2차 세계대전이 시작되었습니다. 영국, 미국, 소련을 중심으로 한 연합국(the Allies)과 독일, 이탈리아, 일본을 중심으로 한 추축국(the Axis powers)의 치열했던 전쟁은 1945년 5월 독일의 항복과 1945년 8월 일본의 항복으로 끝이 나죠.

아카데미 남우주연상을 차지한 2017년 영화 〈다키스트 아워(Darkest Hour)〉의 이야기는 윈스턴 처칠(Winston Churchill)이 영국의 총리로 임명된 1940년 5월에 시작됩니다. 의회와 국왕은 전쟁을 피하고자 히틀러와 타협하려고 합니다. 이에 맞서 고군분투하는 처칠은 의회를 설득하여 프랑스의 항구 도시인 됭케르크에서 몰살 위기에 처한 연합군을 극적으로 탈출시키는 데 성공합니다. 이 작전을 묘사한 영화

〈덩케르크(Dunkirk)〉도 같은 해인 2017년에 개봉하였죠. (Dunkirk를 프랑스어로는 Dunkerque라고 하고, 이 도시의 표준어 지명은 '됭케르크'입니다.)

됭케르크는 벨기에에서 불과 10km 정도 떨어진 프랑스의 최북단에 있는 항구 도시입니다.[238] 영국의 항구 도시 도버에서 배를 타고 2시간이면 갈 수 있는 곳이죠. 1588년에 스페인 무적함대가 영국 정복을 위해 도버 해협 건너편에 집결한 또 다른 프랑스의 항구 도시인 칼레에서 됭케르크까지는 차로 30분 정도밖에 걸리지 않습니다.

총리로 임명된 직후 대국민 연설문을 준비한 처칠은 라디오 방송 전에 외무장관이었던 앤서니 이든(Anthony Eden)의 의견을 묻습니다. 앤서니가 연설문 내용에 반대하자 처칠은 키케로를 외칩니다.

(Darkest Hour, 38:13 - 39:32)

Churchill: The broadcast is tonight, so don't spare me, Anthony. Be frank.

Anthony: Mmm. I don't think so.

Churchill: You don't think so what?

Anthony: You're suggesting we're somehow winning. We're not.

Churchill: No, but it will inspire them. I am going to imbue

언어와 문화

them with a spirit, a feeling they don't yet know they have.

Anthony: You asked my opinion. I caution against it.

Churchill: Cicero. Cicero! "If fortune is adverse… uh… something, something." Well, it's not there. I left it there. Clemmie! My copy of Cicero. Did you shelve it?

처칠: 방송이 오늘 밤이니까 나 봐주지 마, 앤서니. 솔직히 말해 줘.

앤서니: 음. 이건 아닌 것 같습니다.

처칠: 뭐가 아니라는 거야?

앤서니: 우리가 어떻게든 이기고 있다는 얘기잖아요. 우리는 이기고 있지 않습니다.

처칠: 맞아, 하지만 이게 국민에게 영감을 줄 거야. 나는 그들이 가지고 있다는 것을 모르는 감정, 기백으로 그들을 가득 채워 줄 거야.

앤서니: 제 의견을 물어보셨죠. 저는 반대입니다.

처칠: 키케로. 키케로! "운이 따라주지 않는다면… 어… 어쩌고 저쩌고."어, 저기 없네. 저기에 뒀는데. 클레미! 내 키케로 책. 당신이 책꽂이에 꽂아 놨어?

카이사르와 동시대에 살았던 고대 로마의 정치인이며 철학자였던 키케로(Cicero, 기원전 106-43년)를 영어로 발음하면 어떻게 될까요? 두 개의 c가 i와 e 앞에 있으므로 모두 /s/로 발음됩니다. Caesar를 영어 사전에서 찾으면 '시저'와 '카이사르'가 모두 나오는데, Cicero는 '키케로'만 나옵니다. '시서로'라는 영어 발음이 수록되지 않은 이유는 아마도 〈줄리어스 시저〉처럼 유명한 작품이 없기 때문일지도 모릅니다.

위 영화 장면에서 처칠이 키케로를 찾는 이유는 키케로가 역사상 가장 뛰어난 웅변가 중 한 명이었기 때문입니다. 키케로의 책들은 명언으로 가득 차 있고, 훌륭한 정치가와 철학자 중에 그의 영향을 받지 않은 사람은 없다고 해도 과언이 아니죠. 처칠이 찾고 있던 키케로의 명언은 다음과 같습니다. 그런데 사실 이 말은 키케로가 아니고 로마의 시인 호라티우스(Horace, 기원전 65-기원전 8년)가 한 말이라고 하네요.[239]

Live as brave men; and if fortune is adverse, front its blows with brave hearts.
용기 있는 자로 살라. 운이 따르지 않는다면 용기 있는 가슴으로 불행에 맞서라.

언어와 문화

후지 사과와 부사 사과,
베이징과 북경의 공통점은?

미국에는 사과 종류가 참 많습니다. 한국에서는 볼 수 없는 그래니 스미스(Granny Smith)라는 녹색 사과도 있고, 푸석푸석하고 맛없는 레드 딜리셔스(Red Delicious)도 있고, 좀 작지만 상큼하고 맛있는 게일라(Gala)도 있습니다. 물론 세계에서 가장 유명한 사과는 애플(Apple Inc.)입니다. 아이폰이 나오기 전에 애플의 가장 유명한 상품은 매킨토시(Macintosh) 컴퓨터였습니다. 애플 I, II, III 컴퓨터 후에 출시되었는데, 마우스로 조작하는 개인 컴퓨터의 시조라고 할 수 있죠.

매킨토시는 사과의 한 종류입니다. 그런데 사과와 컴퓨터 이름의 철자가 좀 다르죠. 매킨토시 사과의 철자는 McIntosh입니다. 고의로 컴퓨터 이름의 철자를 다르게 했다고 합니다. 새로운 컴퓨터 시리즈에 이 사과 이름을 붙인 이유는 이 컴퓨터의 개발자(the project creator)가 가장 좋아하는 사과가 매킨토시였기 때문이라고 합니다.[240] 현재 애플에서 판매되는 노트북 시리즈 이름인 맥북(MacBook)은 Macintosh의 Mac과 notebook의 book을 합쳐서 만든 단어입니다.

미국에 있는 한인 마트에서는 주로 후지(Fuji) 사과를 판매합니다. 한국인들에게 가장 익숙한 사과이기 때문이죠. 어릴 때 시장에 가면 '후지' 사과와 '부사' 사과를 팔았는데, 맛이 같은데도 이름이 달라서 저는 그냥 맛이 비슷한 다른 사과 종류인 줄 알았습니다. 그런데 대학교에서 일본어를 배우며 후지 사과와 부사 사과가 같은 사과라는 것을 깨달았습니다. 일본의 후지산이 한자로는 富士山이고 '富士(ふじ, Fuji)'를 우리 말로 읽으면 '부사'가 되기 때문이죠. '후지'는 한자의 원지음(原地音)이었고, '부사'는 우리 한자음이었습니다.

일본의 수도를 '도쿄' 또는 '동경'이라고 하는 것도 전자는 東京의 일본어 발음(とうきょう)이고, 후자는 우리 한자음으로 읽은 것입니다. 중국의 수도를 '베이징' 또는 '북경'이라고 하는 이유도 마찬가지입니다. 전자는 北京의 중국어 발음(běijīng)이고, 후자는 우리 한자음으로 읽은 것이죠. 한자를 원지음으로 읽는 것은 세계화 시대에 부합하는 정책이라고 볼 수 있습니다. 영어에서도 일본의 수도는 Tokyo, 중국의 수도는 Beijing이라고 하니까요.

미국에는 보스턴 셀틱스(the Boston Celtics)라는 명문 농구팀이 있는데, Celtic을 영어 사전에서 찾아보면 '켈트족의, 켈트어의'라고 나옵니다. 원탁의 기사(the Knights of the Round Table)로 유명한 아서왕(King Arthur)이 켈트족이었죠. 그런데 왜 보스턴 셀틱스는 '켈틱스'로 발음되지 않을까요? 언어학적으로 보면 Celtic은 Celticus라는 라틴어에서 유래하였으므로 c를 /k/로 발음하는 것이 맞습니다. 라틴어에서는 c가 항상 /k/로 발음되기 때문이죠.

그런데 프랑스어의 영향을 받은 영어에서는 cell과 city에서처럼 e와 i 앞에서는 c를 /s/로 발음합니다. 그래서 Celtic도 '셀틱'으로 발음하는 것이죠. 하지만 20세기 중반부터 미국에서도 Celtic을 '켈틱'으로 발음하자는 주장에 공감대가 형성되기 시작했습니다. 원지음으로 발음하는 것이 좋다고 생각하게 된 것이죠.[241] 그래서 요즘은 '보스턴 셀틱스'를 제외하고는 거의 모든 상황에서 Celt와 Celtic의 Cel을 '켈'로 발음합니다.

보스턴 셀틱스를 보스턴 '켈틱스'로 바꾸지 않은 것은 좋은 결정인 것 같습니다. 원지음이 아닌 발음에 이미 익숙해 있는 경우에는 혼란을 초래할 수 있으니까요. 미국에서는 Jackie Chan이라는 이름으로 유명한 홍콩 배우를 저는 '성룡(成龍)'이라고 불렀는데, 언제부턴가 우리나라에서도 '청룽(chénglóng)'이란 원지음을 사용하더군요. 처음에는 청룽과 성룡이 같은 사람인지 몰랐습니다. 좀 혼란스럽기는 했지만 잘 된 결정이라고 생각했습니다.

그런데 이 책을 집필하면서 도저히 이해할 수 없는 사실을 알게 되었습니다. 후지 사과와 후지산은 아무런 관계가 없다는 사실입니다. 후지 사과는 후지사키정(藤崎町)이라는 곳에서 개발되어서 붙여진 이름인데, 우리나라에서는 후지산(富士山)의 한자를 따와 부사 사과라고 한다고 합니다.[242] 일본 지도를 확인해 보니 후지사키정과 후지산은 거리도 전혀 가깝지 않더군요. 세상엔 이해 안 되는 일이 참 많은 것 같습니다.

언어와 문화

단어 공부?
뭣이 중헌디?

"이거 내가 공수해 온 거야. 빨리 먹어 봐." 이 말을 듣고 '공수가 뭐지?'라고 생각하신 분은 아무도 없을 것입니다. 그럼 '공수'의 정의는 무엇일까요? 이 질문에 거의 모든 분은 '어렵게 구해 옴'이라고 답합니다. 틀렸습니다. 공수(空輸)는 '항공 수송'을 줄인 말입니다.

저는 '공수'라는 단어를 2005년에 처음 들어 봤습니다. MIT에서 강의할 때 학기가 끝나면 학생들을 집으로 초대해 피자 파티를 하곤 했는데, 한 한국 학생이 제게 이렇게 말하더군요. "선생님, 이거 한국에서 공수해 온 건데, 드셔 보세요." 피자 파티가 끝난 후 사전에서 '공수'를 찾아보았습니다. 사전의 정의대로 '공수'를 정확하게 사용한 문장이었습니다. "한국에서 항공기로 수송해 왔으니까 공수라고 했구나."라고 생각했죠.

2006년에 한국에 와 보니 사람들이 '공수'라는 단어를 자주 사용한다는 것을 알았습니다. 하루는 한 학생이 저에게 질문을 하러 왔다가 초콜릿을 주면서 "교수님, 이거 제가 공수해 온 건데 드셔 보세요."라고 하더군요. "방학 때 외국 여행 다녀왔어? 어디서 산 건데?"라고 물었습니다. 학생이 당황하며 이렇게 말하더군요. "이거 마트에서 사 온 건데요." 만약 제가 그 학생에게 "'공수'란 '항공 수송'의 줄인 말이라네. 자네가 마트에서 사 온 건 항공기로 수송해 온 것이 아니지 않은가."라고 말했다면 그 학생은 다시는 질문을 하러 오지 않았을 것입니다.

단어를 안다는 것은 무슨 뜻일까요? 가장 기본적인 것은 단어의 발음을 아는 것입니다. 한국어를 배우는 외국인이 '공수'를 '콩수'로 알아듣고 그렇게 발음한다면 의사소통이 원활하지 않겠죠. 혹시, 영어 듣기 평가 후 스크립트를 보고 "다 아는 단어인데 왜 하나도 못 알아들었지?"라고 생각해 본 적이 있으신가요? 단어의 발음은 외우지 않고 스펠링만 외웠기 때문입니다.

롯데 호텔에 가면 '페닌슐라(Peninsula)'라는 레스토랑이 있습니다. 우리나라는 '한반도'이므로 peninsula(반도)는 학교 또는 학원에서 꼭 배우는 단어입니다. peninsula는 강세가 두 번째 음절에 있습니다. 강세가 없는 모음은 모두 '어'로 발음되므로 이 단어는 '퍼닌썰러'로 발음되죠. 첫 음절을 '퍼'로 발음하는 것이 중요합니다. '페'하는 순간 끝입니다. 어떤 원어민도 못 알아듣죠. 그리고 peninsula의 발음을 '페닌슐라'라고 알고 있으면 원어민 발음이 절대 들리지 않습니다. 단어의 발음을 모르고 스펠링만 외우면 영어 공부를 하면 할수록 듣기가 더 안 되는 불상사가 벌어집니다.

많은 사람들이 '단어를 아는 것'을 사전적 의미를 아는 것으로 잘못 생각합니다. 하지만, '공수'의 예를 보면 그렇지 않다는 것을 알 수 있습니다. 수많은 사람에게 '공수'의 의미를 물어봤지만, 사전적 정의를 정확히 알고 있는 사람은 거의 없었습니다. 대부분이 사전에는 없는 '어렵게 구해 옴'이라는 뜻으로 알고 있고, 그렇게 사용하고 있습니다. 그래도 의사소통에 전혀 문제가 되지 않죠. 오히려 사전적 정의를 알고 있는 저는 '공수'라는 단어를 들었을 때마다 혼란스러웠습니다. 상대방이 어렵게 구해 왔다는 것을 강조하려고 쓰는 말인지 아니면 진짜 사전적 정의대로 사용하는 건지 헷갈렸죠.

그런데 영어 단어는 어떻게 공부하시나요? 원어민이 어떻게 사용하는지는 뒷전으로 하고 사전적 정의만 외우는 경우가 많습니다. '단어를 안다'라는 것은 첫째는 단어의 발음을 아는 것이고, 둘째는 그 단어가 어떻게 사용되는지를 아는 것이라는 것을 기억해야 합니다.

Chapter 10:

어휘

'아래께'가 어디죠?

외국어를 배우는 사람들은 종종 이런 대화를 합니다. "얼마나 알아들었어?" "반 정도 알아들은 것 같은데…." 그런데 과연 '반'을 알아들으면 의사소통이 가능할까요? 어휘 연구에 따르면 상대방이 사용하는 95% 이상의 단어를 알아야 의사소통이 가능하다고 합니다.[243] 간혹 단어 하나만 못 알아들어도 의사소통이 안 되는 경우도 많습니다.

제 아내는 부산에서 태어났지만 초등학교 때 서울로 이사를 와서 지금은 부산 방언을 전혀 사용하지 않습니다. 장인어른과 장모님은 아직도 부산 방언을 사용하시는데, 처음 인사드리러 갔을 때 장인어른의 말씀을 하나도 이해하지 못한 기억이 생생합니다. 결혼 후에도 상황이 별로 좋아지지 않아 대충 눈치로 고개를 끄덕이곤 했습니다. 결혼 후 몇 년이 지나 명절에 찾아뵈었는데, 장모님께서 아래께 맛있는 커피를 드셨다고 하시더군요. "아래께가 어디죠?"라고 여쭈었습니다. 그랬더니 웃으시며 아래께는 장소가 아니고 '그저께'라는 뜻이라고 하셨습니다.

이렇게 같은 언어의 방언도 단어가 조금 다르면 의사소통이 불가능한 경우가 많습니다. 그러고 보면 외국어로 대화할 때 상대방이 사용하는 95% 이상의 단어를 알아야 의사소통이 가능하다는 연구 결과가 이상하게 느껴지지 않죠.

사전을 보지 않고 외국어로 독서를 하려면 98% 이상의 단어를 알아야 합니다. 그럼 단어를 몇 개를 외워야 할까요? 영어에서는 3천 단어를 알면 일상대화에서 사용되는 98%의 단어를 이해한다고 합니다. 하지만 뉴스 또는 강의의 98%를 이해하려면 6~7천 단어를 알아야 하고, 소설 또는 신문의 98%를 이해하려면 8~9천 단어를 알아야 합니다.[244] 교육을 받은 원어민은 2만 단어 정도를 알고 있습니다. 여기에서 '단어'는 사실 아래와 같은 '단어족(word family)'을 뜻합니다. 그래서 3천 단어라도 사실 1만 단어 이상이 되죠.

동사	명사	형용사	부사
succeed	success	successful	successfully

단어를 단어족으로 외우려면 품사를 알아야 합니다. 따라서 단어 공

부를 본격적으로 시작하기 전에 품사를 먼저 공부하는 것이 좋습니다. 그럼, 단어는 어떻게 해야 효율적으로 습득할 수 있을까요? 이 질문에 많은 사람들이 책을 많이 읽으면 단어를 빨리 습득할 수 있다고 답합니다. 정말 그럴까요? 책을 읽고 단어를 습득하려면 단어의 뜻을 파악할 수 있는 문장에서 단어를 10번 이상 접해야 합니다. (20번 이상을 접해도 습득되지 않는 단어도 있다고 합니다.)[245] 그러려면 책을 정말 많이 읽어야 하죠.

독서보다 단어 습득에 더 효율적인 방법은 단어장을 이용해 직접 외우는 것입니다.[246] 하지만, 아무리 효율적으로 단어를 빨리 외워도 곧 잊어버리면 아무 소용이 없습니다. 잊어버리지 않기 위해서는 자기 수준에 맞는 읽기와 듣기를 적절히 병행해야 하죠. 물론, 원어민처럼 어려서부터 다양한 책을 많이 읽으면 어휘력은 저절로 증가합니다. 하지만 외국어로 영어를 배우는 학생들의 현실은 그렇지 못하죠. 따라서 새로운 단어를 배우기 위해 책을 읽는 것이 아니고, 외운 단어를 잊지 않기 위해 책을 읽는 것이 현실에 맞는 효율적인 학습 방법입니다.

독서와 명품 가방의
공통점은?

"요즘 시대 아이들의 문해력(文解力)이 너무 낮다. 독서를 하지 않아서이다." 요즘 부쩍 이런 내용의 글 또는 강의를 자주 봅니다. 이 주장은 언뜻 들으면 맞는 얘기인 것 같지만, 가장 기본적인 논리적 오류(logical fallacy)를 범하고 있습니다. 독서를 많이 하는 학생이 문해력이 높은 것은 맞지만, 문해력이 높은 모든 학생이 독서를 많이 하는 것은 아닙니다. 아이비리그 대학은 모두 좋은 대학이지만 모든 좋은 대학이 아이비리그는 아닌 것과 같은 이치죠.

독서의 유익함은 손꼽을 수 없이 많습니다. 물론 책을 많이 읽는 학생들이 똑똑하고 공부도 잘하는 것도 맞습니다. 하지만 독서의 중요성을 강조하는 글이나 강의를 보면 모두 책을 읽지 않으면 똑똑해질 수 없고 공부도 잘할 수 없을 것 같이 얘기합니다. "난 달리기를 싫어해서

언어와 문화

공부를 못 해."라는 말을 듣는다면 어떤 생각이 드시나요? 황당하시죠. "난 독서를 싫어해서 공부를 못 해."도 다르지 않습니다.

독서는 정말 쉽지 않습니다. 좋아하는 사람도 많지 않죠. 제가 학부모들에게 강의하면서 "독서가 취미인 분 손 들어보세요."라고 하면 보통 10% 정도 손을 듭니다. 대부분의 학부모들은 어려서도 그랬고 지금도 마찬가지로 독서를 좋아하지 않습니다. 그런데 모든 학부모들은 아이들이 독서하기를 원합니다. 이런 분들에게 꼭 해 드리고 싶은 말이 있습니다.

The apple doesn't fall far from the tree.
사과는 나무에서 멀리 떨어지지 않는다(=자식은 부모를 닮는다).

한국어에도 '부전자전(父傳子傳)'이라는 말이 있듯이, 아이의 성격은 부모를 닮는 경우가 많습니다. 전적으로 제 경험에 의한 통계지만 부모님의 90%가 독서를 좋아하지 않는다면 아이들의 90%도 독서를 좋아하지 않을 확률이 높습니다. 그런 아이들에게 독서의 중요성을 강조하면 대다수는 "나는 독서를 하지 않아서 성공하지 못 할 거야."라는 패배감을 느끼기 시작합니다.

독서의 중요성을 강조하기 전에 왜 독서를 해야 하는지 생각해 볼 필요가 있습니다. 독서를 하는 이유는 지식을 넓히고 논리적 사고를 함양하기 위해서입니다. 4차 산업혁명을 겪는 현대 시대에 지식을 넓히고 논리적 사고를 함양하는 방법은 너무 많습니다. 정적인 책을 보는 것보다 시청각 자료를 적절히 이용한 동영상 강의를 보는 것이 훨씬 효율적일 수도 있습니다. 그런데 왜 아직도 독서를 우상 숭배하듯 할까요?

현대 책의 원형은 '코덱스(codex)'입니다. 코덱스는 두루마리(scroll)를 대체한 역사상 가장 중요한 발명품 중 하나인데, 1세기 말부터 기독교인들이 성경책을 코덱스로 만들기 시작했다고 합니다.[247] 2세기에는 성경책 외에는 코덱스가 거의 없었지만, 서기 300년 전후로 코덱스와 두루마리의 숫자가 비슷해졌고, 6세기에는 코덱스가 두루마리를 완전히 대체합니다.[248] 코덱스의 가장 큰 장점은 두루마리 여러 개를 책 한 권으로 만들 수 있다는 것입니다. 두루마리와 달리 페이지 앞뒷면을 모두 사용할 수도 있고, 페이지를 넘기며 쉽게 정보를 찾을 수 있는 장점도 있죠. 15세기에 인쇄기가 발명되기 전까지 평민은 코덱스를 소유할 수 없었습니다. 너무 비쌌기 때문이죠. 따라서 책은 왕족, 귀족, 성직자의 전유물이었습니다.

"코로나에도 불황 없는 명품백 시장", 소비는 위축되었는데 명품 가방 판매는 오히려 늘어나는 현상을 보도하는 인터넷 기사 제목입니다.[249] 불황에 오히려 더 호황인 명품들. 이런 비논리적인 상황이 발생하는 이유는 가질 수 없는 것을 갖고 싶어 하는 인간의 심리 때문인 것 같습니다. 저는 현대인들이 책을 우상처럼 숭배하는 것도 비슷한 현상이라고 생각합니다. 필요하지도 않은 책을 왕족과 귀족의 전유물이었다는 이유로 무의식중에 본능적으로 원하는 것은 아닌지 생각해 볼 필요가 있습니다.

교수에게 가장 해로운 취미는 무엇일까요? 독서입니다. 책을 읽고 생각하는 것은 교수의 직업입니다. 그런 사람들의 취미로는 음악 또는 운동이 적합하겠죠. 마찬가지로 독서가 모든 사람에게 필요한 것은 아닙니다. 책 읽기를 좋아하는 사람은 독서를 하면 되고, 책 읽기를 싫어하는 사람은 스마트폰 또는 태블릿으로 동영상 강의를 보면 됩니다. 요즘 지하철에서 책을 읽는 사람은 거의 없습니다. 우리는 현재, 어떤 책을 읽는지보다 스마트폰으로 무엇을 보고 듣는지가 더 중요한 시대에 살고 있다는 것을 기억해야 합니다.

'낭만적인'의 반대말이
'플라톤의'라고?

    '남사친', '여사친'은 각각 '남자 사람 친구', '여자 사람 친구'를 줄인 말입니다. 이 말이 생긴 지 불과 10년도 되지 않은 것 같습니다. 저는 딸에게 처음 들었죠. 영어에서 boyfriend와 girlfriend는 단순 남자 친구 또는 여자 친구가 아닌 '애인(愛人)'이라는 뜻입니다. '애인'을 직역하면 lover입니다. 한국어에서도 애인이라는 단어가 잘 사용되지 않는 것처럼, 영어에서도 lover는 거의 사용되지 않습니다. '남사친'과 '여사친'이라는 단어가 생겨난 이유는 '남자 친구'와 '여자 친구'가 각각 boyfriend와 girlfriend의 뜻으로 사용되기 때문인 것 같습니다.

    영어에서는 '남사친'을 guy friend, '여사친'을 female friend라고 합니다. "둘이 어떤 관계야? 사귀는 거야?"라는 질문에 "그냥 친구 사이야."라는 대답은 "We're just friends."라고 할 수도 있지만 다음과 같이 말할 수도 있습니다.

It's not a <u>romantic</u> relationship. It's strictly <u>platonic</u>.
로맨틱한 관계가 아니야. 순전히 정신적이지.

platonic은 문자 그대로 '플라톤의'라는 뜻인데, 위 문장에서는 romantic의 반의어로 사용되었습니다. 손도 잡지 않을 정도로 전혀 육체적이지 않은 관계라는 뜻이죠. 그런데 어떻게 '플라톤의'라는 뜻의 단어가 '로맨틱'의 반의어가 되었을까요? 이 질문의 답은 플라톤의 대화편 〈향연〉에서 찾을 수 있습니다.

You should use the things in this world as rungs in a ladder. You start by loving one attractive body and step up to two; from there you move on to physical beauty in general, from there to the beauty of people's activities, from there to the beauty of intellectual endeavours, and <u>from there you ascend to that final intellectual endeavour, which is no more and no less than the study of that beauty, so that you finally recognize true beauty.</u>[250]
이 세상의 것을 사다리의 단으로 사용해야 합니다. 당신은 하나의 매력적인 몸을 사랑하는 것으로 시작하여 두 단계로 올라갑니다. 거기에서 일반적인 육체적 아름다움으로, 거기에서 사람들 활동의 아름다움으로, 거기에서 지적인 노력의 아름다움으로, 그곳에서 당신은 그 아름다움에 관한 연구 그 이상도 이하도 아닌 마지막 지적 노력에 도달하여 마침내 진정한 아름다움을 인식하게 됩니다.

위 인용문은 〈향연〉에서 소크라테스가 한 말입니다. 여기에서 주목해야 할 곳은 밑줄 친 부분입니다. 사랑은 육체적인 것에서 시작하지만 가장 숭고한 사랑은 진정한 아름다움을 인식하는 지적인 사랑이라는 것이죠. 15세기의 한 신학자가 이 지적인 사랑을 '플라톤의 사랑(Plationic love)'이라고 명하였습니다.[251] 진정한 아름다움을 인식하는 것은 하나님을 향한 사랑을 통해 이뤄질 수 있다고 주장하면서 말이죠.

16세기와 17세기에는 platonic을 풍자적인 의미로 사용했다고 합니다. 그런 지적이고 영적인 사랑은 말도 안 되는 소리라고 생각한 것이죠. 하지만 시간이 지나면서 이 단어에서 영적인 느낌은 차차 줄어들었고, 이제는 로맨틱하지 않은 우정을 뜻하는 단어로 사용되게 되었습니다.

그런데 위 말은 소크라테스가 했으니 '소크라테스의 사랑(Socratic love)'이라고 해야 하지 않을까요? 하지만 Socratic이라는 단어를 듣고 바로 떠오르는 말은 the Socratic method(소크라테스식 문답법)입니다. 그래서 Socratic love는 '문답식 사랑'이라는 뜻으로 들리죠.

언어와 문화

술이 없는 '콜로퀴엄'과
술이 있는 '심포지엄'

대학에는 특강이 많은데, 어떤 특강은 '콜로퀴엄(colloquium)'이라고 하고 또 어떤 특강은 '심포지엄(symposium)'이라고 합니다. 이 두 단어의 차이가 뭘까요? 사전에서는 '콜로퀴엄'을 다음과 같이 정의합니다.

발표자가 발표를 한 후 참여자와 자유롭게 의견을 조율해 나가는 토론 방식. 대학의 세미나나 토론회 따위가 이에 속한다. 특정 주제를 놓고 여러 발표자가 준비한 글을 읽고 논평과 문답을 진행하는 심포지엄보다 덜 격식을 차린 형태이다. ⇒ 규범 표기는 '컬로퀴엄'이다.[252]

이 정의에 따르면 콜로퀴엄과 심포지엄에는 두 가지 차이가 있는 것 같습니다. 첫째는 콜로퀴엄에서는 발표자가 한 명(또는 여러 명이 여러 주제를 발표), 심포지엄에서는 하나의 주제에 관해 발표자가 여러 명이라는 것입니다. 둘째는 심포지엄이 콜로퀴엄보다 더 격식을 차린 형태라는 것이죠. 그런데 실제로 이런 차이를 염두에 두고 콜로퀴엄과 심포지엄이라는 단어가 사용되는 것 같지는 않습니다. 그럼, colloquium과 symposium의 원뜻은 무엇일까요?

colloquium은 '함께 말함'이라는 뜻입니다. col-이 '함께(with, together)'라는 뜻의 접두사이고, loqui는 '말하다(to speak)'라는 뜻의 어간이기 때문이죠. 같은 어간을 가진 단어로 soliloquy(독백)와 locution(어구)이 있습니다. 반면에, symposium은 '함께 마심'이라는 뜻입니다. sym-도 '함께(with, together)'라는 뜻이고 po는 '마시다(to drink)'라는 뜻이기 때문입니다. 같은 어간을 가진 단어로 potable(마셔도 되는)과 potion(물약)이 있습니다.

고대 그리스 시대에서 심포지엄은 귀족 남성들이 모여 와인을 마시며 토론하는 '술잔치(drinking party)'를 뜻했습니다. '특정 주제를 놓고 여러 발표자가 준비한 논평과 문답을 진행한다'라는 심포지엄의 사전적 정의는 플라톤의 〈향연〉에서 엿볼 수 있습니다. 소크라테스를 포함해 6명의 인물이 사랑에 대한 자신의 의견을 발표하고 토의를 하죠.

2021년에 방영된 넷플릭스 시리즈 〈오징어 게임〉의 7화에는 여섯 명의 VIP가 긴 소파(couch)에 앉아 와인을 마시며 게임을 관람하는 장면이 나옵니다. 한 명씩 앉아 있는데도 모두 1인용 소파가 아닌 긴 소파에 앉아 있죠. 〈오징어 게임〉 감독의 의도는 정확히 모르겠지만, 이 장면을 보면서 플라톤의 〈향연〉이 떠올랐습니다. 고대 그리스 시대의 심포지엄에서도 이렇게 긴 소파에 앉아서 와인을 마시며 토론을 했습니다. 때로는 혼자 앉기도 하고 때로는 다른 사람과 함께 앉기도 했죠. 아테네 귀족의 집에는 이런 소파가 일곱 개에서 아홉 개가 들어가는 방 (dining room)이 있었다고 합니다.[253] 토론하기 좋게 출입문 주위로 소파가 동그랗게 배열되어 있었죠. 〈오징어 게임〉에서는 여섯 개의 소파가 두 줄로 배열되어 있습니다. 극장처럼 앞에서 벌어지는 게임을 봐야 하기 때문이죠.

저는 한국에서 심포지엄에 몇 번 참석한 적이 있는데, 아쉽게도 와인을 주는 심포지엄은 아직 보지 못했습니다. 단어의 원뜻에 충실하지 못한 예입니다. 혹시 술이 없는 결혼식 피로연(披露宴)에 참석해 보신 적이 있나요? 저는 한 번 있습니다. 이것도 단어의 원뜻에 충실하지 못한 예입니다. '피(披)'는 '펴다, 풀다'라는 뜻이고, '로(露)'는 '좋은 술'이라는 뜻입니다. 따라서 '피로연'을 말 그대로 해석하면 오신 분들에게 '좋은 술(露)을 펼치(披)는 연(宴)회'라는 뜻이죠.

소주를 좋아하는 분은 많은데, '이슬 로(露)'가 좋은 술을 뜻한다는 것을 아는 분은 많지 않습니다. 생각해 보면, '진로(眞露)' 소주는 정말 잘 지은 이름인 것 같습니다. 말 그대로 해석하면 '참 좋은 술'이라는 뜻이니까요. 제가 처음 마셔 본 소주는 25도의 독한 술이었는데, 1998년에 알코올 도수를 낮추며 진로가 '참이슬'로 바뀌었습니다. 한자를 한국어로 바꾼 것뿐인데 젊은 층 소비자들에게 훨씬 친근한 이름이 되었죠. 이 명칭도 아주 기발한 것 같습니다.

물론 축하하는 자리에 꼭 술이 있어야 하는 것은 아닙니다. 하지만 언어학자로서 단어가 원뜻에 맞지 않게 사용되는 것은 별로 반갑지 않은 현상입니다. 술이 없는 토론회는 '콜로퀴엄', 술이 없는 잔치는 '축하연'으로 하면 되지 않을까요?

'제5원소 같은 교수님'이
무슨 뜻이지?

1999년에 개봉한 〈식스 센스(The Sixth Sense)〉는 예상치 못한 반전의 결말로 많은 사랑을 받은 영화입니다. 주연 배우인 브루스 윌리스(Bruce Willis)가 아동 심리학자의 역을 맡았고, 그의 상담을 받는 아이의 명대사 "I see dead people(죽은 사람들이 보여요)."로도 유명한 영화죠. 그런데 한국어 제목이 좀 아쉽습니다. '육감(六感)' 또는 '여섯 번째 감각'이라고 하면 좋았을 텐데요. sixth sense는 다음과 같이 문장에서 사용할 수 있습니다.

I have a sixth sense about stock prices.
난 주가(株價)에 대해 <u>육감(직감)</u>이 있어.

'육감'이라는 단어는 인간이 오감(five senses)을 가지고 있어서 생긴 말입니다. 우연의 일치이지만, 우리말에서는 '육감(六感)'과 '육감(肉感)'

이 발음이 같아서 "나는 육감적으로 알았지."라고 하면 어떤 육감인지 알 수 없습니다. '육감(肉感)'을 영어로 하면 gut feeling이 가장 비슷한 것 같습니다. gut이 '장(腸)'이란 뜻이기 때문이죠.

I had a gut feeling that something was wrong.
뭔가 잘못됐다고 육감적으로 느꼈어.

브루스 윌리스의 주연 작품 중 흥미로운 제목의 영화가 또 하나 있습니다. 1997년에 개봉한 〈제5원소(The Fifth Element)〉. 23세기에 나타난 거대한 악을 무찌를 수 있는 무기를 찾는 내용의 SF 영화인데, 저는 브루스 윌리스를 좋아해서 재밌게 봤습니다. 이 영화에서 제5원소는 악을 무찌르는 무기를 완성하는 중요한 물체입니다. 이 영화의 반전은 여자 주인공이 그냥 사람이 아니라 바로 제5원소라는 것이죠.

상술한 바와 같이 서양에서는 인간의 세상이 4개의 원소로 이뤄졌다고 생각했었습니다. 흙, 물, 공기와 불입니다. 하늘, 곧 신의 세계는 신비롭고 완벽한 제5원소로 이뤄졌다고 믿었죠.[254] 만약 서양에서 불교의 오대(五大) 원소인 '지(地), 수(水), 화(火), 풍(風), 공(空, 물질이 존재하는 장소)'을 믿었다면[255] 신비롭고 완벽한 물체는 '제6원소'로 불렸을 것입니다.

'화신(化身)'을 영어로 하면 embodiment라고 합니다. 말 그대로 추상적인 것에 몸(body)을 주는 것이죠. 예를 들어 '분노의 화신'은 영

언어와 문화

어로 the embodiment of wrath라고 합니다. embodiment의 동의어는 personification, incarnation, quintessence 등이 있습니다. personification은 '사람(person)처럼 만드는 것'이라는 뜻입니다. incarnation은 '육체를 부여함'이라는 뜻인데, carn-이 '육체'라는 뜻의 라틴어 어근이기 때문입니다. 형용사 carnal은 carnal pleasure(육체적 쾌락)라는 표현에 자주 사용됩니다. carnivore(육식 동물)도 같은 어근을 가지고 있습니다.

그럼, quintessence는 무슨 뜻일까요? quīntus는 라틴어로 '다섯 번째'라는 뜻입니다. 따라서 quintessence는 '다섯 번째 진수(quint+essence)'라는 뜻이죠. 바로 '제5원소'라는 뜻입니다. 보통은 아래와 같이 '전형, 진수'라는 뜻으로 사용됩니다.

She is the quintessence of wisdom.
그녀는 지혜의 전형(제5원소)이야.

그런데 명사 quintessence보다는 형용사 quintessential의 사용빈도수가 훨씬 높습니다. 저는 다음과 같은 말을 듣는 것을 좋아하죠.

He is a quintessential professor.
그는 전형적인(제5원소 같은) 교수야.

'우수생'이 '우등생'보다
좋은 거라고?

학문 분야마다 조금씩 다르지만, 학위의 순서는 보통 학사-석사-박사입니다. 학사 학위는 영어로 bachelor's degree라고 하는데, 대학 학부 과정을 마치면 전공에 따라 B.A.(Bachelor of Arts, 문학사) 또는 B.S.(Bachelor of Science, 이학사)를 받게 됩니다. 저는 심리학 전공이어서 B.A. in Psychology(심리학) 학위를 받았죠. bachelor라는 단어는 중세영어에서 처음 쓰이기 시작했는데, 원래는 '어린 기사(young knight)'라는 뜻이었다고 합니다. 지금은 주로 '미혼남'이라는 뜻으로 쓰이죠.

학사 학위에는 졸업 성적에 따라 명예 칭호가 부여됩니다. 예를 들어, 서강대 학위증의 명예 칭호는 '우등', '우수', '최우수'의 세 가지로 나뉩니다. 학점 3.50 이상은 '우등', 3.75 이상은 '우수', 4.00 이상은 '최우수' 명예 칭호를 받게 됩니다. 그런데 좀 이상하지 않나요? 왜 굳이 비

언어와 문화

숫한 말을 써 가며 '우등'과 '우수'를 나눴을까요? 그 이유는 미국 대학에서도 다음과 같은 라틴어 명예 칭호를 주기 때문입니다.

cum laude(우등)	magna cum laude(우수)	summa cum laude(최우수)
= with praise	= with great praise	= with highest praise

cum은 '~와(with)', laude는 '칭찬(praise)'이라는 뜻입니다. magna는 '위대한(great)', summa는 '최상의(highest)'라는 뜻이죠. 그래서 summa cum laude를 '최우수'로 번역한 것인데, magna cum laude와 cum laude를 구별할 우리말이 없어서 '우수'와 '우등'으로 나눈 것입니다. 사전에는 cum laude와 magna cum laude 모두 '우등으로'라고 정의된 경우가 많습니다. 위 명예 칭호는 다음과 같이 사용됩니다.

I graduated magna cum laude from UC Berkeley.
나는 버클리 대학에서 우수생으로 졸업했어.

석사 학위는 영어로 master's degree라고 합니다. 학사 학위와 마찬가지로 전공에 따라 M.A.(Master of Arts) 또는 M.S.(Master of Science) 학위를 받게 됩니다. 학사와 석사는 타이틀로 사용되지 않습니다. '김 학사' 또는 '김 석사'라고 하지 않듯이, 영어에서도 Bachelor Kim, Master Kim이라고는 하지 않습니다. 하지만 박사는 한국어와 영어에서 모두 타이틀로 사용됩니다. '김 박사'를 영어로는 Doctor Kim이라고 하죠.

doctor는 '의사'를 뜻하기도 해서 Doctor Kim은 사실 의사인지 박사인지 알 수 없습니다. 하지만 doctor만 호칭어로 사용될 때는 주로 의사를 뜻하지, 박사를 뜻하지 않습니다.[256] 저를 "박사님!"이라고 부를 수는 있어도 "Doctor!"라고 부를 수는 없습니다. 의사가 아니기 때문이죠. "Doctor Yoo!"라고 불러야 합니다. doctor는 '의사'의 뜻으로 더 자주 사용되지만, 원래 뜻은 '박사'에 더 가까운 것 같습니다. '교사(teacher)'라는 뜻의 라틴어에서 유래하였기 때문이죠. 같은 어원을 가진 단어로는 doctrine(teaching, 교리, 신조)이 있습니다.

제가 가지고 있는 최종 학위는 응용언어학 박사입니다. 박사 학위는 영어로 Ph.D.라고 합니다. 응용언어학은 applied linguistics라고 하죠. 따라서 '응용언어학 박사 학위'는 Ph.D. in applied lingusitics 또는 Doctor of Philosophy in Applied Linguistics라고 합니다. 대화에서는 보통 다음과 같이 말합니다.

I have a Ph.D. in applied linguistics.
저는 응용언어학 박사 학위가 있습니다.

Ph.D.(또는 PhD)는 라틴어 Philosophiae Doctor를 줄인 말입니다. Doctor of Philosophy를 줄이면 DPhil이 되는데, 이 단어는 미국에서는 거의 사용되지 않습니다. 영국에서 옥스퍼드 대학을 포함해 몇몇 대학의 박사 학위에 사용된다고 하네요.[257]

언어와 문화

'공표'와 '공포'의
차이는?

다음 중 '공표' 또는 '공포'가 올바르게 사용된 문장은 무엇일까요?

① 미국 독립선언문은 1776년 7월 4일에 공표되었다.
② 미국 독립선언문은 1776년 7월 4일에 공포되었다.

아래는 '공표'와 '공포'의 차이점을 신문 사설에서 발췌한 것인데,[258] 이 글에 의하면 위 질문의 정답은 ②입니다.

"지식경제부는 조만간 지식경제부령(시행규칙)을 만들어 '공표'할 방침이라고 밝혔다 … 인터넷을 통해 위반 사실을 '공표'하기 때문에 유사 석유 유통을 근절하는 데 별로 효과가 없다는 지적을 받아 왔다."

일상생활에서 한자어를 빼고는 살아갈 수 없을 정도로 한자어는 우리와 알게 모르게 깊이 관련돼 있다. 하지만 뜻이 헷갈려 잘못 사용하는 한자어도 참 많다.

예문에서 '공표'라는 표현이 두 곳에 나오는데, 확정된 법률을 관보에 게재하거나 널리 알리는 것은 '공표'가 아니라 '공포'라 해야 한다. <u>공표(公表)</u>는 '<u>여러 사람에게 널리 드러내어 알림</u>'이라는 의미고, <u>공포(公布)</u>는 '<u>대중에게 널리 알림</u>'이라는 뜻과 함께 법률과 관련해 사용할 때는 '<u>확정된 법률, 조약, 명령 따위를 일반 국민에게 널리 알리는 일</u>'을 의미한다. <u>따라서 앞 문장은 '지식경제부령(시행규칙)을 만들어 '공포'할 방침'이라고 해야 한다.</u>

그런데 윗글에는 논리적 오류가 있습니다. '공표'와 '공포'는 뜻이 다르지 않습니다. 단지, '공표'에는 없는 세부적인 뜻이 '공포'에 있을 뿐이죠. 따라서 "지식경제부령을 만들어 공표할 방침"이라는 표현도 틀리지 않습니다. 마찬가지로, 독립선언문은 공표를 할 수도 있고 공포를 할 수도 있으므로 ①과 ② 모두 올바른 문장입니다.

확정된 법률, 조약, 명령 따위를 일반 국민에게 널리 알릴 때 '공표'는 안 되고 꼭 '공포'를 써야 한다는 주장은 "나, 어제 운동했어."라고 하는 친구에게 "거짓말. 너 어제 수영했잖아."라고 말하는 것과 같습니다.

한영 사전에서 '공표하다'를 찾으면 announce, declare, proclaim이 나오고, '공포하다'를 찾으면 promulgate와 proclaim이 나옵니다. 역시 겹치는 단어가 있습니다. 이 중에서 가장 격식 있는 단어인

언어와 문화

promulgate는 ③과 같이 사용할 수 있습니다.

③ **The law was promulgated last month.**
그 법은 지난달에 공포되었다.

'공포(公布)'에서 '포'는 삼베를 뜻합니다. 그런데 이 단어가 왜 법령과 관련된 의미를 갖는지는 아랫글에 잘 설명되어 있습니다.[259]

> '공포'라는 말은 베를 펼치듯이 '공개적으로 펼쳐 놓는다'라는 뜻이다. 즉, 법령, 예산, 조약 등을 국민을 향해 베나 그물을 펼쳐 놓듯이 널리 펼쳐 놓는 일종의 장치 행위를 이르는 말이다. 일종의 장치이기 때문에 공포된 법령이나 예산, 조약 등은 반드시 베를 펼쳐 '덮어씌우는' 것 같은 구속력을 갖는다. 공포된 법을 누구라도 반드시 지켜야 하는 이유가 여기에 있다.

어느 대학의 중문과 교수님께서 쓰신 글인데, 제가 궁금했던 점을 속 시원히 설명해 주셨습니다. 안타까운 점은 이런 설명이 국어 사전 또는 한자 사전에는 없다는 것입니다. '공표(公表)'를 한자 사전에서 찾으면 '널리 알리도록 공개(公開) 발표(發表)함'이라고 나옵니다. 아주 명확한 정의죠. 물론 '공포(公布)'는 이렇게 간단하게 정의할 수 없습니다. 하지만 사전이라면 '베 포(布)' 자가 법령과 어떤 관련이 있는지 설명해 줘야 하지 않을까요? 이해는 뒷전이고 단순 암기를 요구하는 한국 교육의 단적인 예가 아닐까 하는 생각에 기분이 착잡해집니다.

유럽의 역사를
바꾼 음료는?

만약 유럽의 역사를 바꾼 음료를 하나 꼽으라는 설문 조사를 하면 어떤 음료가 선정될까요? 2016년 봄 학기, 미국 뉴욕 주립대학에서 저희 과 교환 교수로 오신 교수님의 특강에 의하면, 유럽의 역사를 바꾼 음료는 다름 아닌 커피입니다. 유럽인들은 16세기부터 커피를 마시기 시작했는데, 커피를 마시기 전에는 아침부터 술을 마시는 사람들이 많았다고 합니다. 술에 절어 지내던 사람들이 커피를 마시기 시작했으니, 커피 없이는 16~18세기의 계몽주의와 18~19세기의 산업혁명이 불가능했을 것이라는 주장에 공감하지 않을 수 없습니다.

20세기에도 커피가 술을 대체한 적이 있다고 합니다. 1914년, 세계 1차 대전이 시작되자 미 해군 장관(the Secretary of the Navy)은 모든 군함에서 음주를 금지했고, 해군 병사들은 술 다음으로 센 음료인 커피를 대체 음료로 마셨다고 합니다.[260] 커피를 영어로 joe라고도 하는데, 금주 령을 내린 미 해군 장관의 이름이 Joe(Josephus Daniels)였기 때문이라는 야설(野說)이 있습니다. 커피를 java라고도 하는데, 인도네시아 공화국 의 본섬인 자바산 커피가 유명하기 때문입니다. 따라서 "난 커피가 한 잔 필요해."는 영어로 다음과 같이 세 가지로 표현할 수 있습니다.

I need a cup of joe. = I need a cup of java. = I need a cup of coffee.

집에서 마시는 커피는 대부분 인스턴트커피 또는 원두커피입니다. 저는 요즘 미국의 트레이더 조스(Trader Joe's)라는 마트에서 산 인스턴 트커피를 마시고 있는데, 그 병에는 다음과 같은 문장이 쓰여 있습니다.

Have you ever tasted instant coffee that was so good you really couldn't tell that it was not freshly brewed?
너무 맛이 좋아서 방금 내린 원두커피가 아님을 알 수 없는 인스턴트커피를 맛 본 적이 있나요?

원두커피는 영어로 brewed coffee라고 합니다. brew는 '끓이다' 라는 뜻인데, 우리말로는 '내린 커피'라고 하죠. '끓인 커피'라는 말은 들어 본 적이 없습니다. '내린 커피'와 '끓인 커피' 둘 다 어색해서 원두 커피라는 말을 만든 것 같은데, 저는 처음에 '원두커피'라는 단어를 들고 이상하다고 생각했습니다. '갈지 않은 커피 콩에 물을 타서 먹는 커피(?)'가 연상되었기 때문이죠.

'원두(原豆)'를 한영 사전에서 찾으면 coffee beans(커피 콩)라고 나옵니다. 직역하면 original beans가 되죠. '원두'라는 말이 사실은 커피와 직접적인 관계는 없지만, '커피 콩'보다는 어감이 좋은 것은 확실합니다. 원두커피를 만들려면 먼저 원두를 갈아야 합니다. 커피 애호가들은 분쇄기를 이용해 집에서 직접 원두를 갈기도 하지만, 마트에서 판매하는 커피 대부분은 이미 원두를 갈아서 포장한 것입니다. 영어로는 ground coffee라고 하죠. 여기서 ground는 '땅'이 아니고, 동사 grind '갈다'의 과거분사형입니다.

가장 쉽게 원두커피를 만드는 방식은 drip coffee maker(또는 drip brewer)를 사용하는 것입니다. drip은 '(액체가) 뚝뚝 떨어지다'라는 뜻입니다. 일반 가정집에 가장 흔히 볼 수 있는 커피 내리는 기계죠. 혼자 간단히 원두커피를 즐기려면 French press(프렌치 프레스)라는 것을 사용하기도 합니다. 용기에 커피 가루를 넣고 뜨거운 물을 부은 뒤 몇 분 우려냅니다. 그리고 커피 가루는 뚜껑에 달린 필터를 손잡이로 눌러서 용기 밑에 고이게 한 후 커피를 따라 마시는 기구입니다. press가 '누르다'라는 뜻이죠. 저는 대학생 때 프렌치 프레스를 처음 보았는데, 뚜껑에 달린 필터를 누르지 않고 커피를 따라서 민망했던 경험이 있습니다.

언어와 문화

핸드 드립 커피

 저희 과에서 영국 소설을 가르치시는 교수님 한 분은 매일 아침에 직접 핸드 드립 커피를 만들어 드십니다. 핸드 드립 커피는 영어로 pour-over coffee라고 합니다. pour는 '붓다, 따르다'라는 뜻이죠. 수동 분쇄기로 원두를 정성스럽게 갈고 우아한 드립 포트로 물을 천천히 따라 마시는 모습이 영국 소설의 한 장면처럼 느껴졌습니다.

새우감바스와
에스프레소

몇 년 전 TV 채널을 돌리다 백종원 씨가 청년들의 푸드트럭 창업을 도와주는 방송을 보게 되었습니다. 감바스 요리를 파는 푸드트럭이었는데, 백종원 씨가 창업주에게 '감바스'가 무슨 뜻이냐고 물어보더군요. 잠시 정적이 흘렀습니다. 당연히 알고 있을 것이라고 물은 질문에 답을 못하자 백종원 씨가 당황하는 모습이 역력했습니다.

gamba(감바)는 '왕새우의 일종'을 지칭하는 스페인어 명사입니다. gambas(감바스)는 이 명사의 복수형이죠. 네이버에 감바스를 검색하면 '새우 감바스 만들기'라는 표현이 많이 나오는데, '새우 감바스'는 '새우 새우'라는 뜻이 됩니다. 이상한 표현이죠. 그런데 사실 영어에도 'PIN(Personal Identification Number) number(개인 식별 번호)'라는 표현이 있고, 한국어에도 '처갓집(妻家ㅅ+집)'이라는 표현이 있으니 '새우 감바

언어와 문화

스'가 아주 이상한 것은 아닙니다.

새우 감바스의 원래 명칭은 '감바스 알 아히요(gambas al ajillo)'입니다. ajillo(아히요)는 스페인어로 '마늘 소스'라는 뜻입니다. 마늘은 스페인어로 ajo(아호)라고 합니다. al(알)은 전치사 a와 정관사 el이 합쳐진 것입니다. a는 여러 가지 뜻으로 사용되는데, 기본적으로는 '~에게' 또는 '~에서'라는 뜻이 있습니다. 따라서 gambas al ajillo를 직역하면 '마늘 소스에 있는 새우'가 됩니다.

음식 또는 음료명이 무슨 뜻인지 정확히 몰라 잘못 사용되는 경우는 커피에도 많습니다. 한 번은 고속도로 휴게소에서 아메리카노를 주문했더니 원두커피를 주더군요. 메뉴에는 분명 아메리카노라고 적혀 있는데 그 가게에는 아예 에스프레소 기계가 없었습니다. 심지어는 인스턴트커피를 블랙으로 마시는 것이 아메리카노라고 잘못 알고 있는 분도 보았습니다. 아메리카노는 블랙커피가 맞지만, 모든 블랙커피가 아메리카노는 아니죠.

'아메리카노'는 특별한 블랙커피입니다. 뜨거운 물에 '에스프레소(espresso)'라는 진한 커피를 부은 것이죠. espresso는 '빠른, 주문에 응하여 제공하는'의 뜻을 가진 이탈리아어 형용사입니다. 이탈리아 카페에서는 주문이 들어오면 한 명이 마시는 소량의 커피를 빨리 만들기 때문에 붙여진 이름이라고 합니다. 미국 식당에서 drip coffee maker를 사용하여 여러 명이 마실 수 있는 많은 양의 커피를 5분 이상 걸러 내리는 것과 다르죠.

espresso와 어원이 같은 영어 단어는 express입니다. express가 형용사로 사용될 때는 주로 an express train(급행 열차)에서처럼 '빠른'이라는 뜻으로 사용됩니다. 그리고 an express purpose(분명한 목적)에서처럼 '분명한, 특별한'의 뜻으로 사용되기도 하죠. 재밌는 것은 express의 부사형인 expressly는 '분명히, 특별히'라는 뜻으로만 사용된다는 것입니다.

I made this coffee expressly for you.
이 커피를 특별히 너를 위해 만들었어.

이탈리아어 espresso의 '주문에 응하여 제공하는'이라는 뜻과 위 문장에서 expressly의 뜻이 비슷하지 않나요? 영어 express가 동사로 사용될 때는 주로 '표현하다'라는 뜻으로 사용됩니다. 그런데 가끔 다음과 같이 '짜내다'라는 의미로도 사용되죠.

Express the juice from the oranges. = Squeeze the juice from the oranges.
오렌지에서 즙을 짜내세요.

언어와 문화

ex-가 out이라는 뜻(예: exit=go out)이니 express는 'press out(짜내다)'이라는 뜻이 됩니다. 물론 요즘에는 express보다는 squeeze가 훨씬 더 많이 사용됩니다. (Google Ngram Viewer의 검색창에 express the juice, squeeze the juice를 입력해 보세요.) espresso의 어원을 설명할 때 express가 '짜내다'라는 뜻이 있어서 espresso도 '짜낸(pressed)'을 뜻한다고 설명하는 사전도 있습니다. 수증기를 커피 가루에 빠른 속도로 지나가게 해서 커피 액을 짜낸 것이 에스프레소이기 때문이죠. 그런데 실제로 이탈리아어 espresso에는 '짜낸'이라는 뜻이 없습니다.[261]

모카와 초콜릿은
아무 관계가 없다고?

저는 에스프레소를 별로 좋아하지 않습니다. 양도 적도 너무 진하기 때문이죠. 에스프레소는 설탕 또는 초콜릿 없이 마시기 쉽지 않습니다. 제가 MIT에서 강의할 때 알게 된 이탈리아에서 온 교환 학생은 조그만 에스프레소 컵에 밥숟가락만큼의 설탕을 넣더군요. 그것을 보고 깜짝 놀랐던 기억이 납니다.

에스프레소의 진한 맛을 중화시키기 위해 약간의 우유 거품(milk foam)을 얹으면 에스프레소 마키아토(espresso macchiato)가 됩니다. macchiato는 '얼룩진'이라는 뜻의 이탈리아어 형용사입니다. 에스프레소가 우유 거품으로 얼룩졌다는 뜻이죠. 우유 거품 대신 생크림(whipped cream)을 얹으면 에스프레소 콘 파나(espresso con panna)가 됩니다. 이탈리아어로 con은 '~와 함께', panna는 '생크림'이라는 뜻이죠.

커피 전문점에서 판매하는 거의 모든 커피는 에스프레소를 기본으로 합니다. 에스프레소를 물로 희석하면 아메리카노가 되죠. 카페 라테(caffè latte)는 에스프레소 위에 스팀 우유(steamed milk)를 넣은 것입니다. latte가 이탈리아어로 '우유'라는 뜻이기 때문입니다. 가장 위에는 소량의 우유 거품이 추가되죠. 좋은 카페에서 라테를 주문하면 예쁜 나뭇잎 문양의 커피가 나오는데 이런 문양은 라테 아트라고 합니다.

에스프레소와 스팀 우유, 우유 거품을 각각 1/3씩 넣으면 카푸치노(cappucino)가 됩니다. 카푸치노의 라테 아트는 주로 하트 모양인데, 거품 우유가 너무 많아서 카페 라테처럼 화려한 문양을 만들기가 어렵기 때문이라고 합니다.[262] 그런데 카푸치노에 그리는 문양을 왜 카푸치노 아트라고 하지 않고 라테 아트라고 할까요? 그 이유는 바로, 문양은 모두 라테(latte, 우유)로 그리기 때문입니다. 카푸치노라는 이름은 이 커피의 색이 카푸친 수사(the Capuchin friars)의 옷 색깔과 비슷해서 붙여졌다고 합니다.[263]

카페 라테에 초콜릿 시럽을 넣으면 달콤한 카페 모카(caffè mocha)가 됩니다. 그런데 사실 모카와 초콜릿은 아무 관계가 없습니다. 모카라는 이름은 15세기에 커피 원두의 무역이 가장 활발하게 이뤄졌던 예멘의 항구 도시 모카(Mocha)에서 유래하였습니다. 이 항구 도시에서 거래되는 커피 원두를 모카라고 부르게 되었죠. 그런데 이 원두에서 초콜릿 맛이 났다고 합니다.[264] 그래서 카페 라테에 초콜릿 시럽을 추가한 커피를 모카라고 부르기 시작한 것이죠. mocha를 moka로 쓰기도 하는데, 이탈리아인들이 집에서 에스프레소처럼 진한 커피를 만들 때 사용하는 기구를 moka pot(모카 포트)라고 합니다.

카페 모카는 에스프레소에 코코아를 섞어서 간단히 만들기도 합니다. 코코아는 영어로 hot cocoa 또는 hot chocolate이라고 하죠. 그런데 가끔 모카와 초콜릿이 같은 뜻이라고 착각하여 hot chocolate과 caffè mocha도 같은 것이라고 잘못 생각하는 사람이 있습니다.

저도 몇 년 전 홍대 앞 카페에서 당황스러운 일을 겪었습니다. 녹차 라테를 주문했는데 음료를 받고 보니 우유는 없고 녹차에 미숫가루(?) 같은 것이 섞여 있었습니다. 라테가 우유인데 녹차 라테에 우유가 없는 게 말이 안 되죠. 종업원에게 물었습니다. "왜 녹차 라테에 우유가 없죠?" 그 종업원이 저를 이상하게 쳐다보며 이렇게 말하더군요. "커피가 안 들어가면 라테 아닌가요?" 아, 충격적이었습니다.

만두와 파스타

오래 전에 한 레스토랑에서 아내와 점심을 먹고 있었는데, 바로 옆 테이블에 어린 아이와 아이 아빠가 앉아 있었습니다. 메뉴를 보던 아이가 아빠에게 묻더군요. "아빠, 파스타와 스파게티는 어떻게 달라?" 잠시 침묵이 흘렀습니다. 그리고 아빠가 한 말은 "똑같은 거야."였습니다.

아이에게 파스타(pasta)와 스파게티(spaghetti)는 똑같지 않다고 설명해주고 싶었지만 꾹 참았습니다. 스파게티는 파스타의 한 종류입니다. 송편이 떡의 한 종류인 것과 마찬가지죠. pasta는 'paste(반죽)'라는 뜻의 이탈리아어입니다. 밀가루와 물을 섞어서 만든 반죽인데, 다양한 형태를 가집니다. 납작한 국수 같은 페투치네(fettucine), 짧은 대롱 모양의 펜네(penne), 네모난 종이같이 생긴 라자냐(lasagne), 우리에게 친숙한 마카로니(macaroni)도 모두 파스타입니다. 그리고 제가 제일 좋아하는

얇고 네모난 만두같이 생긴 라비올리(ravioli)도 있습니다.

초등학교 시절 어머니와 함께 가던 정말 좋아하는 고기만두 집이 있었습니다. 아빠에게 파스타와 스파게티의 차이점을 물어보는 아이처럼 저도 그 만둣집에서 어머니에게 비슷한 질문을 한 것이 기억났습니다. "엄마, 만두와 교자는 어떻게 달라?"

'만두(饅頭)'는 원래 중국 음식인데, 중국에서는 만두를 '찌아오쯔(饺子, jiǎozi)'라고 합니다. 이 한자를 한국어로 읽으면 '교자'가 되죠. 만두를 중국어로는 '만토우(馒头, mántou)'라고 하는데, 만토우는 속에 아무것도 없는 찐빵입니다. 왜 아무것도 들어 있지 않은 찐빵이 우리나라에서는 소를 넣어 빚은 음식이 되었는지는 불분명합니다.

만두는 영어로 dumpling 또는 potsticker라고 하는데, 모든 potsticker는 dumpling이지만, 모든 dumpling이 potsticker는 아닙니다.[265] potsticker는 말 그대로 pot(냄비)에 붙은(stick) 만두인데, 프라이팬에 구운(pan-fried) 만두를 뜻합니다. 따라서 국물에 들어 있는 만두는 potsticker가 아니죠. 예를 들어 wonton(완탄)이라는 아주 작은 중국식 만두가 있는데, wonton은 보통 국에 넣어 먹습니다. 따라서 wonton은 dumpling입니다.

언어와 문화

중국에는 '빠오쯔(包子, bāozi)'라는 음식도 있는데, 이건 만두와 찐빵의 중간입니다. 겉은 찐빵이고 속은 만두죠. 찌아오쯔와 달리 발효시킨 반죽(leavened dough)으로 만들기 때문입니다.[266]

그럼 빠오쯔는 만두일까요, 찐빵일까요? 저는 만두라고 생각합니다. 저는 겉보다는 속을 중요시하기 때문이죠. 찐빵에는 팥이 들어가야 하지 않나요? (종식되지 않은 찐빵과 호빵의 차이점에 관한 제 의견도 말씀드리면, 찐빵에는 굵은 팥, 호빵에는 가는 팥이 들어가야 한다고 생각합니다.) 빠오쯔를 영어로는 'steamed bun(찐빵)'이라고 합니다. 그래서 저처럼 중국어를 영어로 배운 한국인에게는 혼란의 대상이죠. 처음 빠오쯔를 먹었을 때 "뭐야, 만두잖아?"라는 생각이 바로 들었습니다.

2006년에 미국에서 돌아왔을 때 델리만쥬라는 처음 보는 간식이 있었습니다. '만쥬(饅頭, まんじゅう)'는 만두의 일본어 발음입니다. 외래어 표기법에 맞는 표기는 '만주'죠. 한자는 같지만 일본 만주와 한국 만두는 전혀 다른 음식입니다. 델리만쥬는 달다는 것 외에는 일본식 만주와 많이 다릅니다. 파리바게트에서 파는 화과자가 일본 만주와 비슷하죠.

대학에서 일본어를 배우며 만두를 일본어로 '교자(餃子, ギョウザ)'라고 한다는 것을 알았을 때, 10년 넘게 풀리지 않았던 수수께끼가 풀린 것 같은 희열을 느꼈습니다. "교자는 일본식 만두구나!" 하지만 대학

원 때 중국어를 배우며 '교자(餃子, jiǎozi)'가 원래는 중국어였다는 것을 알게 되었습니다. 만두와는 좀 격이 맞지 않지만, 문득 알렉산더 포프 (Alexander Pope, 1688-1744년)의 명언이 생각나더군요.

A *little Learning* is a dang'rous Thing;[267]
얕은 지식은 위험한 것이다.

언어와 문화

'백신'의 반대말이
'소 같은'이라고?

반의어에는 여러 종류가 있습니다. buy-sell, teacher-student와 같은 '방향 반의어(relational antonym)', big-small, hot-cold와 같은 '등급 반의어(gradable antonym)', 그리고 man-woman, on-off와 같은 '상보 반의어(complementary 또는 contradictory antonym)' 등이 있습니다.[268] 수소(ox)와 암소(cow)도 상보 반의어의 한 예이죠. 그럼 백신(vaccine)의 반의어는 무엇일까요?

2019년 말 중국 우한시에서 코로나19(COVID-19)가 처음 발견된 후, 이 바이러스는 전 세계를 강타했습니다. 이제는 '팬데믹(pandemic)'과 '백신'이라는 단어를 모르는 사람이 없게 되었죠. "백신이 전염병에 안 걸리게 해 주니까 백신의 반대말은 '전염병'인가?" 틀린 말은 아니지만 제가 원했던 답은 아닙니다. '백신'의 반대말은 '수소의(bovine)'입니다.

vaccine은 원래 '암소의'라는 뜻의 형용사입니다. '암소'를 뜻하는 라틴어 vacca와 형용사를 만드는 접미사 -ine이 합쳐서 vaccine이 된 것이죠. 마찬가지로, bovine은 '수소'를 뜻하는 라틴어 bōs의 어간 bov-와 접미사 -ine이 합쳐진 단어입니다. 왜, vaccine의 반대말이 bovine인지 이해되시나요?

물론 vaccine이 원래 뜻인 '암소의'로 사용되는 경우는 거의 없습니다. bovine도 보통은 암소와 수소를 가리지 않고 '소의, 소 같은'이라는 뜻으로 사용되죠. bovine처럼 동물을 나타내는 다른 단어로는 canine(개의)과 feline(고양이의)이 있습니다. 미국 경찰차 중에 K-9(또는 K9)이라고 크게 쓰인 차가 있으면 절대 가까이 가지 마세요. 경찰견이 있다는 표시니까요. 경찰견을 K-9이라고 하는 이유는 K-9이 canine과 발음이 같아서입니다.

그런데 어떻게 '암소의'라는 뜻을 가진 단어가 '전염병에 대하여 인공적으로 면역을 주기 위해 생체에 투여하는 항원'의 뜻으로 사용되게 되었을까요? 이 질문의 답은 18세기 말 영국에서 발견된 천연두 (smallpox)에 대한 예방 접종에서 찾을 수 있습니다. 천연두의 치사율은 30%에 달했고, 생존자들에게는 심한 흉터가 남았다고 합니다.[269] 이 무시무시한 병의 예방 접종은 주로 천연두 고름에서 추출한 액을 피부에 주입해서 면역력을 생성하는 방식으로 이뤄졌습니다. 천연두는 보통 공기를 통해 호흡기로 전파되는데, 피부로 전염된 천연두는 다른 곳으로 퍼지지도 않고 면역 체계를 생성하는 효과가 있었기 때문이죠. 하지만 때로는 천연두에 걸려 죽는 사람도 있었고, 천연두가 다른 사람에게 전염되기도 했다고 합니다. 효과가 좋은 예방 접종도 하지 않으려는 사람이 많은데, 이런 방법으로 전염병을 막는 것은 불가능하죠.

이 상황을 타개할 수 있는 중요한 사실이 우연히 발견되는데, 바로 우두(cowpox)를 앓은 사람들은 천연두에 걸리지 않는다는 것입니다. 우두에 걸린 젖소는 젖통에 발진이 생깁니다. 상처가 있는 손으로 이런 젖통을 짜면 우두가 사람에게 옮겨지는데, 목숨을 잃을 수 있는 천연두와 달리 며칠 앓고 나면 바로 건강을 회복하게 되죠. 영국에는 소젖을 짜고 버터와 치즈를 만드는 일을 하는 여자가 많았는데 이 사람들은 천연두에 걸리지 않는다는 것이 알려지게 됩니다.

1796년, 에드워드 제너(Edward Jenner)라는 의사는 우두에 걸린 여자의 손에서 고름을 긁어 내 8세 남자아이의 팔에 주입하였고, 이 아이는 미열 등의 증상을 보였지만 곧 회복합니다. 그리고, 아이의 피부에 천연두 고름을 주입했지만, 아이는 천연두에 걸리지 않습니다. 이 역사적인 사건으로 인해 '암소의(vaccine)'라는 단어가 '백신'의 뜻으로 사용되게 된 것입니다.

'예방 접종'의 뜻으로 사용되는 영어 단어는 vaccination외에 immunization과 inoculation이 있습니다. immunize은 '면역력(immunity)을 갖게 하다'라는 뜻입니다. inoculate은 '접종(接種)하다'라는 뜻이죠. '심다(implant)'라는 뜻을 가진 라틴어에서 유래하였습니다. 그러고 보니 '예방 접종'이라는 우리말은 이 세 영어 단어를 모두 모은 슈퍼 단어입니다. 예방 접종은 '백신(vaccine)을 접종(inoculation)해서 면역력을 갖게 하는 일(immunization)'을 뜻하니까요.

'알고리즘'과 '알고리듬'은
다른 것인가?

요즘에는 '알고리즘'이라는 단어를 모르는 사람이 없습니다. 딸 아이에게 유튜브(YouTube)에서 뭐 봤냐고 물어보면 알고리즘으로 뜨는 걸 봤다고 하더군요. '알고리즘'과 '알고리듬'은 동의어입니다. 영어로는 각각 algorism과 algorithm이라고 하죠. algorism의 철자가 변형되어서 algorithm이라는 단어가 생겼습니다. 한국어에서는 주로 '알고리즘'이 사용되지만, 영어에서는 반대로 algorithm이 사용됩니다.

algorism(알고리즘)은 al-Khuwārizmi(알 콰리즈미)라는 9세기 페르시아 수학자의 이름에서 유래하였습니다.[270] 그가 쓴 〈대수학(Algebra)〉이라는 책이 12세기에 라틴어로 번역되어서 알 콰리즈미는 유럽에서 가장 유명한 수학자가 되었죠. algorism이 algorithm으로 바뀐 이유는 '숫자'를 뜻하는 그리스어 단어 arithmós의 영향 때문이라고 합니다.[271]

같은 그리스어에서 유래한 단어로는 arithmetic(산수)이 있습니다.

algorism에 '아라비아식 10진법의 계산법'이라는 뜻이 있는 이유는 이 단어가 처음 생겼을 때는 그 뜻으로 사용되었기 때문입니다. 가끔 '알고리즘'과 '알고리듬'의 차이를 자세히 설명하는 인터넷 사이트를 접하곤 하는데, 영어에서는 algorism이라는 단어를 거의 사용하지 않습니다. 컴퓨터와 관련된 뜻을 나타낼 때는 algorithm이라고 하고, 계산과 관련된 뜻을 나타낼 때는 arithmetic이라고 하죠.

그런데, 신기하게도 우리말에서는 '알고리듬' 대신 '알고리즘'이 더 많이 사용됩니다. 2018년, 네이버가 뉴스 '알고리듬' 검토 위원회를 발족했다는 기사를 내보내자 인터넷이 떠들썩했다고 합니다. 왜 많은 사람이 사용하는 '알고리즘' 대신 '알고리듬'을 굳이 사용했는지에 대해 갑론을박이 한창이었죠.[272] 이 후폭풍이 거셌나 봅니다. 2022년 1월 네이버 공식 블로그에 보니 네이버뉴스 '알고리즘' 검토 위원회라고 되어 있네요.[273]

알고리듬은 '문제 해결을 위해 정해진 절차나 방법'을 의미합니다. 여기서 중요한 것은, 이 절차를 따르면 항상 같은 정답이 나온다는 것입니다. 컴퓨터가 계산을 절대 틀리지 않는 이유가 항상 알고리듬을 따르기 때문이죠.

언어와 문화

알고리듬과 달리 어떤 절차나 방법은 정해진 대로 했는데도 불구하고 같은 결과에 이르지 못하기도 합니다. 이런 절차나 방법은 '휴리스틱스(heuristics)'라고 합니다. 발견적 지도법이라고도 하죠. 알고리듬에 반대되는 개념입니다. 기계가 아닌 인간이 관련된 모든 절차나 방법은 휴리스틱스입니다. 공부 잘하는 법, 좋은 부모가 되는 법 등의 성공 사례 절차를 따른다고 자신도 성공하리라는 보장은 없습니다.

제가 10여 년 전에 시작한 습관이 하나 있는데, 아침에 물을 한 잔 마시는 것입니다. 원래는 커피 먼저 마셨죠. 어느 날 인터넷에서 '성공한 사람들의 10가지 습관'이라는 기사를 봤는데 한 가지 빼고는 이미 제가 다 하는 것이었습니다. 바로 그 한 가지가 아침에 물을 마시는 것이었습니다. 그날 이후부터 아침에는 물부터 마시죠. 만약 100명이 이 기사에 나온 10가지 습관대로 매일 행동하면 모두 성공할 수 있을까요? 그렇지 않겠죠. 이런 절차나 방법을 휴리스틱스라고 합니다.

요즘에는 알고리듬과 휴리스틱스의 차이점이 많이 희석되었습니다. 알고리듬을 사용하면 정답이 나와야 정상인데, SNS에서 사용되는 알고리듬은 꼭 정답을 제시하지는 않으니까요.

삼성과 슈퍼히어로

　삼성 그룹 채용 과정의 일환으로 시행되는 삼성 직무 적성 검사
(Global Samsung Aptitute Test)에 다음 중 성격이 다른 슈퍼히어로를 고르
는 문제가 나와 화제가 된 적이 있습니다.[274]

　① 토르　　　② 슈퍼맨　　　③ 울버린　　　④ 아이언맨

　제가 만약 이 시험을 봤더라면 ②를 고를 것 같습니다. 슈퍼맨만 소
속이 다르기 때문이죠. 유명한 미국 슈퍼히어로는 보통 DC 코믹스 또
는 마블 코믹스 소속입니다. DC 코믹스에 소속된 대표적인 슈퍼히어
로는 슈퍼맨, 배트맨 그리고 원더우먼입니다. 토르, 울버린, 아이언맨은
모두 마블 코믹스 소속이죠.

그런데 슈퍼맨 대신 아이언맨도 정답이 될 수 있습니다. 토르, 슈퍼맨, 울버린은 모두 슈퍼 파워를 가지고 있지만, 아이언맨은 그냥 평범한 인간 토니 스타크가 슈퍼 파워가 있는 수트(a suit of armor)를 입고 날아다니는 것이기 때문이죠. 그럼 다음 중 성격이 다른 슈퍼히어로는 누구일까요?

① Batman   ② Superman   ③ Spider-Man   ④ Iron Man

배트맨과 슈퍼맨은 DC, 스파이더맨과 아이언맨은 마블 소속입니다. 아이언맨과 마찬가지로 배트맨의 정체도 슈퍼 파워가 없는 평범한 인간 브루스 웨인이죠. 그런데 정답은 또 ②입니다. Batman, Spider-Man, Iron Man은 모두 합성어(compound)인데, Superman은 합성어가 아니기 때문입니다.

합성어는 두 단어가 합쳐진 단어입니다. 예를 들어, mail(우편)과 box(상자)라는 두 단어가 합쳐서 mailbox(우편함)라는 합성어가 만들어졌죠. Batman, Spider-Man, Iron Man은 각각 bat(박쥐), spider(거미), iron(철)과 man(남자)이 결합한 합성어입니다. 합성어를 mailbox처럼 꼭 붙여 써야 하는 것은 아닙니다. double-decker(이층 버스)처럼 하이픈(hyphen)으로 연결하기도 하고, hot dog(핫도그)처럼 띄어쓰기도 하죠. 처음엔 보통 두 단어 또는 하이픈으로 연결해 쓰다가 점차 한 단어로 쓰게 되는 경우가 많습니다. smartphone도 지금은 한 단어로 쓰지만, 처음에는 smart phone 또는 smart-phone으로 썼습니다.

Superman은 '위(over, above)'라는 뜻의 접두사 super-와 명사 man이 결합한 파생어(derivative)입니다. super-의 반대말은 '아래(under, below)'라는 뜻의 접두사 sub-입니다. 따라서 subway(지하철)도 파생어죠. super-와 sub- 모두 라틴어에서 유래했습니다. 그런데 super가 구어체에서는 단어로 사용되기도 합니다. ⓐ에서는 형용사, ⓑ에서는 부사로 사용되었죠.

ⓐ **This is a super book!**
이건 굉장한 책이야!

ⓑ **This book is super fun.**
이 책은 아주 재밌어.

삼성 그룹 채용 관련 사이트에 의하면 삼성 직무 적성 검사는 '단편적인 지식보다는 주어진 상황을 유연하게 대처하고 해결할 수 있는 종합적인 능력을 평가하는 검사'라고 합니다.[275] 그래서 성격이 다른 슈퍼히어로를 고르는 문제도 있고, 비슷한 유형으로 아래와 같이 다음 중 성격이 다른 하나를 고르는 문제도 있는 것 같습니다. 이 문제는 '삼성 입사 시험 중에 가장 어려웠던 문제'로 화제를 모았다고 합니다.[276]

① 아침 점심 저녁　　② 5월 6월 7월
③ 가을 겨울 봄　　　④ 일요일 월요일 화요일

네 개의 선택지 중 저는 ①을 고르겠습니다. ②, ③, ④와 달리 ①은 하나의 세트(하루 세끼)를 완성하기 때문이죠. 이런 문제에는 정답이 없습니다. 출제자도 예상하지 못한 기막힌 답이 있을지도 모르죠. 상상력을 동원해 유연하게 대처해서 풀면 됩니다. 하나의 정답만 있는 문제에 익숙한 한국 학생들에게는 이런 문제가 정말 좋은 문제인 것 같습니다.

Chapter 11:

문법

문법은 왜
공부해야 할까?

    2015년 〈영어 습득의 이해: 원리와 응용〉의 발간 후 자녀 영어 교육에 관한 강연을 할 기회가 많았습니다. 강연에서 학부모들에게 "아이에게 영어를 왜 가르치시죠?"라고 물으면 모두 "영어로 의사소통을 할 수 있게 만들어 주려고요."라고 답을 합니다. 그럼 제가 이렇게 말하죠. "거짓말 마세요. 서울대 보내려고 하시는 거잖아요. 서울대 못 가면 그냥 서강대 보내시면 됩니다." 모두들 한바탕 웃습니다.

    물론 우스갯소리였지만 뼈가 있는 소리였습니다. 2018년도 대학수학능력시험에서 영어만 절대평가를 시행하자, 영어 학원을 다니는 학생 수가 줄어든 것을 봐도 알 수 있죠. 학부모들이 자주 하는 질문 중 하나는 필요도 없는 문법을 왜 공부하냐는 것입니다. 그런데 정말 문법이 불필요할까요? 이 질문에 대한 정답은 영어 공부를 하는 목표를 정확히 파악하면 쉽게 찾을 수 있습니다.

　학부모들이 문법이 불필요하다고 느끼는 이유는 문법은 영어 회화에 도움이 되지 않는다고 생각하기 때문입니다. 어린아이들에게는 맞는 얘기입니다. 성인들은 회화를 배우려 해도 발음, 어휘, 문법을 모두 공부해야 하지만, 아이들에게는 문법을 가르친다고 회화 능력이 향상되지 않습니다. 영어를 배우는 목적이 단순히 원어민처럼 회화를 잘하는 것이라면 아이들은 문법을 배울 필요가 없습니다. 결정적 시기(대략 만 12세)가 지나기 전 아이들은 충분한 노출만으로 영어를 습득할 수 있기 때문이죠.

　학교는 학습하는 곳입니다. 학습하지 않고 자연스럽게 배울 수 있는 것을 학교에서 가르칠 이유가 없죠. 교육부에서 공표하는 교육 과정에는 영어 교육의 목적이 영어 의사소통 능력 함양이라고 하지만, 현실적인 이유는 대학 입시에 사용하기 위해서입니다. 대학 입시에 사용하려면 공정하고 객관적인 잣대로 평가를 해야 하는데, 회화 능력을 객관적으로 평가하기는 쉽지 않습니다. 그리고 대학에서는 수업 교재를 원서로 사용하는 과목이 많아서 회화 능력보다 읽기·쓰기 능력이 더 중요합니다. 학술적인 읽기와 쓰기를 잘하려면 문법을 배워야 하죠.

　만약 학교에서 교육 과정의 이상적인 목표대로 영어 의사소통에 도

언어와 문화

움이 되는 것만 가르친다면 어떨까요? 그렇게 해도 원어민처럼 영어로 의사소통을 할 수 있게 되지는 않을 것입니다. 초등학교 3학년부터 고등학교 3학년까지 10년간 학교에서 영어를 배울 수 있는 수업시수는 820여 시간밖에 되지 않기 때문입니다.[277] 이 수업시수는 영어를 유창하게 할 수 있는 데 걸리는 1,765시간의 반도 되지 않는 시간입니다.[278]

얼마 전 아파트 앞 상가에서 어이없는 광고를 봤습니다. 수능 영어는 초등학생 때 끝내야 한다는 학원 광고였습니다. 발달심리학자 피아제(Piaget)에 따르면, 추상적인 논리적 사고는 만 11세가 지나서야 가능합니다.[279] 그런데, 추상적인 논리적 사고가 필요한 영문법을 공부하지 않고 수능 영어를 끝낼 수는 없습니다. 수능에 나오는 지문을 정확히 이해하려면 학술적인 글쓰기에 나오는 영문법을 공부해야 하기 때문입니다. 영문법에서 가장 쉬운 문법 사항 중 하나는 아래 문장에서처럼 '3인칭 단수 현재시제'를 나타내는 동사 끝에 -s를 붙이는 것입니다.

Money talks.
돈이 말을 한다.(=돈으로 무슨 일이든 할 수 있다.)

이 간단한 규칙만 이해하려고 해도 인칭, 수, 시제와 같은 추상적인 개념을 이해해야 합니다. 초등학교 5, 6학년이 되면 이 정도 개념은 이해할 수 있겠죠. 하지만 수능에 관련된 모든 문법 사항을 초등학생이 이해할 리 만무합니다. 체계적인 문법 공부는 추상적인 논리적 사고가 가능한 중학교 때 하면 되고, 수능 영어 준비는 고등학교 때 하면 됩니다.

초등학교 때는 최대한 자연스럽게 영어에 노출되는 시간을 늘리는 것이 중요합니다. 영문법을 초등학교 때부터 미리 배워 두면 좋을 거라고 생각할 수 있지만, 오히려 역효과가 나는 경우가 많습니다. 아직 논리적인 사고가 불가능해 영문법을 이해하지 못한 것인데, 머리가 나빠서 그렇다고 잘못 생각하게 되죠. 그리고 중학교에서 조금만 어려운 문법 사항을 만나면 "난 원래 문법을 못 해."라는 생각에 영어를 포기하고 맙니다.

언어와 문화

문법은 논리적이지만,
언어는 논리적이지 않다

"배고파."를 영어로는 "I am hungry."라고 합니다. 한국어에서도 '배고프다'는 형용사이므로, 형용사 hungry를 사용하는 것이 이상하지 않습니다. 그런데 다른 유럽 언어에서는 거의 모두 "나는 배고픔을 가지고 있어(I have hunger)."라고 합니다.

영어	I	have	hunger.
독일어	Ich	habe	Hunger.
스페인어	(Yo)	tengo	hambre.
이탈리아어	(Io)	ho	fame.
프랑스어	J'ai (= Je+ai = I+have)		faim.

스페인어와 이탈리아어는 한국어처럼 주어를 사용하지 않아도 됩니다. 프랑스어에서는 Je(나)와 ai(가지다)를 꼭 축약해서 J'ai로 써야 하죠.

이런 외국어를 배울 때 영어 원어민이 자주 하는 질문이 왜 영어처럼 형용사를 사용하지 않고 명사를 사용하냐는 것입니다. 그런데, 진짜 질문은 왜 영어에서 형용사를 사용하냐는 것이겠죠. 영어만 형용사를 사용하니까요. 특별한 이유는 없습니다. 언어는 논리적이지 않으니까요.

물론 각 언어의 문법은 논리적으로 설명할 수 있습니다. 영어에서 be동사는 연결동사(불완전 자동사)이므로 형용사 hungry를 보어로 취했고, 스페인어에서 tengo는 타동사이므로 명사 hambre를 목적어로 취했습니다. 하지만 왜 영어에서는 have를 사용하지 않고 be동사를 사용하는지는 논리적으로 설명할 수 없죠.

"I'm lovin' it."은 전 세계적으로 유명한 햄버거 프랜차이즈인 맥도날드의 광고 문구입니다. 이 문구가 눈에 띄는 이유는 영어에서 동사 love는 진행형으로 사용하지 않기 때문입니다. 학교 문법에서 이런 문장은 틀렸다고 가르치죠. love처럼 상태를 나타내는 동사는 진행형으로 쓸 수 없기 때문에 "I love it."이라고 해야 한다고 가르칩니다.

우리말에서도 "사랑하고 있어."라고 하지 않고 "사랑해."라고 하므로 이 설명은 논리적으로 느껴집니다. 그런데 일본어에서는 이 논리적인 설명이 적용되지 않습니다. "愛する。(사랑해.)"라고 하지 않고 "愛している。(사랑하고 있어.)"라고 말하기 때문이죠. 따라서, 문법을 수학 공식처럼

언어와 문화

공부하는 것은 의미가 없습니다. 우선은 원어민이 쓰는 표현을 익힌 후, 왜 그런 표현을 하는지를 그 언어의 문법에 맞춰 이해해야 합니다.

가끔 비문을 맞는 문장인 것처럼 가르치는 문법 교재를 볼 수 있는데, 문법을 수학 공식처럼 적용하기 때문입니다. to부정사와 동명사의 기본적인 차이는 to부정사는 발생하지 않은 일에 사용되고 동명사는 이미 발생한 일에 사용된다는 것입니다. 〈햄릿(Hamlet)〉의 유명한 독백에 to부정사가 사용된 이유도 햄릿이 아직 일어나지 않은 자살을 고민하고 있기 때문입니다.

① To be, or not to be, that is the question
죽느냐 사느냐, 그것이 문제로다.

이런 to부정사와 동명사의 차이점은 forget 뒤에서도 관찰됩니다.

②-1 Don't forget to clean your room. = 일어나지 않은 일
방 청소하는 거 잊지 마.

②-2 I can't forget watching Iron Man die. = 일어난 일
아이언 맨이 죽는 걸 본 것을 잊을 수가 없어.

forget 뒤에 동명사를 사용하면 이미 일어난 일이 되므로 다음 ③-1도 맞는 문장이 되어야 할 것 같지만, 그렇지 않습니다. ③-2에서처럼 that 명사절을 사용해야 하죠.

③-1 *I forgot calling you yesterday.

③-2 I forgot (that) I called you yesterday.

내가 어제 너한테 전화한 것을 잊었어.

③-1이 불가능한 이유는 forget이 동명사와 사용될 때는 can't, will never처럼 법조동사의 부정형과 함께 사용되어야 하기 때문입니다.[280] 물론, 이건 논리적인 설명이 아닙니다. 원어민들이 그렇게 말한다는 것을 단지 서술할 뿐이죠. 하지만 어쩔 수 없습니다. 우리는 문법을 논리적으로 가르치지만, 언어는 논리적이지 않은 경우가 많기 때문입니다. 진짜 문제는 ③-1이 올바른 문장이라고 가르치는 문법 교재가 한국에 수두룩하다는 것이죠.

아래는 제가 2014년에 학회 참석차 호주에 갔을 때 버스 안에서 본 경고문인데, '사람들'이라는 뜻으로 people 대신 persons가 사용되었습니다.

WARNING

PERSONS DAMAGING THIS VEHICLE IN ANY MANNER

WILL BE PROSECUTED

경고

어떤 방식으로든 이 차량에 손상을 입히는 사람은 기소될 것입니다

persons는 공식 문서에서나 가끔 볼 수 있는 단어입니다. 보통은

people을 사용하죠. 그런데 person의 복수는 꼭 persons가 되어야 한다고 주장하는 학자들이 있습니다. 특히 숫자와 함께 사용되는 people은 논리적이지 않다고 지적합니다. 예를 들어, six persons에서 five persons를 빼면 one person이 남는데, six people에서 five people을 빼면 one people이 남는다고 할 수 없기 때문이죠.[281] 저도 이 주장에 논리적으로는 동의하지만, 저는 절대 six persons라고 하지 않습니다. 언어가 꼭 논리적일 필요는 없으니까요.

영어에는
존댓말이 없다?

영어에는 한국어처럼 복잡한 경어법이 없습니다. you를 공손한 표현으로 바꿀 수도 없죠. 그렇다고 직원이 사장님에게 ①처럼 말하지는 않습니다. 무례하게 들리기 때문입니다.

① **I want to talk to you for a minute.**
너와 잠시 얘기하고 싶어.

직원이 사장님을 '너'라고 부를 수는 없습니다. 그럼 ②에서처럼 you 대신 the president(사장님)를 사용하면 어떨까요?

② **I want to talk to the president for a minute.**

사장님에게 직접 면담을 요청하면서 ②라고 말할 수는 없습니다. 이

언어와 문화

렇게 말하면 the president는 제3자를 지칭하기 때문입니다. ②는 동료에게 사장님과 면담하고 싶다는 것을 말할 때 사용하는 문장이죠. 그럼 어떻게 해야 ①을 공손한 표현으로 바꿀 수 있을까요? 아주 간단히 ③처럼 동사 want를 과거형 wanted로 바꾸면 됩니다. "사장님과 잠시 얘기 좀 나누고 싶은데요."라는 뜻이 되죠.

③ I **wanted** to talk to you for a minute.
과거형 = 공손한 표현

동사를 과거형으로만 바꿨는데 공손한 표현이 된다는 것이 충격적이라고요? 이걸 충격적으로 받아들이는 것이 더 충격적입니다. 이건 이미 중학교 영어 시간에 배웠기 때문입니다. 중학교 때 뭘 배웠는지 함께 짚어 보겠습니다. 다음 중 어떤 문장이 더 공손한 표현일까요?

④-1 **Can** you open the door for me?
④-2 **Could** you open the door for me?

could가 can보다 공손한 표현이라는 것은 중학교 때 모두 배웁니다. 그런데 왜 그런지는 물어보는 학생도 없고 가르쳐 주는 선생님도 없습니다. could가 can보다 공손한 표현인 이유는 could가 can의 과거형이기 때문입니다. 과거시제는 청자에게 심리적 거리감을 제공함으로써 요청·부탁으로부터 멀어지게 하고, 그 결과 청자가 좀 더 쉽게 거절할 수 있게 해 줍니다.[282] 그래서 공손하게 느껴지는 것이죠. ⑤에서 과거형이 사용된 이유도 공손한 표현으로 부탁하기 위해서입니다.

⑤ I just <u>wanted</u> to ask you if you <u>could</u> lend me a pound.[283]
1파운드만 빌려주실 수 있을지 여쭤보고 싶었습니다.

⑥처럼 지금 통화하고 있는데도 과거형인 was를 사용하기도 합니다. 논리적이지는 않지만, 공손하게 표현하는 것이죠.

⑥ I <u>was</u> just calling to say hi.
그냥 안부 물으려고 전화했어.

⑦처럼 미래시제를 사용해도 공손한 표현이 됩니다. 과거시제와 마찬가지로 청자에게 심리적 거리감을 주기 때문입니다.

⑦ <u>Will</u> that <u>be</u> all? = <u>Is</u> that all?
이게 전부인가요?

마트에서 계산할 때 직원은 손님에게 주로 미래시제 Will을 사용합니다. 문법적으로는 과거형 Was를 사용해도 될 것 같은데, 그렇게 말하지는 않습니다. "Will that be all?"이라는 질문에 손님도 보통은 미래형으로 "Yes, that<u>'ll be</u> all."이라고 대답을 합니다.

You가 원래
공손한 표현이었다고?

영어에서 과거시제를 사용하면 공손한 표현이 되는 것이 충격적이었다면, 여기서 더 충격적인 사실이 있습니다. you가 원래는 윗사람에게 사용되는 공손한 표현이라는 것이죠. 한국어에 존댓말이 있다는 것을 아는 이유는 반말이 있기 때문입니다. 모든 사람에게 존댓말을 사용하면 존댓말처럼 느껴지지 않을 것입니다. 원래 존댓말이었던 you가 지금은 반말처럼 느껴지는 것처럼 말이죠.

한국어와 일본어처럼 경어법이 발달한 언어에서는 공손함을 표현하는 2인칭 대명사가 잘 사용되지 않습니다. 여러 가지 방법으로 공손함을 표현할 수 있기 때문이죠. 하지만 중국어, 프랑스어, 스페인어처럼 경어법이 발달하지 않은 언어에서는 모두 윗사람을 지칭하는 2인칭 대명사가 사용됩니다. 자기보다 높은 사람에게는 각각 您(nín), vous, usted를 사용하고, 낮은 사람에게는 你(nǐ), tu, tu를 사용하죠.

원래는 영어에도 두 종류의 2인칭 대명사가 있었습니다. 17세기까지만 해도 윗사람에게는 you, 아랫사람에게는 thou가 사용되었죠. "Thou shalt not kill(살인하지 말라)." 1611년에 발간된 〈킹제임스성경〉의 출애굽기 20장 13절 말씀입니다. thou가 사용된 문장은 성경책 또는 셰익스피어 작품에서 많이 볼 수 있습니다. 그래서인지 요즘 원어민들은 오히려 thou가 윗사람에게 사용되는 2인칭 대명사라고 잘못 생각하고 있습니다.[284]

유럽 언어에서 나타나는 2인칭 대명사 비칭(卑稱)과 존칭(尊稱)의 차이는 'T/V 대조(T/V distinction)'라고 합니다. 라틴어에서 tu가 2인칭 비칭 대명사이고, vos가 2인칭 존칭 대명사이기 때문이죠. 그런데 이 두 대명사의 차이점은 원래 단수(tu)와 복수(vos)였습니다. 4세기부터 로마 황제를 지칭할 때 vos가 사용되었는데, 이때가 처음 복수 대명사를 한 명에게 사용하기 시작한 것이라고 합니다.[285] 그 이유는 서로마와 동로마에 각각 한 명씩 총 두 명의 황제가 있었기 때문이죠.

영어에서도 thou는 단수, you는 복수 대명사였습니다. 13세기부터 복수 대명사가 존칭으로 사용되었는데, 1066년부터 영국을 지배하던 프랑스 왕족과 귀족의 영향 때문이었다고 합니다.[286] 프랑스어에서도

언어와 문화

복수 대명사 vous를 존칭으로 사용하기 때문이죠. 그런데 왜 17세기에 갑자기 단수 대명사 thou가 사라졌을까요? 여러 주장이 있지만 가장 재밌는 주장은 퀘이커교(Quakers)의 기여입니다.

퀘이커는 미국인들이 아침 식사로 자주 먹는 오트밀(oatmeal)의 상표로 유명합니다. 퀘이커교도들이 오트밀을 좋아해서 생긴 상표인 줄 알았는데, 퀘이커교가 정직(honesty), 성실(integrity), 순결(purity)과 의지(strength)를 상징해서 붙인 상표라고 하네요.[287] 17세기 중반, 영국인 조지 폭스(George Fox)에 의해 창시된 퀘이커교의 공식 명칭은 '친구들의 종교 협회(the Religious Society of Friends)'입니다.[288] quake는 '몸을 떨다'라는 뜻입니다. 이사야서 66장 2절에 나오는 tremble과 같은 뜻이죠.

But this is the one to whom I will look: he who is humble and contrite in spirit and <u>trembles</u> at my word. (Isaiah 66:2)
무릇 마음이 가난하고 심령에 통회하며 내 말을 듣고 떠는 자 그 사람은 내가 돌보려니와 (이사야서 66장 2절)

원래 quaker(몸을 떠는 사람)는 위 성경 말씀과 같은 영적인 경험을 중요시하는 폭스를 조롱하는 말이었습니다. 퀘이커교는 청교도보다 더 급진적인 개신교파로서 영적인 경험을 중요시하고, 사회 평등을 주장하였죠. 사회 평등을 주장하던 퀘이커교도는 존칭을 사용하는 것도 반대했습니다. 그래서 사회적 지위를 막론하고 모두에게 thou를 사용하

는 것을 장려하였습니다.[289]

어느 날부터 갑자기 아들이 평등한 사회를 구현하기 위해 아버지에게 '너'라고 부른다고 생각해 보세요. 있을 수 없는 일이겠죠. 이런 행동을 장려하는 퀘이커교에 반발하는 사람들이 많았다고 합니다. 그리고 자기는 퀘이커교도가 아니라는 것을 보여주려고 사람들이 thou를 사용하지 않아서 thou가 사라졌다고 합니다.[290] 재밌는 주장 아닌가요?

좀 더 신빙성 있는 가설은 산업혁명 이후 평민 출신 부호가 많아져 귀족과 평민을 구분하기 어렵게 되자, 우선은 서로를 높여 부르려고 you를 자주 사용하게 되었다는 주장입니다.[291] 우리말에도 상대를 잘 모를 때 일단 높여 부르려는 현상이 있습니다. 언제부터인지 모르겠지만, 모르는 사람을 '사장님'으로 부르는 것이 일반화되었죠. 저도 처음에는 어색하고 이상하다고 생각했는데, 요즘은 많이 익숙해졌습니다.

언어와 문화

"I AM Iron Man."에
the가 없는 이유는?

〈어벤져스: 인피니티 워(Avengers: Infinity War)〉에서 타노스는 다섯 개
의 인피니티 스톤을 모아 계획대로 인류의 절반을 없애는 데 성공합니
다. 그 후 〈어벤져스: 엔드게임(Avengers: Endgame)〉에서는 슈퍼히어로
들이 과거로 돌아가 이 사건을 되돌렸죠. 하지만 타노스는 결국 인피니
티 스톤을 다시 차지하고, 손가락을 튕기며 "I am inevitable(나는 필연적
이다)."이라고 합니다. 인류의 절반이 다시 사라져야 하는 순간, 아무런
변화가 없자 타노스의 눈은 아이언맨에게 향합니다. 어느새 타노스의
장갑(gauntlet)에 있던 인피니티 스톤은 모두 아이언맨의 손으로 옮겨졌
고, 인피니티 스톤의 파워를 감당하지 못하는 아이언맨은 인류의 절반
을 구하기 위해 자신의 목숨을 희생합니다. 그러면서 아이언맨이 마지
막으로 한 말은 "And I . . . am Iron Man."입니다.

아이언맨은 다른 슈퍼히어로와 다른 점이 하나 있습니다. 슈퍼맨, 배트맨, 스파이더맨은 모두 정체가 밝혀지기를 두려워하는데, 아이언맨은 나서서 본인이 아이언맨이라고 밝혔다는 것이죠. 2008년 영화 〈아이언맨(Iron Man)〉의 끝부분에는 토니 스타크가 기자회견을 하기 전에 의자에 앉아서 신문을 읽고 있는 장면이 나옵니다. 그 신문의 머리기사는 'WHO IS THE IRON MAN?'이었죠. 잠시 후 기자회견에서 준비된 진술서를 읽던 토니 스타크는 갑자기 이렇게 말합니다. "The truth is . . . I AM Iron Man(사실… 저는 아이언맨이 맞습니다)."

그런데 왜 토니 스타크는 "I AM the Iron Man."이라고 하지 않았을까요? 보통명사가 포함된 고유명사 앞에는 정관사(the)를 사용하는 것이 원칙입니다. Korea(한국) 앞에는 정관사를 사용하지 않지만, the United Kingdom(영국) 앞에는 정관사를 사용하는 이유도 kingdom(왕국)이 보통명사이기 때문이죠. 따라서 Iron Man 앞에는 신문의 머리기사에서처럼 정관사를 사용하는 것이 맞습니다. 고유명사에서 정관사가 사라지는 과정은 다음과 같습니다.[292]

---

the Oxford road → the Oxford Road → ∅ Oxford Road → ∅ Oxford

'the Oxford road(옥스포드 길)'라는 고유명사가 처음 사용될 때는 앞에 the가 사용되고 보통명사인 road는 소문자로 쓰이지만, 소문자는

곧 대문자로 바뀝니다. 그리고 이 명칭에 친숙해지면 the는 사라지게
됩니다. 마지막으로 보통명사도 없어질 수 있죠. 정관사의 사용 여부가
친숙함의 정도로 결정되는 예는 어렵지 않게 볼 수 있습니다. 처음에는
철도 역명 앞에 정관사가 사용되었지만, 시간이 지나 친숙해진 이후로
는 정관사가 사용되지 않았습니다.[293] 토니 스타크가 Iron Man 앞에 정
관사를 사용하지 않은 이유도 이 명칭에 친숙함을 느꼈기 때문입니다.

배트맨도 1939년에 처음 등장했을 때는 'The Batman'이었습니
다. 하지만 2005년에 개봉한 영화 제목은 정관사가 생략된 〈Batman
Begins〉였습니다. 그런데 후속편인 2008년 영화의 제목은 〈The
Dark Knight〉, 2012년 영화의 제목은 〈The Dark Knight Rises〉입니
다. 'The Dark Knight'라는 배트맨의 별명은 친숙하지 않기 때문이죠.

보통명사가 포함된 고유명사와 같이, 모든 복수 고유명사도 정관사
와 함께 사용되는 것이 원칙입니다. the Philippines(필리핀)에 정관사
가 사용된 이유도 복수형이기 때문이죠. 마찬가지로 2012년에 개봉한
〈어벤져스(The Avengers)〉에도 정관사가 있습니다. 복수형이기 때문입
니다. 그런데 후속편들의 제목에서는 아래와 같이 모두 정관사가 없어
졌습니다. Avengers에 이미 친숙해졌기 때문입니다.

The Avengers (2012)	Avengers: Age of Ultron (2015)	Avengers: Infinity War (2018)	Avengers: Endgame (2019)

'페이스북'이
더 깨끗하다고?

　제가 중·고등학생이었던 80년대에는 엘피 레코드(LP record)를 사서 음악을 들었습니다. 엘피 레코드는 1940년대에 개발되었는데, LP는 long playing(오래 연주하는)의 약자입니다. 1960년에 개발된 카세트테이프(cassette tape)도 있었지만 자기가 좋아하는 가수의 엘피 레코드를 모으는 것이 유행이었죠. cassette는 '작은 상자(case)'라는 뜻인데 -ette가 '작은'이라는 뜻의 접미사이기 때문입니다. 예를 들어, cigarette는 '작은 시가(cigar, 담배)'라는 뜻이고, 기숙사에서 여럿이 쓰는 '작은 부엌'은 kichenette이라고 합니다.

　90년대 들어서는 CD(compact disc, 작은 원반)가 대세였고, 21세기부터는 MP3와 같은 디지털 파일로 다양한 음악을 쉽게 들을 수 있게 되었습니다. MP3는 MPEG-1 Audio Layer 3을 줄인 것입니다. MPEG는 대중매체 코딩의 표준화를 위해 설립된 the Moving Picture Experts Group(동영상 전문 그룹)의 약자입니다. 멜론과 같은 음원 스트리밍 서비스의 원조는 미국에서 1999년에 시작된 냅스터(Napster)라고 할 수 있습니다. 냅스터는 MP3 음악 파일을 공유하는 소프트웨어였습니다. CD를 사지 않고 음악을 들을 수 있었고, 구하기 어려운 MP3 음악 파일도 쉽게 찾을 수 있어서 폭발적인 인기를 끌었죠. 하지만 불법으로 판명되어 2001년부터는 냅스터를 사용할 수 없게 되었습니다.

냅스터의 공동 창립자였던 숀 파커(Sean Parker)는 2004년에 페이스북(Facebook)의 초대 의장(founding president)이 됩니다. face book은 원래 미국 몇몇 대학교에서 학생들의 친목을 도모하기 위해 학생의 사진과 간단한 개인 정보를 공유한 사이트를 가리키는 단어였습니다. 2004년, 하버드 대학교 2학년이었던 마크 저커버그(Mark Zukerburg)는 하버드의 공식 face book 사이트가 개인정보보호 문제 등으로 열리지 않자, 손수 Thefacebook이라는 비공식 사이트를 만들었습니다.

2010년 영화 〈소셜 네트워크(The Social Network)〉에서는 마크 저커버그와 숀 파커가 처음 만나는 장면이 생생하게 묘사되어 있습니다. 그들과 함께 저녁 식사를 했던 페이스북의 공동 창립자인 마크의 친구 에두아르도 새버린(Eduardo Saverin)은 다음과 같이 회상합니다.

He owned Mark after that dinner. He picked up the check, he told Mark they'd talk again soon, and he was gone. But not before he made his best contribution to the company.

그는 그 저녁 식사 후에 마크를 소유했습니다. 그는 저녁을 계산한 뒤 마크에게 그들이 곧 다시 이야기할 것이라고 말하고 사라졌습니다. 그러나 그가 회사에 최고의 기여를 하기 전에 사라지지는 않았죠.

스탠퍼드 대학에 다니는 여자 친구의 컴퓨터에서 우연히 페이스북을 접하게 된 숀은 마크와 에두아르도를 캘리포니아로 초청해 저녁 식사를 하며 페이스북의 무한한 가능성에 대해 조언을 합니다. 그런데 숀 파커가 페이스북에 한 '최고의 기여'는 무엇이었을까요? 저녁을 계산하고 자리에서 일어나던 숀은 갑자기 돌아서며 이렇게 말합니다.

Drop the "The." Just "facebook." It's cleaner.

The는 빼세요. 그냥 facebook. 그게 더 깨끗합니다.

Thefacebook으로 시작한 페이스북의 공식 명칭은 이렇게 정관사가 없어지고 Facebook이됩니다. 깨끗해진 이름이 중요한 이유는 정관사가 없는 고유명사에 원어민들은 더 친근감을 느끼기 때문입니다. The Batman이 나중에 Batman이 되고, 토니 스타크가 정관사를 빼고 자신을 Iron Man이라고 부르는 것과 마찬가지입니다. 관사가 생략된 것을 언어학에서는 무관사(zero article)가 사용된 것이라고도 하는데, 이처럼 무관사를 친숙한 단어 앞에 사용하는 것을 '무관사의 친밀한 용법(intimate use of zero)'이라고 합니다.[294]

언어와 문화

끝내지 않는 세미콜론과
의미심장한 콜론

영문법을 공부할 때 가장 중요한 것 중 하나는 구어체 문법과 문어체 문법을 구분하는 것입니다. 예를 들어, 분사구문와 동격 명사구는 글쓰기에 주로 사용되는 문어체 문법입니다. 학술적인 읽기와 쓰기를 잘하려면 이런 문어체 문법을 꼭 공부해야 합니다. 많은 학생이 분사구문을 공부하면서 이 문법 사항이 주로 문어체에 사용된다는 것은 모르는 경우가 많습니다. 그래서 다음과 같은 어색한 문장을 회화에 사용하곤 하죠.

Having slept only three hours last night, I'm really tired.
어젯밤에 잠을 3시간밖에 못 자서, 나는 정말 피곤해.

학술적 읽기와 쓰기에서 중요한 역할을 하는 또 하나의 문법 사항은 구두점입니다. "Cogito, ergo sum(코기토 에르고 숨 = 나는 생각한다, 고로 존재한다)." 프랑스 철학자 르네 데카르트(René Decartes, 1596-1650년)의 명언입니다. 영어로는 "I think, therefore I am."입니다. 라틴어와 영어에서 모두 쉼표가 사용되는데, 영어에서는 사실 다음과 같이 다른 구두점이 사용되어야 합니다.

      ⓐ I think. Therefore, I am.   ⓑ I think; therefore, I am.

쉼표를 마침표 또는 세미콜론(;)으로 바꿔야 하는 이유는 therefore 가 부사이기 때문입니다. 세미콜론은 앞뒤 문장을 연결해 주는 등위접속사의 역할을 합니다. 하지만 쉼표는 문장을 연결해 줄 수 없죠. 다음은 '프로젝트 세미콜론(Project Semicolon)'이라는 자살 방지 비영리 단체의 페이스북 페이지에 나오는 글입니다. 생명의 소중함을 상기시켜 주는 아름다운 글이죠.

> **A semicolon is used when an author could've chosen to end their sentence but chose not to. The author is you, and the sentence is your life.**[295]
> 세미콜론은 작가가 문장을 끝낼 수 있었지만 끝내지 않기로 선택하였을 때 사용됩니다. 작가는 당신이고 문장은 당신의 인생입니다.

세미콜론과 달리 콜론(:)의 기본적인 역할은 콜론 뒤에 있는 것이 콜론 앞의 문장을 설명해 주는 것입니다. 콜론 뒤에는 문장이 올 수도 있고 문장이 아닌 것이 올 수도 있습니다. 다음은 제가 좋아하는 피자 체인점의 피자 박스에 적혀 있던 문장입니다.

Thirty years ago, I started this company with one goal in mind: better pizza.

30년 전, 저는 한 가지 목표를 염두에 두고 이 회사를 시작했습니다: 더 나은 피자.

한국어에서는 콜론을 사용하지 않기 때문에 위 문장의 해석은 사실 '더 나은 피자라는 한 가지 목표를 염두에 두고 이 회사를 시작했습니다'가 되어야 합니다. 그러면 문장의 긴장감이 급격히 감소하죠. 이럴 때는 한국어에서 콜론의 용법이 허용되지 않는 것이 좀 아쉽습니다.

사뭇 바람이 쌀쌀해진 어느 늦가을 오후, 자전거를 타고 학교에 가던 길에 붕어빵 한 봉지를 샀습니다. 공원 벤치에 앉아 맛있게 붕어빵을 먹던 중 제 자전거의 바퀴에 다음과 같은 의미심장한 문장이 적혀 있는 것을 발견하였습니다.

Life is like a bicycle: you don't fall off unless you stop pedaling.

인생은 자전거와 같다: 페달을 멈추지 않는 한 넘어지지 않는다.

조용한 공원 벤치에 앉아 천 원어치의 붕어빵을 먹다가 예상하지 못한 곳에서 인생 명언을 접했습니다. 소소한 행복이란 이런 게 아닐까요?

인물
색인

ㄱㄴㄷ순

주석

Part 1

1 Harris, S. L. (2007, p. 416). *Understanding the Bible* (7th ed.). New York: McGraw-Hill.

2 Engle, G. (2006, p. 751). What makes Superman so darned American? In S. Maasik & J. Solomon (Eds.), *Signs of life in the USA: Readings on popular culture for writers* (5th ed., pp. 744-752). Boston: Bedford/St. Martin's.

3 Beal, T. (2008, pp. 35-36). *Religion in America: A very short introduction.* Oxford: Oxford University Press.

4 Retrieved April 4, 2022, from https://www.newsweek.com/god-we-trust-motto-south-dakota-1452797

5 Retrieved April 3, 2022, from https://www.hollywoodreporter.com/business/business-news/action-comics-no-1-first-superman-comic-1235074798/

6 Retrieved April 1, 2022, from https://ko.wikipedia.org/wiki/대한민국의_영화_흥행_기록

7 Retrieved April 1, 2022, from https://news.jtbc.joins.com/article/article.aspx?news_id=NB12046275#:~:text=바로%20국제올림픽위원회(IOC,해%20착용이%20가능했습니다

8 Lindow, J. (1987, p. 308). Norse mythology and Northumbria: Methodological notes. *Scandinavian Studies,* 59(3), 308-324.

9 Retrieved April 5, 2022, from https://historiska.se/norse-mythology/friggen/#:~:text=Frigg%20is%20the%20Queen%20of,of%20Balder%2C%20Hodor%20and%20Hermod.

10 Gaiman, N. (2017, p. 8). *Norse mythology.* New York: Bloomsbury.

11 Retrieved April, 6, 2022 from https://www.nbcnews.com/science/space/pluto-planet-debate-rages-rcna8848

12 Retrieved May 5, 2022, from https://ko.dict.naver.com/#/entry/koko/dc33ec3188fe4db8a4885e6e7fe49a24

13 Toye, R. (2013, p. 42). *Rhetoric: A very short introduction.* Oxford: Oxford University Press.

14 Aristotle. (1991, p. 66). *The art of rhetoric* (H. C. Lawson-Tancred, Trans.). London: Penguin Books.

15 Plato. (1993, p. 264). *Republic* (R. Waterfield, Trans.). Oxford: Oxford University Press.

16 Plato. (1994, p. 72). *Symposium* (R. Waterfield, Trans.). Oxford: Oxford University

Press.

17   Retrieved December 10, 2021, from https://www.gla.ac.uk/myglasgow/library/files/ special/exhibns/month/mar2009.html

18   Retrieved August 16, 2022, from https://www.britannica.com/topic/Trojan-horse

19   Retrieved December 12, 2021, from https://www.joongang.co.kr/article/ 3111776#home

20   Barnes, J. (2000, p. 45). *Aristotle: A very short introduction*. Oxford: Oxford University Press.

21   Katz, V. J. (2009, p. 41). *A history of mathematics: An introduction* (3rd ed.). Boston: Pearson Education.

22   Plato. (1993, p. 255). *Republic* (R. Waterfield, Trans.). Oxford: Oxford University Press.

23   Katz, V. J. (2009, p. 41). *A history of mathematics: An introduction* (3rd ed.). Boston: Pearson Education.

24   Retrieved November 29, 2021, from https://www.history.com/topics/ancient-history/ aristotle

25   Ross, W. D. (1995, p. 7). *Aristotle* (6th ed.). New York: Routledge.

26   Ibid, p. 11.

27   Retrieved December 05, 2021, from https://baike.baidu.com/item/%E5%BD%A2%E8 %80%8C%E4%B8%8A%E5%AD%A6/211789

28   Vardy, P., & Vardy, C. (2013, p. 34). *Ethics matters*. London: SCM Press.

29   Barnes, J. (2000, p. 24). *Aristotle: A very short introduction*. Oxford: Oxford University Press.

30   Retrieved December 11, 2021, from https://terms.naver.com/entry.naver?docId=1023 554&cid=50762&categoryId=50770

31   Robins, R. H. (1997, p. 13). *A short history of linguistics* (4th ed.). London: Longman.

32   Ross, W. D. (1995, p. 4). *Aristotle* (6th ed.). New York: Routledge.

33   Retrieved May 5, 2022, from https://ancient-greece.org/history/classical.html

34   Liveley, G. (2002, p. 27). Cleopatra's nose, naso and the science of chaos. *Greece & Rome, 49*(1), 27–43.

35   Retrieved May 5, 2022, from https://www.youtube.com/watch?v=OiT6SSCNEUY

36   Retrieved May 5, 2022, from https://ko.dict.naver.com/#/entry/koko/43911bb19a034 e8dbd7591e87e64a5c6

37   Robins, R. H. (1997, p. 59). *A short history of linguistics* (4th ed.). London: Longman.

38   Nye, J. S. (2004, p. 5). *Soft power: The means to success in world politics*. New York: PublicAffairs.

39   Bloomfield, L. (1935, p. 4). *Language*. London: George Allen & Unwin LTD.

40   Chua, A. (2007, p. 54). *Day of empire: How hyperpowers rise to global dominance--and*

why they fall. New York: Doubleday.

41 Retrieved May 14, 2022, from https://www.nationalgallery.org.uk/paintings/ary-scheffer-saints-augustine-and-monica

42 Sugrue, M. (2020, October 31). *Great minds--Aquinas' Summa Theologica: The Thomist synthesis and its political and social content* [Video file]. Retrieved from https://www.youtube.com/watch?v=sKfn_wuO_ml&t=2s

43 Ciulla, J. B. (2011, p. 63). Handmaiden and queen: What philosophers find in the question: "What is a leader?" In M. Harvey & R. E. Riggio (Eds.), *Leadership studies: The dialogue of disciplines* (pp. 54-65). Cheltenham, UK: Edward Elgar Publishing.

44 Aquinas, T. (1981, pp. 168-169). *Summa theologica* (Vol. 1) (Fathers of the English Dominican Province, Trans.). Westminster, MD: Christian Classics.

45 Nee, S. (2005). The great chain of being. *Nature*, 435, 429.

46 DeWitt, D. (2017, p. 16). *Da Vinci's kitchen: A secret history of Italian cuisine*. Albuquerque, New Mexico: Sunbelt Editions.

47 Van der Toorn, K., Becking, B., & van der Horst, P. W. (Eds.). (1999, p. 913). *Dictionary of deities and demons in the Bible* (2nd ed.). Cambridge: Wm. B. Eerdmans Publishing.

48 Retrieved April 16, 2022, from https://hebrew.laits.utexas.edu/drupal/themes/hebrewgrid/bh/bhonline/grammar/aspect.pdf

49 Hayes, C. (2006) *Israel in Egypt: Moses and the beginning of Yahwism* [Video file]. Retrieved from https://oyc.yale.edu/religious-studies/rlst-145/lecture-7

50 이동희. (2013, p. 247). *꺼지지 않는 불, 종교개혁가들*. 서울: 넥서스CROSS.

51 Morwood, J. (1999, p. 5). *A Latin grammar*. Oxford: Oxford University Press.

52 Retrieved May 15, 2022, from https://plato.stanford.edu/entries/wyclif/

53 Nielson, J., & Skousen, R. (1998, p. 49) How much of the King James Bible is William Tyndale's? *Reformation, 3*(1), 49-74.

54 Retrieved May 20, 2022, from http://www.cathedral.or.kr/

55 Retrieved May 20, 2022, from https://www.britannica.com/topic/pope

56 Morris, W., & West, S. (1955, p. 81). John Hooper and the origins of puritanism. *Baptist Quarterly, 16*(2), 67-88.

57 Retrieved May 20, 2022, from https://ko.dict.naver.com/#/entry/koko/a0ebfdb18f0442c2a34d6901a7bed91e

58 이동희. (2013, p. 238). *꺼지지 않는 불, 종교개혁가들*. 서울: 넥서스CROSS.

59 Chua, A. (2007, p. 163). *Day of empire: How hyperpowers rise to global dominance--and why they fall*. New York: Doubleday.

60 이동희. (2013, p. 256). *꺼지지 않는 불, 종교개혁가들*. 서울: 넥서스CROSS.

61 Retrieved May 22, 2022, from https://www.nps.gov/jame/learn/historyculture/jamestown-and-plymouth-compare-and-contrast.htm

62 Retrieved May 22, 2022, from http://archive.boston.com/news/local/

articles/2007/10/04/plymouth_jamestown_where_was_america_born/

63   Retrieved December 13, 2021, from https://plato.stanford.edu/entries/plato/#Soc

64   Plato. (1987, p. 27). *Theaetetus* (R. Waterfield, Trans.). London: Penguin Books.

65   Retrieved April, 9, 2022, from http://classics.mit.edu/Plato/euthyfro.html

66   Ibid.

67   Plato. (2008, p. xii). *Defense of Socrates, Euthyphro, Crito* (D. Gallop, Trans.). Oxford: Oxford University Press.

68   Ibid, p. 23.

69   Ibid, p. 9.

70   Retrieved April, 9, 2022, from http://classics.mit.edu/Plato/euthyfro.html

71   Plato. (1987, pp. 21-22). *Theaetetus* (R. Waterfield, Trans.). London: Penguin Books.

72   Plato. (1987, p. 25). *Theaetetus* (R. Waterfield, Trans.). London: Penguin Books.

73   Fann, K. T. (1989, pp. 63-66). *Wittgenstein's conception of philosophy*. Berkeley and Los Angeles: University of California Press.

74   Retrieved April 14, 2022, from https://www.merriam-webster.com/dictionary/apple

75   Retrieved April 14, 2022, from https://www.collinsdictionary.com/dictionary/english/sad

76   Wittgenstein, L. (1958, p. 5). *Philosophical investigations* (3rd ed.) (G. E. M. Anscombe, Trans.). Upper Saddle River, NJ: Prentice-Hall.

77   Ibid, pp. 31-32.

78   Wittgenstein, L. (1922, p. 29). *Tractatus logico-philosophicus* (C. K. Ogden, Trans.). London and New York: Routledge.

79   Ibid, p. 7.

80   Retrieved April 14, 2022, from https://www.trin.cam.ac.uk/library/wren-digital-library/modern-manuscripts/wittgenstein/

81   Heaton, J., & Goves, J. (2013, p. 71). *Introducing Wittgenstein: A graphic guide*. London: Icon Books.

82   Wittgenstein, L. (1958, p. vi). *Philosophical investigations* (3rd ed.) (G. E. M. Anscombe, Trans.). Upper Saddle River, NJ: Prentice-Hall.

83   Sahlin, N. (1990, p. 227). *The philosophy of F. P. Ramsey*. Cambridge: Cambridge University Press.

84   Heaton, J., & Goves, J. (2013, p. 19). *Introducing Wittgenstein: A graphic guide*. London: Icon Books.

85   Klagge, J. C. (2011, p. 7). *Wittgenstein in exile*. Cambridge, MA: The MIT Press.

86   Lackey, D. P. (1999, pp. 330-331). What are the modern classics? The Baruch poll of great philosophy in the twentieth century. *The Philosophical Forum, 30*(4), 329-346.

87   Wittgenstein, L. (1958, p. vi). *Philosophical investigations* (3rd ed.) (G. E. M. Anscombe,

Trans.). Upper Saddle River, NJ: Prentice-Hall.

88   Wittgenstein, L. (1958, pp. 2-3). *Philosophical investigations* (3rd ed.) (G. E. M. Anscombe, Trans.). Upper Saddle River, NJ: Prentice-Hall.

89   Wittgenstein, L. (1922, p. 39). *Tractatus logico-philosophicus* (C. K. Ogden, Trans.). London and New York: Routledge.

90   Russell, B. (1905, p. 485). On denoting. *Mind, 14*(56), 479-493.

91   Wittgenstein, L. (1958, p. 161). *Philosophical investigations* (3rd ed.) (G. E. M. Anscombe, Trans.). Upper Saddle River, NJ: Prentice-Hall.

92   Wittgenstein, L. (1922, p. 189). *Tractatus logico-philosophicus* (C. K. Ogden, Trans.). London and New York: Routledge.

93   Wittgenstein, L. (1922, p. 43). *Tractatus logico-philosophicus* (C. K. Ogden, Trans.). London and New York: Routledge.

94   Ibid, p. 27.

95   Kierkegaard, S. (2006, p. 101). *Fear and trembling.* (S. Walsh, Trans.). Cambridge: Cambridge University Press. (Original work published 1843)

96   Kierkegaard, S. (2006, p. 108). *Fear and trembling.* (S. Walsh, Trans.). Cambridge: Cambridge University Press. (Original work published 1843)

97   Ibid, p. x.

98   Retrieved April 16, 2022, from https://pietyonkierkegaard.com/2020/05/21/something-on-johannes-de-silentio/

Part 2

99   Denning, K., Kessler, B., & Leben, W. R. (2007, p. 3). *English vocabulary elements* (2nd ed.). Oxford: Oxford University Press.

100 Fromkin, V., Rodman, R., & Hyams, N. (2014, p. 358). *An Introduction to language* (10th ed.). Boston: Wadsworth.

101 Howatt, A. P. R. (2004, pp. 9-10). *A history of English language teaching.* Oxford: Oxford University Press.

102 Fromkin, V., Rodman, R., & Hyams, N. (2014, p. 358). *An Introduction to language* (10th ed.). Boston: Wadsworth.

103 Retrieved October 29, 2021, from https://edition.cnn.com/2021/09/27/asia/south-korea-dog-meat-ban-intl-hnk/index.html

104 Retrieved October 29, 2021, from https://www.theguardian.com/science/2020/jul/06/the-1066-diet-normans-passed-on-their-love-of-pork-study-suggests

105 DeWitt, D. (2017, p. 17). *Da Vinci's kitchen: A secret history of Italian cuisine.* Albuquerque, New Mexico: Sunbelt Editions.

106 Schmitt, N., & Marsden, R. (2006, pp. 20–22). *Why is English like that?: Historical answers to hard ELT questions.* Michigan: Michigan University Press.

107 Sayers, W. (2018). Hwæt: The first word of the Beowulf poem revisited. *ANQ: A Quarterly Journal of Short Articles, Notes and Reviews, 31*(4), 213-217.

108 Brinton, L. J., & Arnovick, L. K. (2017, p. 279). *The English language: A linguistic history* (3rd ed.). Oxford: Oxford University Press.

109 Schmitt, N., & Marsden, R. (2006, p. 30). *Why is English like that?: Historical answers to hard ELT* questions. Michigan: Michigan University Press.

110 Retrieved May 29, 2022, from https://ko.dict.naver.com/#/entry/koko/d5247cad9a2c4 189a55ae96e46dc75a2

111 Retrieved May 29, 2022, from https://ko.dict.naver.com/#/entry/koko/f46e638522e54 4e08cdc2b4ede9dd229

112 Retrieved May 29, 2022, from https://ko.dict.naver.com/#/entry/koko/4891538ac6344 dc68754c41182081387

113 Retrieved May 29, 2022, from https://ko.dict.naver.com/#/entry/koko/33218445493c4 fa1aecb6a8aa4d18473

114 Brinton, L. J., & Arnovick, L. K. (2017, p.10). *The English language: A linguistic history* (3rd ed.). Oxford: Oxford University Press.

115 Retrieved May 29, 2022, from https://en.dict.naver.com/#/entry/enko/935e79c408084 c4aaf9333a02a6b71f5

116 Radford, A. (2009, p. 208). *An introduction to English sentence structure.* Cambridge: Cambridge University Press.

117 Brinton, L. J., & Arnovick, L. K. (2017, p. 277). *The English language*: A linguistic history (3rd ed.). Oxford: Oxford University Press.

118 Howatt, A. P. R. (2004, pp. 108-110). *A history of English language teaching.* Oxford: Oxford University Press.

119 김태원. (2015, p. 161). *셰익스피어는 가짜인가?: 음모론 시대의 원저자 논쟁.* 서울: 서강대학교출판부.

120 Ibid, p. 86.

121 Oniga, R. (2007, p. x). *Latin: A linguistic introduction.* Oxford: Oxford University Press.

122 Retrieved May 27, 2022, from https://www.shakespeare.org.uk/explore-shakespeare/ shakespedia/william-shakespeare/shakespeares-school/

123   Retrieved May 27, 2022, from https://www.bbc.com/news/education-34538222

124 Stritmatter, R. (2018, pp. 88-89). Ben Jonson's "small Latin and less Greeke": Anatomy of a misquotation (Part 2). *The Oxfordian*, 20, 83-104.

125 Retrieved May 27, 2022, from https://www.theguardian.com/books/booksblog/2016/ oct/28/brush-up-marlowe

126 김태원. (2015, p. 17). *셰익스피어는 가짜인가?: 음모론 시대의 원저자 논쟁.* 서울: 서강대학교출판부.

127 Ibid, p. 25.

128 Ellis, D. (2012, p. 40). The truth about William Shakespeare. Edinburgh: Edingurgh University Press.

129 김태원. (2015, p. 51). *셰익스피어는 가짜인가?: 음모론 시대의 원저자 논쟁*. 서울: 서강대학교출판부.

130 Ibid, p. 101.

131 Retrieved August 22, 2022, from https://www.britannica.com/topic/earl-title

132 Cannon, J. (Ed.). (1997, p. 45). *The Oxford companion to British history*. Oxford: Oxford University Press.

133 Retrieved May 28, 2022, from https://www.britannica.com/topic/marquess

134 Retrieved May 28, 2022, from http://www.bran-castle.com/dracula.html

135 Cannon, J. (Ed.). (1997, p. 405). *The Oxford companion to British history*. Oxford: Oxford University Press.

136 Ibid, p. 45.

137 Cross, P. (2003, p. 2). *The origins of the English gentry*. Cambridge: Cambridge University Press.

138 Cannon, J. (Ed.). (1997, p. 738). *The Oxford companion to British history*. Oxford: Oxford University Press.

139 Ibid, p. 405

140 Ibid.

141 김영주. (2015, p. 59). *영국 문학의 아이콘: 영국 신사와 영국성*. 서울: 서강대학교출판부.

142 Retrieved May 29, 2022, from https://ko.dict.naver.com/#/entry/koko/567ee6f6d5704ad4ad16211559294944

143 Cross, P. (2003, p. 6). *The origins of the English gentry*. Cambridge: Cambridge University Press.

144 Chang, H.-J. (2010, p. 173). *23 things they don't tell you about capitalism*. London: Penguin Books Limited.

145 이동희. (2013, p. 292). *꺼지지 않는 불, 종교개혁가들*. 서울: 넥서스CROSS.

146 Retrieved May 28, 2022, from https://www.history.com/news/boston-tea-party-surprising-facts

147 Retrieved May 28, 2022, from https://www.artoftea.com/blogs/tea-101/what-is-black-tea

148 Retrieved August 22, 2022, from https://www.theguardian.com/lifeandstyle/the-swimming-blog/2013/oct/10/swimming-captain-matthew-webb-swim-the-english-channel

149 Diamond, J. (1999, p. 29). *Guns, germs, and steel: The fates of human societies*. New York: W.W. Norton.

150 Retrieved May 23, 2022, from https://www.ncbi.nlm.nih.gov/pmc/articles/PMC2957993/

151 Retrieved March 20, 2022, from http://aboutlittlerock.com/there-is-no-kansas-in-arkansas-the-origin-of-our-state-name/

152 Retrieved March 20, 2022, from https://www.americanhistoryusa.com/topic/french-

and-indian-war/

153   Retrieved June 6, 2022, from https://www.britannica.com/topic/Romance-languages

154   Retrieved March 20, 2022, fromhttps://www.history.com/news/how-did-the-american-revolution-influence-the-french-revolution

155   Retrieved August 23, 2022, from https://americanhistory.si.edu/changing-america-emancipation-proclamation-1863-and-march-washington-1963/1863/lincoln%E2%80%99s-death

156   Retrieved March 24, 2022, from http://www.post-gazette.com/Gettysburg-Stories/2013/11/19/Address-had-biblical-cadence/stories/201311190063

157   Retrieved March 24, 2022 from https://www.whitehouse.gov/about-the-white-house/our-government/the-constitution/

158   Retrieved March 25, 2022 from https://www.jfklibrary.org/learn/about-jfk/historic-speeches/televised-address-to-the-nation-on-civil-rights

159   Retrieved June 5, 2022, from https://www.census.gov/housing/hvs/files/currenthvspress.pdf

160   Retrieved September 15, 2022, from https://www.latimes.com/opinion/story/2022-09-14/editorial-want-to-fix-homelessness-in-los-angeles-the-pandemic-showed-us-how-to-do-it

161   Philbeck, T., & Davis, N. (2018, p. 20). The forth industrial revolution: Shaping a new era. *Journal of International Affairs*, 72(1), 17-22.

162   Retrieved March 15, 2022, from https://www.youtube.com/watch?v=BB63oW_A1BI

163   White, R. (2011, p. 455). *Railroaded: The transcontinentals and the making of modern America*. New York: W. W. Norton & Company.

164   Retrieved March 15, 2022, from https://www.loc.gov/collections/films-of-westinghouse-works-1904/articles-and-essays/the-westinghouse-world/the-westinghouse-air-brake-co/

165   Retrieved March 16, 2022, from https://www.britannica.com/technology/steam-engine

166   Retrieved March 15, 2022, from https://www.britannica.com/biography/James-Watt

167   Retrieved March 15, 2022, from https://terms.naver.com/entry.naver?docId=3548884&cid=42346&categoryId=42346

168   Retrieved March 15, 2022, from https://www.britannica.com/biography/Richard-Arkwright

169   Retrieved March 15, 2022, from https://www.merriam-webster.com/dictionary/Luddite

170   Retrieved March 16, 2022, from https://www.weforum.org/agenda/2019/09/fourth-industrial-revolution-jobs/

171   정채관, 안계명, 홍선호, 이완기, 심창용, 이재희, 김해동, 김명희, 김선웅. (2018, p. 11). *4차 산업혁명과 미래 영어교육*. 서울: 한국문화사.

172 Retrieved March 13, 2002, from https://www.newworldencyclopedia.org/entry/Ivy_
League#cite_note-1

173 Retrieved June 5, 2022, from https://archive.seattletimes.com/archive/?date=1998011
1&slug=2728054

174 Retrieved June 4, 2022, from https://sports.news.naver.com/news.
nhn?oid=430&aid=0000000153

175 Ibid.

176 Retrieved June 5, 2022, from https://archive.seattletimes.com/archive/?date=1998011
1&slug=2728054

177 Retrieved March 17, 2022, from https://mlbpark.donga.com/mp/b.php?p=1&b=bullpe
n&id=202105010054347451&select=&query=&user=&site=&reply=&source=&pos=&s
ig=hgjLGgtYkh9RKfX2h4a9Gf-g5mlq

178 Retrieved March 17, 2022, from https://namu.wiki/w/박찬호

179 Retrieved March 18, 2022, from https://www.nytimes.com/1994/03/08/sports/
baseball-1-is-the-fastball-2-is-the-curve-3-is-a-nice-bow.html

180 Retrieved March 18, 2022, from https://www.youtube.com/watch?v=0lkXThcBSHE

181 Retrieved March 18, 2022, from https://www.latimes.com/archives/la-xpm-1994-03-
08-sp-31343-story.html

182 <서강 알바트로스+ 2011: 관계의 시대, 몸의 감각, pp.>을 수정 · 보완한 글임.

183 Myers, D. G. (2008, p. 445). *Social psychology* (9th ed.). New York: McGraw Hill.

184 Gilovich, T., Keltner, D., Chen, S., & Nisbett, R., E. (2016, p. 530). *Social psychology* (4th
ed.). New York: W. W. Norton & Company.

185 Myers, D. G. (2008, p. 448). *Social psychology* (9th ed.). New York: McGraw Hill.

186 Gilovich, T., Keltner, D., Chen, S., & Nisbett, R., E. (2016, p. 534). *Social psychology* (4th
ed.). New York: W. W. Norton & Company.

187 Ibid, p. 535.

188 Myers, D. G. (2008, p. 447). *Social psychology* (9th ed.). New York: McGraw Hill.

189 Gilovich, T., Keltner, D., Chen, S., & Nisbett, R., E. (2016, p. 12). *Social psychology* (4th
ed.). New York: W. W. Norton & Company.

190 Retrieved August 28, 2022, from https://www.nimh.nih.gov/health/topics/autism-
spectrum-disorders-asd

Part 3

191 Retrieved March 11, 2022, from https://en.wikipedia.org/wiki/Thinking_outside_the_
box

192 Robins, R. H. (1997, p. 90). *A short history of linguistics* (4th ed.). London: Longman.

193 Robins, R. H. (1997, p. 224). *A short history of linguistics* (4th ed.). London: Longman.

194 de Saussure, F. (1959, p. 66). *Course in general linguistics*. (W. Baskin, Trans.). New York: McGraw-Hill.

195 Ibid.

196 de Saussure, F. (2013, p. 76). *Course in general linguistics*. (R. Harris, Trans.). New York: Bloomsbury.

197 Ibid.

198 Retrieved March 14, 2022, from https://h21.hani.co.kr/arti/cover/cover_general/38060.html

199 Ibid.

200 Rigg, P. (1993, p. 70). Whole language in TESOL. In S. Silverstein (Ed.), *State of the art TESOL essays: Celebrating 25 years of the discipline* (pp. 69-90). Alexandria, VA: TESOL.

201 Jones, S., Martin, R. D., & Pilbeam, D. R. (Eds.). (1992, p. 251). *The Cambridge encyclopedia of human evolution*. Cambridge: Cambridge University Press.

202 Retrieved March 9, 2022, from https://global.honda/innovation/robotics/robot-development-history.html

203 Retrieved March 9, 2022, from https://www.health.harvard.edu/blog/parents-dont-use-a-baby-walker-2018092714895

204 Pinker, S. (1994, p. 5). *The language instinct: How the mind creates language*. New York: HarperCollins.

205 Chomsky, N. (2000, p. 7). *New horizons in the study of language and mind*. Cambridge: Cambridge University Press.

206 Pinker, S. (1994, p. 283). *The language instinct: How the mind creates language*. New York: HarperCollins.

207 <영어 습득의 이해: 원리와 응용, pp. 14~17>을 수정 · 보완한 글임.

208 Lightbown, P. M., & Spada, N. (2021, pp. 22-23). *How languages are learned* (5th ed.). Oxford: Oxford University Press.

209 Adolph, K. E., & Robinson, S. R. (2013, pp. 414-416). The road to walking: What learning to walk tells us about development. In P. D. Zelazo (Ed.), *The Oxford handbook of developmental psychology* (pp. 403-443). Oxford: Oxford University Press.

210 Maurer, D., & Lewis, T. L. (2013, p. 203). Sensitive periods in visual development. In P. D. Zelazo (Ed.), *The Oxford handbook of developmental psychology* (pp. 202-234). Oxford: Oxford University Press.

211 Lenneberg, E. (1967, p. 176). *The biological foundations of language*. New York: Wiley.

212 Au, T. K., Knightly, L., Jun, S. A., & Oh. J. S. (2002). Overhearing a language during childhood. *Psychological Science, 13*, 238-244.

213 Parish-Morris, J., Golinkoff, R. M., & Hirsh-Pasek, K. (2013, p. 889). From coo to code: A brief story of language development. In P. D. Zelazo (Ed.), *The Oxford handbook of developmental psychology* (pp. 867-908). Oxford: Oxford University Press.

214 <영어 습득의 이해: 원리와 응용, pp. 58~62>를 수정 · 보완한 글임.

215 Retrieved March 10, 2022, from https://www.scotsman.com/arts-and-culture/books/jk-rowling-story-2478095

216 Rowling, J. K. (1997, p. 47). *Harry Potter and the sorcerer's stone*. New York: Scholastic.

217 로티 스트라이드. (2011, p. 40). *영문법이 술술술* (김은숙 옮김). 파주: 주니어 김영사. (원서출판 2010).

218 Knight, R.-A. (2012, p. 71). *Phonetics: A course book*. Cambridge: Cambridge University Press.

219 Celce-Murcia, M., Brinton, D., & Goodwin, J. (2010, p. 208). *Teaching pronunciation*. Cambridge: Cambridge University Press.

220 Walker, D. C. (1975, p. 887). Word stress in French. *Language*, 51(4), 887-900.

221 Retrieved March 10, 2022, from https://www.chockfullonuts.com/

222 Retrieved March 6, 2022, from https://www.masterclass.com/articles/hot-cocoa-vs-hot-chocolate-explained#what-is-hot-cocoa

223 김기중. (2012, pp. 334-337). *열대의 과일 자원*. 서울: 지오북.

224 Retrieved August 28, 2022, from https://www.collinsdictionary.com/dictionary/english/cacao

225 Retrieved March 6, 2022, from https://www.collinsdictionary.com/dictionary/english/cocoa

226 Brinton, L. J., & Arnovick, L. K. (2017, p. 289). *The English language: A linguistic history* (3rd ed.). Oxford: Oxford University Press.

227 Retrieved March 6, 2022, from https://ko.dict.naver.com/#/entry/koko/b4301e5f2e1e4ebfac2d06f55c80026c

228 Hayes, B. (2009, pp. 20-23). *Introductory phonology*. Oxford: Wiley-Blackwell.

229 Retrieved March 6, 2022, from https://kornorms.korean.go.kr/m/m_regltn.do?regltn_code=0004#a

230 Morwood, J. (1999, p. 4). *A Latin grammar*. Oxford: Oxford University Press.

231 Allen, W. S. (1978, pp. 12-14). *Vox Latina: A guide to the pronunciation of classical Latin* (2nd ed.). Cambridge: Cambridge University Press.

232 Retrieved November 29, 2021, from https://kornorms.korean.go.kr/regltn/regltnView.do?regltn_code=0003#a

233 Retrieved November 28, 2021, from https://search.naver.com/search.naver?where=nexearch&sm=tab_etc&mra=bkEw&x_csa=%7B%22isOpen%22%3Atrue%7D&pkid=68&os=1829120&qvt=0&query=토르%3A%20다크%20월드%20정보

234 Ross, W. D. (1995, p.99). *Aristotle* (6th ed.). New York: Routledge.

235 Ratcliffe, S. (Ed.). (2006, p. 250). *Concise Oxford dictionary of quotations* (5th ed.). Oxford: Oxford University Press.

236 Retrieved November 29, 2021, from https://www.biblegateway.com/passage/?search=Matthew+22%3A20-22&version=NRSV

237 Butcher, K. (2010, November 18). *Render unto Caesar* [Video file]. Retrieved from https://warwick.ac.uk/fac/arts/classics/research/outreach/podcast/vodcast?podcastItem=the_tribute_penny.mp4

238 Retrieved August 28, 2022, from https://www.dfds.com/en-gb/passenger-ferries/destinations/france/dunkirk

239 Retrieved September 9, from https://quotepark.com/quotes/791799-marcus-tullius-cicero-so-live-as-brave-men-and-if-fortune-is-adverse-f/

240 Retrieved June 5, 2022, from https://applescoop.org/story/how-the-macintosh-got-its-name

241 Retrieved November 29, 2021, from https://www.wgbh.org/news/2018/03/27/how-we-live/why-we-pronounce-celtic-music-and-boston-celtics-differently

242 Retrieved November 30, 2021, from https://ko.wikipedia.org/wiki/부사_(사과)

243 Read, J. (2004, p. 150). Research in teaching vocabulary. *Annual Review of Applied Linguistics*, 24, 146-161.

244 Zimmerman, C. B. (2014, p. 291). Teaching and learning vocabulary for second language learners. In M. Celce-Murcia, D. M. Brinton, & M. A. Snow. (Eds.), *Teaching English as a Second or Foreign Language* (4th ed., pp. 288-302). Boston: National Geographic Learning.

245 Pigada, M., & Schmitt, N. (2006, p. 18). Vocabulary acquisition from extensive reading: A case study. *Reading in a Foreign Language*, 18(1), 1-28.

246 Nation, I. S. P. (2001, p. 302). *Learning vocabulary in another language*. Cambridge: Cambridge University Press.

247 Roberts, C. H., & Skeat, T. C. (1983, p. 61). *The birth of the codex*. Oxford: Oxford University Press.

248 Ibid, p. 38 & p. 75.

249 Retrieved August 30, 2022, from https://www.newsis.com/view/?id=NISX20211004_0001601971

250 Plato. (1994, p. 55). *Symposium* (R. Waterfield, Trans.). Oxford: Oxford University Press.

251 Retrieved December 13, 2021, from https://www.merriam-webster.com/words-at-play/platonic-plato-love-origin-history

252 Retrieved December 08, 2021, from https://ko.dict.naver.com/#/entry/koko/57ae62148f8b404b833fd52ea6cb9ce2

253 Plato. (1994, p. xiv). *Symposium* (R. Waterfield, Trans.). Oxford: Oxford University Press.

254 Ross, W. D. (1995, p. 96). *Aristotle* (6th ed.). New York: Routledge.

255 Retrieved October 30, 2021, from https://terms.naver.com/entry.naver?docId=629571&cid=50766&categoryId=50794

256 유원호 · 채서영. (2011, p. 148). 타이틀과 호칭어로 쓰이는 직업명: 일곱 개 언어에 대한 사회언어학적 분석. *언어와 언어학*, 50, 147-170.

257 Retrieved November 29, 2021, from https://en.wikipedia.org/wiki/Doctor_of_Philosophy

258 Retrieved March 21, 2022, from https://www.mk.co.kr/opinion/columnists/view/2011/11/730292/

259 Retrieved March 21, 2022, from https://www.etoday.co.kr/news/view/1643241

260 Retrieved December 02, 2021, from https://www.rd.com/article/reason-coffee-called-cup-of-joe/

261 Retrieved March 5, 2022, from https://www.merriam-webster.com/words-at-play/espresso-vs-expresso-usage-history

262 졸라. (2017, pp. 92-93). 커피, 나를 위한 지식 플러스 (김미선 옮김). 파주: 넥서스. (원서출판 2016).

263 Retrieved March 5, 2022, from https://www.merriam-webster.com/words-at-play/where-do-we-get-cappuccino-from

264 Retrieved March 5, 2022, from https://culinarylore.com/drinks:why-is-chocolate-flavored-coffee-called-mocha/

265 Retrieved December 01, 2021, from https://spoonuniversity.com/lifestyle/potstickers-vs-dumplings-what-is-the-difference

266 Retrieved December 01, 2021, from https://dumplingschool.com/2020/12/28/the-difference-between-jiaozi-and-bao-buns/

267 Pope, A. (1711, p. 14). *An essay on criticism*. London: W. Lewis.

268 Blake. B. J. (2019, p. 54). *English vocabulary today: Into the 21st century*. New York: Routledge.

269 Retrieved September 6, 2022, from https://www.cdc.gov/smallpox/history/history.html

270 Retrieved September 6, 2022, from https://www.merriam-webster.com/dictionary/algorithm

271 Retrieved September 6, 2022, from https://www.dictionary.com/browse/algorithm

272 Retrieved August 30, 2022, from https://www.econovill.com/news/articleView.html?idxno=338875

273 Retrieved August 30, 2022, from https://blog.naver.com/naver_diary/222631701600

274 Retrieved March 26, 2022, from https://m.segye.com/view/20160110001346

275 Retrieved March 26, 2022, from https://www.samsungcareers.com/rec/apply/ComResumeServlet?cmd=queFaq

276 Retrieved September 16, 2022, from https://www.insight.co.kr/newsRead.php?ArtNo=46211

277 정채관, 안계명, 홍선호, 이완기, 심창용, 이재희, 김해동, 김명희, 김선웅. (2018, p. 112). *4차 산업혁명과 미래 영어교육*. 서울: 한국문화사.

278 Retrieved August, 31, 2022, from https://www.bbc.com/news/magazine-23407265

279 Berryman, J. C., Smythe, P. K., Taylor, A., Lamont, A., & Joiner, R. (2002, pp. 115-116).

Developmental psychology and you. Oxford: BPS Blackwell.

280 R. Cowan. (2008, p. 507). *The teacher's grammar of English*. Cambridge: Cambridge University Press.

281 Strunk, W., Jr., & White, E. B. (2000, p. 56). *The elements of style* (4th ed.). Boston: Allyn and Bacon.

282 Arts, B. (2011, p. 250). *Oxford modern English grammar*. Oxford: Oxford University Press.

283 Comrie, B. (1985, p. 19). *Tense*. Cambridge: Cambridge University Press.

284 Chae, S. (2007, pp. 459-460). Debunking the myth of "majestic" thou, the archaic English second person pronoun. *Korean Journal of English Language and Linguistics, 7*(4), 457-475.

285 Brown, R., & Gilman, A. (2003, p. 157). *The pronouns of power and solidarity*. In C. B. Paulston & G. R. Tucker (Eds.), *Sociolinguistics: The essential readings* (pp. 156-176). Oxford: Blackwell Publishing.

286 Algeo, J., & Butcher, C. A. (2014 p. 180). *The origins and development of the English language* (7th ed.). Boston: Wadsworth.

287 Retrieved July 4th, 2022, from https://contact.pepsico.com/quaker/article/who-is-the-man-on-the-quaker-oats-box-is-it-william-penn

288 Retrieved July 5th, 2022, from https://quaker.org/

289 Brown, R., & Gilman, A. (2003, p. 166). *The pronouns of power and solidarity*. In C. B. Paulston & G. R. Tucker (Eds.), *Sociolinguistics: The essential readings* (pp. 156-176). Oxford: Blackwell Publishing.

290 Chae, S. (2007, p. 466). Debunking the myth of "majestic" thou, the archaic English second person pronoun. *Korean Journal of English Language and Linguistics, 7*(4), 457-475.

291 채서영. (2021, p. 252). 영어는 대체 왜? 그런가요. 서울: 사회평론.

292 Quirk, R., Greenbaum, S., Leech, G., & Svartvik, J. (1985, p. 294). *A comprehensive grammar of the English language*. New York: Longman.

293 Christophersen, P. (1939, p. 178). *The articles: A study of their theory and use in English*. Copenhagen: Einar Munksgaard.

294 Hewson, J. (1972, p. 129). *Article and noun in English*. The Hague: Mouton.

295 Retrieved March 13, 2022, from https://m.facebook.com/projectsemicolon/photos/your-story-isnt-over-yetif-you-or-someone-you-know-is-in-crisis-and-needs-help-c/4712355705444737/